Laeh Maggie Garfield

Der heilende Klang

Das wunderbare Netz von Stimme, Ton und Gesang

Aus dem Amerikanischen übertragen
von Ralph Tegtmeier

GOLDMANN VERLAG

Deutsche Erstveröffentlichung

Titel der Originalausgabe: Sound Medicine
Originalverlag: Celestial Arts

Der Goldmann Verlag
ist ein Unternehmen der Verlagsgruppe Bertelsmann

Made in Germany · 5/89 · 1. Auflage

Umschlaggestaltung: Design Team München
Umschlagfoto: Prismatic Dispersions: Barbara Dorsey
Zeichnungen: Gabrielle Gern und Shirley Wong
Singing for our Lives, Text und Musik von Holly Near

We Are the Flow, Text und Musik von Shekhinah Mountainwater
Satz: Filmsatz Schröter, München
Druck: Elsnerdruck, Berlin
Verlagsnummer: 11852
Lektorat: Michael Görden
Herstellung: Sebastian Strohmaier
ISBN 3-442-11852-2

WIDMUNG

Voor de Nederlander met wie ik ben getrouwd,
Ik hou van mijn medicijnman.

INHALT

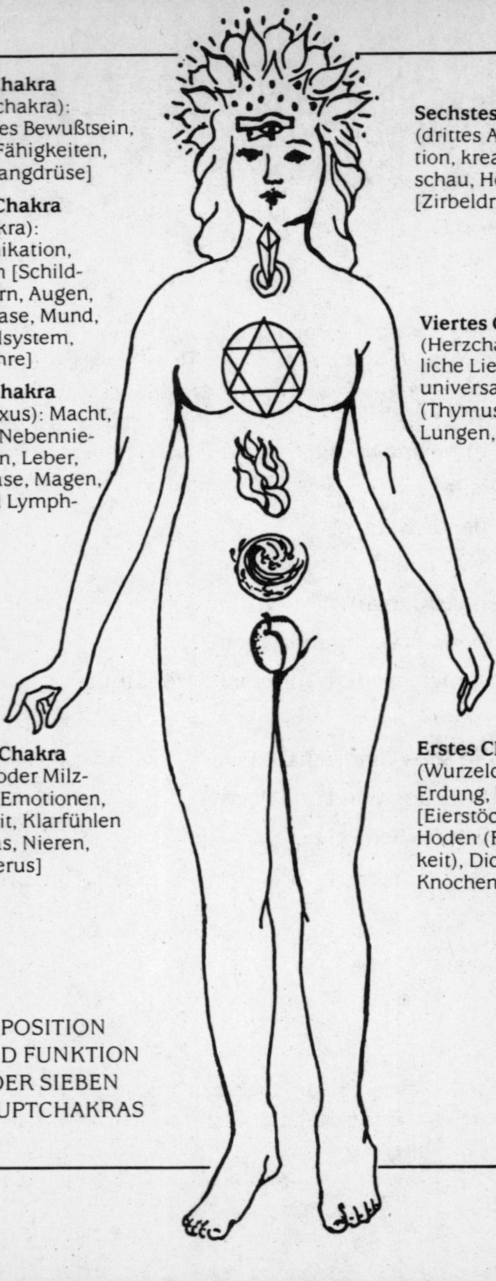

POSITION UND FUNKTION DER SIEBEN HAUPTCHAKRAS

EINLEITUNG

Ich sehe meine Aufgabe darin, die Mysterien zu entmystifizieren und das Okkulte oder Unbekannte den Menschen in verständlicher Sprache zugänglich zu machen. Dieses Buch möchte auf die klarste, praktischste Weise jene tieferen Schichten der Psyche offenbaren, die uns allen eigen sind, die zu leugnen jedoch den meisten von uns anerzogen wurde. Wenn es gut riecht, möchte jeder gerne den Topf vom Deckel heben, um nachzusehen, was darin ist. Leider ist die Erforschung der zahllosen Reiche des Bewußtseins mit vielen Sanktionen belegt. Dennoch gibt es Millionen von Menschen, die damit beschäftigt sind, ihre inneren Erfahrungen zu beobachten und weiter zu suchen. Sie lesen zahlreiche Bücher über alle möglichen esoterischen Themen, studieren die alten Religionen, treffen sich mit Gleichgesinnten und suchen nach Erleuchtung. Diese Menschen sind es, die Veränderungen herbeiführen und ihr Leben in den Dienst des Spirituellen stellen wollen, indem sie die innere Reise als Lebensherausforderung begreifen.

Es hat keinen Sinn, esoterische Geheimhaltung aufrechtzuerhalten. Unsere Welt ist nicht dadurch sicherer geworden, daß das mystische Wissen in den Händen weniger Auserwählter blieb. Gelegentlich hat zwar der eine oder andere dämonische Führer die heiligen Orte oder das okkulte Wissen mißbraucht, doch im Endeffekt ist die Bösartigkeit dieser Leute zugleich der Keim ihres Niedergangs. Je mehr Menschen Heilungs- und okkulte Transformationsmethoden kennenlernen, um so weniger Gelegenheit werden die Habgierigen, die gegenwärtig unsere Welt beherrschen, dazu haben, die verfügbaren Ressourcen und Energien für ihre eigene Geldgier auszubeuten. Je reiner unser Denken ist, um so geringer die Wahrscheinlichkeit, daß wir die Welt zerstören.

Prinzipiell hat jeder Mensch Zugang zu mystischem und spirituellem Wissen. Die meisten Menschen brauchen nur etwas Ermutigung und Hilfe, um zu erkennen, daß ihre eigene Erfahrung zur Mystik gehört. Mystische Ereignisse haben sich im Laufe der Zeiten nur wenig voneinander unterschieden; lediglich die soziale Sprache, in der sie ausgedrückt wurden, hat sich verändert. Jeder Glaube enthüllt in seinem Kern die gleichen erfüllenden Erfahrungen für jene, die bereit sind, alles zu riskieren und ihrem Herzen zu folgen. Das Wunderbare an unserer Zeit ist, daß nun ein Großteil der Menschen und nicht nur einige wenige den Pfad zum höheren Bewußtsein beschreiten können.

Um mit den Mysterien des Lebens und den universalen Gesetzen eins zu werden, müssen wir lernen, auf eine neue Weise zuzuhören. Wenn wir eine ungewöhnliche, visionäre Einsicht erhalten, ist es sinnlos zu versuchen, sie so zu verbiegen oder umzuformen, daß sie in unser gegenwärtiges Werteschema paßt. Wir müssen vielmehr zahlreiche unserer liebgewonnenen Glaubenssätze beiseite legen und neue entwickeln. Manchmal bedeutet dies, daß wir uns für eine Weile sehr leer vorkommen, bis das Wissen in unser Leben integriert ist. Der Reifeprozeß ist ein wichtiger Bestandteil der Wahrheit und des richtigen Handelns.

Essie Parrish, meine Mentorin, eine indianische Schamanin vom Stamme der Pomo, verbrachte zunächst viel Zeit damit, mir von den Grundeinstellungen und Lebensgeschichten anderer Leute zu erzählen, bevor sie esoterisches Wissen, das ich damals als solches auch erkennen konnte, einstreute. Sie untersagte es mir, Notizen zu machen, und lehrte mich statt dessen durch Wiederholung und Auswendiglernen. So wurden die verschiedenen Themen mehrfach behandelt, und jedesmal enthielt ihre Schilderung einige wichtige Tatsachen mehr. Eines Tages blickte sie mich vielsagend an und sprach: »Um einen besonderen Heilgesang zu erhalten, sollte ich an die ...-Stelle oben auf dem Mt. Shasta gehen und vier Tage in ... sitzen«, was bedeutete: Geh jetzt dorthin und tue alles, was ich dir gesagt habe. Nach angelsächsischem Kommunikationsmaßstab sind Indianer sehr indirekt. Ich hatte gelernt, auf nichteuropäische Weise zuzuhören und zu erkennen, wann sie mir detaillierte Informationen gab damit ich mich auf etwas vorbereitete, wann sie einen genauen Ort nannte oder sie mir mitteilen wollte, daß diese Visionssuche nur zu einer bestimmten Jahreszeit stattfinden konnte. Wenn dies die richtige Jahreszeit war, so mußte ich mich sofort vorbereiten.

Ungefähr ein Jahr, bevor ich Essie Parrish begegnete, wurde ich mir meines *Lebensgesangs* bewußt. Er erklang in mir während ich ihn umgekehrt nicht herbeirufen konnte, sang sich in meinen Kopf hinein. Das Universum suchte sich selbst die Zeiten aus, da es mir zur Verfügung stehen wollte. Wegen seiner Intensität und Kraft war ich ständig davon betört. Zunächst wußte ich nicht, daß es ein Lebensgesang war, da er mir ganz spontan gekommen war, während ich auf den inneren Ebenen reiste. Als ich schließlich Essie Parrish begegnete, wußte ich bereits, was es damit auf sich hatte. Als sie mich darum bat, sang ich ihn ihr im Vertrauen vor, und sie bestätigte nickend, daß dies tatsächlich mein Lebensgesang sei.

Wir alle haben den gleichen Zugang zu diesen schamanischen Schöpfungsgeheimnissen, doch die meisten Menschen können sie ohne hinreichende Information oder Vorbereitung nicht empfangen. Die Absicht, dieses vorliegende Buch zu schreiben, war die gleiche wie bei meinem Werk *Geisthelfer.*[1] Die Leser suchen nach einem Zugang zur inneren Welt. Sie möchten einfache, praktische, klar verständliche Methoden, die ihnen die Erforschung des Inneren erleichtern können.

[1] Goldmann Taschenbuch Esoterik Nr. 11811

Die akustische Methode war nicht mein Hauptzugang zu spirituellem Wissen. Von außergewöhnlichen Umständen abgesehen, war ich nicht hellhörend. Daher war es für mich ein schwieriges Unterfangen, das Heilen mit Lauten zu erlernen, im Gegensatz zu Farben und gefühlsmäßigem »Wissen«, was mir durch meine Hellfühligkeit sehr leicht fiel. Ich konnte an einem Gebäude vorbeigehen und riechen, schmecken und fühlen, was in seinem Inneren geschah. Wenn ich etwas Bestimmtes wissen wollte, erschienen mir telepathische Bilder (Hellsicht). Auch heute ist es so, daß ich mein inneres »Kino« anstelle und die Leinwand vor meinem dritten Auge beobachte, wenn jemand zu einer Sitzung zu mir kommt.

Wahrscheinlich haben Sie Schüler und Studenten kennengelernt, die ein fotografisches Gedächtnis besaßen, ständig ihr Leben unbeschwert genießen konnten und trotzdem immer die besten Noten bekamen. So ging es mir auf allen anderen Gebieten des Medizinwegs. Für mich war es eine große Leistung zu lernen, wie man mit Klängen arbeitet. Essie Parrish, meine Lehrerin, konnte mich nicht weit genug, nicht schnell genug antreiben. Was Klänge anging, so war ich wie von einer Backsteinwand umgeben. Wenn ich mit und für Klienten Laute von mir geben sollte, war ich außerordentlich gehemmt, wie die meisten von Ihnen. Zudem gibt es in unserer Kultur eine recht große Hemmschwelle, was das Erzeugen von Lauten betrifft. Diese zu überwinden ist eine der größten Herausforderungen auf unserem Gebiet.

Im Jahre 1976 kapitulierte ich schließlich und widmete mich der Erforschung des Potentials heilender Klänge. Es war schwierig für mich zu erlernen, deshalb fällt es mir heute am allerleichtesten, es zu unterrichten. Ich mußte mich diesem Gebiet Schritt um Schritt öffnen, indem ich betete, darum bat, mich hineinfallen ließ, meditierte und immer größere innere Schritte vollzog.

In jenem Sommer pflegte ich stundenlang dazusitzen und die Eigenschaften des Klangs jenseits des menschlichen Hörvermögens und das Heilen mit Tönen zu beobachten, während meine Kinder sich mit ihren Freunden und ihren ländlichen Aktivitäten beschäftigten. In der Stille suchte ich nach Klängen, von denen man mir erzählt, die ich aber noch nie zu hören bekommen hatte. Aus der Stille erwuchs der Urklang, der Gesang hinter dem Odem Gottes, der das Universum zusammenhält. Er stieg in meiner Kehle empor und strömte hinaus, meinem eigenen Unglauben zum Trotz. Es dauerte noch eineinhalb Jahre, bis ich mich davon überzeugt hatte, daß dieser Klang der richtige war. In der kalten Dezembernacht sang ich ihn im Freien laut und kräftig heraus und wußte sogleich, daß er vollkommen war. Der hohe, hallende, dramatische Sopranklang lag Oktaven höher als es meinem gewöhnlichen Gesangsspektrum entsprach.

Nachdem ich einige Monate Varianten dieses Klangs erforscht hatte, entdeckte ich, welche Klänge auf welches Chakra einwirkten. Zögernd begann ich damit, am Ende einer Heilsitzung diese Klänge für meine Klienten zu singen. Die Ergebnisse überstiegen meine kühnsten Erwartungen darüber, welch mächtige Erneuerung der Klang doch ermöglicht. Im Rahmen weiterer Experimente lehrte ich meine Schülergruppe diese musikalischen Intonationen. Die Teilnehmer waren entzückt von der Kraft ihrer eigenen Stimme und davon, daß die Kakophonie zu einem einzigen Klang wurde, zu einem einzigen Bewußtsein, obschon jeder im Raum für sich sang. Später erfuhr ich, daß diese Form des Klangs *Svaha* oder »Esoterische Intonation« (Toning) hieß. Diese Form des hohen, tonalen Gesangs wird in Schwitzhütten, bei Zeremonien und anderen rituellen Heilungen von Medizinleuten verwendet. Die hohe Tonlage dieses Gesangs ist derart wichtig, daß indianische Männer sogar eine schrecklich bittere Wurzel kauen, nur damit ihre Stimmbänder dies leisten können.

Einige der Klänge, mit denen dieses Buch Sie vertraut machen wird, sind Tonqualitäten, die ich selbst empfing. Diese Klänge werden Sie in anderen Quellen nicht finden, denn es erschien mir einleuchtend, daß eine Gesellschaft, die auf Leidenschaft, Habgier und Neid aufbaut, anderer Klänge bedarf, um die Schwingung jedes Chakras zu verändern und zu erhöhen. Die

Öffnung für ein verfeinertes System der Klangheilung ergab eine ungewöhnliche Kombination von Klangsilben.

An einem Mainachmittag in England reichte eine Frau mir ein Yogabuch von einem bekannten, aber öffentlichkeitsscheuen Swami, der in Los Angeles lebt. Auch er verwendet die Klänge, die ich über den »Universalen Radiosender« empfangen hatte, und zwar aus demselben Grund. Tatsächlich gibt es im ganzen Kosmos nichts Neues, sondern nur die unentwegte Wiederentdeckung dessen, was das Universum oder die Urquelle unserer Existenzebene bereits beschert hat. Es hängt von unserer Fähigkeit ab, diese Information richtig zu empfangen, ob sie funktioniert, wie sie soll, oder ob sie nur unvollständig verstanden wird.

Irgendwie habe ich Zugang zu jenen Dingen erhalten, die auch andere mystische Sucher erfahren haben. Wenn sich herausstellt, daß verschiedene Menschen dieselben Informationen empfangen, ist das eine Bestätigung ihrer Gültigkeit. Sie können von vielen Autoritäten viele Dinge lernen, doch sollten Sie auch selbst forschen. Bilden Sie sich immer weiter, üben Sie häufig und stellen Sie fest, was für Sie gut ist. Lassen Sie beiseite, was sich nicht bewährt, egal von wem Sie es gelernt haben. Manchmal bedeutet das nämlich, daß Sie für diese Praktiken noch nicht bereit sind und sie erst später integrieren sollten. Es kann aber auch genausogut sein, daß die Quelle, aus der Sie es erfuhren, fehlerhaft war.

Eine bekannte Musikerin begab sich einmal in Begleitung eines Menschen, der zwar Schamanismus lehrt, selbst aber in keiner Weise Schamane ist, auf Visionssuche. Die Musikerin empfing während ihrer Suche ein Lied, das sie aufschrieb und auf einer Langspielplatte aufnahm. Ihr Lehrer hatte versäumt, seinen Schülern mitzuteilen, daß sie ihren Lebensgesang nicht offenbaren dürften. Vielleicht wußte er auch nichts von dieser Vorsichtsmaßnahme. Drei Monate nach Erscheinen der Platte zog sich die Sängerin eine tödliche Krankheit zu. Sie hatte ihre Kraft fortgegeben, indem sie dieses Lied aufzeichnete und es zuließ, daß andere es sangen. Für mich ist das Schlimmste daran, daß dieser Gruppenführer immer noch in seiner Unwissenheit heiliges Wissen austeilt und mit etwas spielt, von dem er selbst nur allzu wenig weiß.

Die Anweisungen für die Übungen sind in mühevoller Kleinarbeit vervollkommnet worden, manche davon im Laufe von Jahrhunderten, andere durch mich selbst, indem ich sie, allein oder mit Schülern, praktisch ausprobierte. Sie sollten die Angaben wortgetreu befolgen, um Schwierigkeiten zu vermeiden. An einem warmen Frühlingstag zu Anfang der 70er Jahre praktizierte ich gerade die Wassermeditation, die im Kapitel 11 beschrieben wird. Nachdem ich fast eine Stunde lang geübt hatte, stürzte ich rücklings zu Boden, völlig atemlos und jeglicher Kraft beraubt. Ich hatte es nicht nur versäumt, zur richtigen Zeit eine Pause einzulegen, ich wußte auch noch nichts davon, daß ich meinen Kopf bedecken mußte, sobald ich den Rand des Wassers verlassen hatte. Stur, wie ich war, setzte ich mich wieder auf und versuchte erneut zu meditieren, nur um erneut zusammenzubrechen. Zum Glück wies mich ein weiser Geistführer an, mich hinzulegen und auszuruhen, bevor ich weitermachte. Später erfuhr ich dann, daß ich zwischen den einzelnen Phasen dieser Meditation meinen Kopf bedecken mußte.

Wenn es in diesem Text heißt, daß Sie etwas niemals tun sollten, *dann tun Sie es auch niemals.* Was Übungen oder Meditationen angeht, ist Vorsicht immer besser als späte Reue oder »Reparaturarbeit«. Bei einer Heilung kann derjenige, der den Klang erzeugt, von diesem ebenso verletzt werden wie die Person, für die er gedacht ist. Geschieht dies in aller Unschuld, so wird das Universum gütig reagieren und den Schaden für uns beheben. Der willentliche Mißbrauch einer Technik jedoch wird von den Wächtern des Klangs bemerkt, und wir müssen eines Tages dafür zahlen. Das gleiche gilt auch für verbotene Klänge oder für jene, die nur mit Vorsicht anzuwenden sind. Ich habe selbst schon einige Tabus verletzt, um zu sehen, ob sie wirklich gefährlich waren, und mußte mich davon überzeugen lassen, daß die Geisthelfer und meine Lehrerin die Wahrheit sagten. Es ist nicht nötig, ein brennendes Streichholz in einen Benzintank zu werfen, um zu sehen, ob er sich tatsächlich entzündet. Sollten Sie der neugierige Typ sein, der unbedingt alles erst selbst ausprobieren muß, so versuchen Sie es mit der Behandlung von Ihren eigenen Kopfschmerzen, Verdauungsstörungen oder irgendeiner einfachen kleineren Erkrankung, die Sie später auch mit Aspirin, Pfefferminztee oder anderen ungiftigen Hausmitteln beheben können.

Der menschliche Körper hat einen extrem niedrigen Frequenzbereich von 8 Hertz. Dieser liegt nahe bei dem Schwingungsbereich unserer Erde von 7,38 Hertz. Ein kompetenter Heiler schwingt sich automatisch darauf ein. Dies geschieht, indem man zusammen mit dem Klienten im selben Rhythmus atmet, wodurch der aus dem Gleichgewicht gebrachte Mensch wieder die richtige Hertzfrequenz erreicht. Auf solche Weise wird die Harmonie von Körper, Geist und Seele wiederhergestellt.[2]

Hingabe

Es gibt Stufen der Einweihung, die nicht vermittelt werden können, bevor Sie dazu bereit sind und die entsprechenden Vorarbeiten geleistet haben. Ebenso gibt es Dinge, die von einem Lehrer nur persönlich übermittelt werden können. Wenn Sie nicht bereit sind, das Wissen zu empfangen und zu verarbeiten, ist jede Mühe vergebens. Als meine Lehrerin Essie Parrish sah, daß ich bereit war, mein Leben dieser Arbeit zu widmen, gab sie mir das Wissen um jene Klänge, mit denen die Hilfsgeister herbeigerufen werden können.

In diesem Buch werden Übungen, Ideen und Methoden sehr ausführlich besprochen, nicht etwa, um Sie auf die Folter zu spannen, sondern um Ihnen vielmehr bei Ihrem geistigen Wachstum zu helfen. Esoterisches Wissen aufzunehmen ist nicht nur eine Frage des Denkens: Herz und Seele müssen ebenfalls daran teilnehmen. Wenn Sie dieses Buch rein vom intellektuellen Standpunkt her lesen oder eine Übung bestenfalls ein- oder zweimal durchführen, um sie dann wieder aufzu-

[2] Siehe Kapitel 5, wo der Begriff Hertz genauer erklärt wird.

geben, wird Ihnen nur wenig Erfolg beschieden sein. Fleiß und Ausdauer sind das wahre Kennzeichen eines jeden, der auf einem beliebigen Gebiet nach Könnerschaft strebt. Die Meisterung des Klangs, der Erde, des Wassers, der Luft, des Feuers oder der Heilung ist nicht etwas, das wir mal kurz betreiben und dann wieder aufgeben können. Es handelt sich dabei um ernsthafte Wissensgebiete, die von innen nach außen erlernt werden wollen. Kein Mensch kann Ihnen seine Erfahrung und sein Können einfach weitergeben. In der Esoterik geht es stets um das Persönliche, und die Erfahrungen, die Sie dabei machen, entziehen sich der sprachlichen Beschreibung. Vielleicht sind Sie und ich beide ergriffen, wenn wir hören, wie jemand seinen Heilgesang singt, aber die Wirkung unterscheidet sich doch je nachdem, was jeder von uns in diesem Augenblick einbringt. Ihre gesamte Persönlichkeit und Ihr Glaubenssystem beeinflussen Ihre Wahrnehmung. Wenn Sie also mit diesen Methoden üben, so wird Ihr Fortschritt vom Grad Ihrer Hingabe abhängen. Wie bei dem Beispiel vom Frühstück aus Speck und Spiegelei: Das Huhn ist daran beteiligt, das Schwein hat sich jedoch hingegeben. Hingabe ist der wichtigste Faktor des spirituellen Wachstums. Ohne sie bleiben Sie nur ein Tourist, der die innere Landschaft erforscht.

1

LAUTER LAUTE

Der Klangkörper

Absolute Stille ist jeglichem Leben fremd. Selbst wenn unsere Stimmbänder nicht aktiv sind, gibt unser Körper doch ständig Geräusche von sich. Es gibt Verdauungsgeräusche: Magenknurren, Blähungen, Schluckgeräusche, Nahrung, die auf ihrem Weg in den Magen gurgelt, Schlucken, Rülpsen, Schmatzen und auch das Klappern von Zähnen. Wir machen Atemgeräusche: wir schnarchen, niesen, schnaufen, atmen ein und aus, schnüffeln, schnauben und schnupfen. Jeden Augenblick werden wir von den Geräuschen innerer und äußerer Bewegungen begleitet: Herzschlag und Puls, knackende Gelenke, das Widerhallen unserer Füße beim Gehen, Klopfen und Klatschen unserer Hände, wenn sie im Alltag Gegenstände berühren, Fingerschnippen, das Kratzen von Fingernägeln, Kieferknacken, Zähneknirschen, Kleiderrascheln und das Singen des Haars, wenn es naß und sauber ist. Menschen sind keine leisen Lebewesen.

Mund und Stimmbänder geben Geräusche der Erleichterung von sich: Ächzen, Stöhnen, Grunzen, Kichern, Zungenschnalzen, »mmm«, Hauchen, Zischen, Glucksen, Lachen, freudiges Stöhnen, schweres Seufzen, Japsen, Schreien, Gähnen, Schluchzen, Weinen, sexuelle Töne der Ekstase. All diese wortlosen Laute zeigen Schmerz, Freude, Vergnügen, Leid, Anstrengung und das gesamte Spektrum menschlicher Gefühle. Unsere Stimme beherrscht das Flüstern ebenso wie die ohrenbetäubenden Schreie.

Diese Geräusche sind natürliche Ausdrucksmittel aller Menschen sämtlicher Kulturen, völlig unabhängig von ihrer jeweiligen Sprache. Und doch hat man uns beigebracht, daß all diese Geräusche entweder unhöflich seien oder unterdrückt werden müßten, abgesehen von ganz wenigen, besonderen Umständen. Die Geräusche beim Liebemachen teilen unsere Bedürfnisse ebenso wirkungsvoll mit, wie es sorgfältig ausgesuchte Worte täten. Indem wir zulassen, daß unwillkürliche Laute frei hervorströmen, kann sich unser Partner besser auf uns einstimmen, und umgekehrt machen die Geräusche, die unser Partner von sich gibt, uns zu aufmerksameren Liebhabern.

Es gibt einen solch starken Widerstand gegen das Erzeugen von Geräuschen und Töne, daß Heiler und Therapeuten ihre Klienten immer wieder dazu ermutigen müssen, das von sich zu geben, was sie spüren. Die Menschen liegen nach chirurgischen Operationen in ihren Krankenbetten, leiden unter gewaltigen Schmerzen und versuchen doch, ihr Stöhnen zu unterdrücken. Schon als Jugendliche bringt man uns bei, daß wir uns wie Erwachsene benehmen und damit aufhören sollten, in aller Öffentlichkeit unsere Emotionen zur Schau zu stellen, besonders das Weinen. Und doch ist das Weinen ein wichtiger Faktor zur Aufrechterhaltung der Gesundheit. Wissenschaftliche Untersuchungen haben ergeben, daß die Tränen von Menschen, die aus Gefühlsschmerz weinen, andere Chemikalien enthalten als jene, die beim Zwiebelschälen entstehen. Menschen, die weinen, leiden weniger unter streßbedingten Krankheiten als solche, die ihre Gefühle und Tränen unterdrücken.

Klangwirkung

Der Klang ist das energetische Kraftfeld, das unsere Galaxis, die Milchstraße, in ihrer Umlaufbahn hält. Alles im Universum besitzt eine Schwingung, einen Ton, der seinem Sein zugrunde liegt. Planeten, Steine, Pflanzen, Tiere, der Wind, Wasser, Feuer, Erde, allem eignet ein Urton, der sein jeweiliges energetisches Muster trägt. Jeder Mensch hat eine individuelle Klangwelle, die es uns ermöglicht, Bekannte von Fremden zu unterscheiden. Sogar innerhalb einer Familie oder einer Stammesgemeinschaft unterscheidet sich der Klang oder die Schwingung eines Individuums von denen seiner ihm äußerlich sehr ähnlichen Vettern.

Seit jeher bewirkt der Klang eine starke Änderung des Bewußtseinszustands, besonders schärft er die Sinne und verstärkt meditative Zustände. Die Reaktion auf Musik und auf natürliche Klänge wie Wogen, die sich am Ufer brechen, Kojoten- oder Wolfsgeheul schlägt in unserer Psyche eine Saite an, die unser Einssein mit dem Schöpfer und unserer Welt aufs neue bestätigt. Wenn wir wiederholt mit unangenehmen Klängen konfrontiert werden, neigen wir dazu, uns sowohl von dem Mißklang als auch vom Leben selbst zurückzuziehen.

Richtig eingesetzte Klänge sind allen legalen und illegalen Drogen, mit denen die westliche Gesellschaft bisher gespielt hat, bei der Linderung psychischer Schmerzen haushoch überlegen. Das Hochgefühl, welches das empfängliche Zuhören beschert, kann zu einem dauerhaften Zustand werden, der wir uns immer wieder zuwenden können, wenn Geist und Körper der Erneuerung bedürfen.

Synästhesie

Die Synästhesie – das Verschmelzen der Sinne – wird am häufigsten und am stärksten durch Klänge ausgelöst. Ein bestimmter Klang oder ein Stück Musik können optische Bilder vor unserem geistigen Auge erzeugen, ebenso Geruchs- und Geschmacksempfindungen. Klänge können Erinnerungen auslösen oder uns in die Zukunft führen. Visuelle Bilder können Geschmack, Geruch und Töne wieder hervorbringen, wie etwa die Stimme eines Verstorbenen. Alle irdischen Sinne können zusammen oder einzeln derart lebhaft die Erfahrung der anderen Sinne wachrufen, daß wir genau in jenem Augenblick leben, da sie stattfanden, und nicht nur in einer bloßen Erinnerung.

Dieser Prozeß entzieht sich sprachlicher Erklärung. Es gibt keinen Grund dafür, weshalb wir beim Klang einer Dampfpfeife Pfannkuchen riechen oder an einen Buick Baujahr 1961 denken. Auch die Berührung kann, beispielsweise beim Liebemachen, visuelle Bilder hervorbringen. Während des Orgasmus oder danach schauen manche Menschen gelegentlich Teile ihrer früheren Leben, die sie mit ihrem Liebhaber teilten. Wenn der Klang Erinnerungen in uns auslöst, erzeugt dies Empfindungen im Körper, die zu unwillkürlichen Bewegungen führen. Solches Zucken, Erschauern, Zittern, Finger- und Fußklopfen setzt Freude, Leid und Ängste frei, die noch nicht völlig ausgelebt wurden.

Die Synästhesie ist ein natürliches, angeborenes, intuitives Phänomen, das fast immer Freude bereitet. Es ist ein bißchen wie die Telepathie, mit der wir alle unser Leben beginnen. Und doch erfahren nur zehn Prozent der erwachsenen Bevölkerung Sinnesüberschneidungen. Kinder dagegen erleben die Synästhesie mit wenigen Ausnahmen ganz regelmäßig, doch verschwindet dies im Laufe der Sozialisation wieder. Wir tun unseren Kindern nichts Gutes, wenn wir sie dazu anhalten, nicht mehrere Sinne auf einmal zu aktivieren. Die Erwachsenen reden mit Bemerkungen auf sie ein wie: »Das ist doch nur ein Foto, das du da siehst, da ist keine Musik.« Jene beharrlichen Seelen, denen es gelungen ist, sich ihre Fähigkeit bis ins Erwachsenenalter zu bewahren, verdienen Anerkennung für ihre Standhaftigkeit und ihr Durchsetzungsvermögen.

Wenn Sie Ihr volles Sinnesspektrum in all seinen Möglichkeiten zurückgewinnen wollen, so isolieren Sie sich für eine Weile, entweder mit Kopfhörern oder indem Sie sich die Zeit nehmen, ungestört einige Ihrer Lieblingsmusikstücke zu hören. Vielleicht braucht es mehrere Wochen um mit der Beleuchtung des Raumes – hell oder dunkel – und der Art der Musik zu experimentieren. Am einfachsten ist es, mit etwas zu beginnen, das Sie in Ihrer Kindheit oder Jugend sehr gern gehabt haben, beispielsweise mit den Beatles oder mit einem Stück, das mit Ihrer ersten romantischen Liebe einherging. Schließen Sie die Augen, atmen Sie tief durch, entspannen Sie sich so vollständig, daß Ihr Geist beim Vernehmen der Musik frei umherzuschweben beginnt. Lassen Sie Ihr Bewußtsein hin und her treiben bis Sie Geräusche, Bilder und Erinnerungen vergegenwärtigen, die über ein bloßes Sicherinnern hinausgehen. Indem Sie immer wieder in einer bestimmten Umgebung den Zugang zur Synästhesie herstellen, bereiten Sie auch spontane Erfahrungen dieser Art vor.

Das fünfte Chakra und die Gesundheit

Ton oder Klang ist eine der drei Hauptformen der Schöpfung und der Heilung. Er kam noch vor dem Licht und dem Atem (Prana), wenn wir dem Anfang des Johannes-Evangeliums Glauben schenken wollen: »Im Anfang war das Wort (der Klang). Und das Wort war bei Gott und Gott war das Wort.« Klänge stehen in Beziehung zum fünften Chakra in der Halsbeuge. Das Hellhören (innere Hören) ist ihre intuitive Ausdrucksform. Das Licht hat eine Verbindung zum sechsten Chakra, welches oft als das dritte Auge bezeichnet wird, da es unsichtbar zwischen den beiden Augen des menschlichen Gesichts sitzt. Das Hellsehen (innere Sehen) ist die Gabe des Lichts. Das Herzchakra ist der Sitz des Atems oder der Lebenskraft (Prana).

Das Energiezentrum, das als fünftes Chakra bezeichnet wird, ist lebenswichtig für unser geistiges und körperliches Wohlbefinden. Durch dieses Chakra verleihen wir unseren ehrlichsten Reaktionen auf das Leben Ausdruck. Als Atem und Ton strömen Partikel aus nichtmaterieller Materie durch unser Kehlkopfchakra ein und aus. Wenn wir lügen oder mit dem gesprochenen Wort unsere Gefühle leugnen, zerstören wir damit unseren eigenen Körper/Geist. Es ist außerordentlich schwierig, immer ehrlich zu bleiben. Obwohl wir die Wahrheit sagen möchten, kann unsere Arbeitssituation, die Gesundheit, die Gefühle anderer Menschen oder die Sorge um unsere körperliche Sicherheit uns daran hindern. Lug und Trug untergraben das richtige Arbeiten jenes kreiselnden Energierads, das als das fünfte Chakra bekannt ist. Halsschmerzen sind eine negative Erfahrung, mit der uns über den physischen Körper mitgeteilt werden soll, daß wir aus dem Gleichgewicht geraten sind. Körperliche Leiden dienen auch dazu, die Negativität abzubauen, die durch Unehrlichkeit, das Anhören von Lügen, falsche und bösartige Rede, grundlose harte Worte gegenüber anderen oder gar das Beschimpftwerden erzeugt wird. Selbst wenn es erforderlich sein sollte, einen anderen Menschen zu tadeln, ist es das beste, nur über sein Vergehen zu reden und nicht etwa seinen Charakter zu verunglimpfen oder zu versuchen, sein Selbstvertrauen zu zerstören. Wird konstruktive Kritik wahrhaftig und taktvoll vorgebracht, ob einem Kind oder einem Erwachsenen gegenüber, so ist sie am wirksamsten und wirkt sich auf uns und den anderen am wenigsten destruktiv aus. Wie die zynischen Spiritualisten sagen: »Was herausgeht, kommt zurück.« Wenn wir jemanden verbal schlimm zusammenstauchen, so wird sich dieses Gift eines Tages auch wieder auf uns auswirken, oft aus völlig unerwarteter Richtung.

Dein Wort ist dein Feuer

Worte haben die Macht zu heilen, zu helfen, zu erschaffen, zu irritieren, zu verleumden oder zu vernichten. Der sorgfältige Gebrauch der Sprache gehört zu den wichtigsten Bereichen geistiger Weiterentwicklung. Je mehr wir lernen, Energie zu manifestieren und unsere eigene Kraft und Macht zu erhöhen, um so häufiger fallen verletzende Worte in der einen oder anderen Form wieder auf uns zurück. Mrs. Parrish hat mich immer dazu angehalten, nicht zu klatschen. Es gibt einen großen Unterschied zwischen bösartigem Gerede und Informationsaustausch. Einem Nachbarn mitzuteilen, daß jemand einen schönen Garten mit soviel Gemüse hat, daß er etwas davon abgeben kann, ist völlig in Ordnung, es sei denn, der Betroffene hat uns darum gebeten, andere dies nicht wissen zu lassen. Geheimnisse zu bewahren ist ein wesentlicher Bestandteil abgewogenen Redens. Andererseits tun Sie einem Teenager, der Alkoholiker ist, keinen Gefallen, wenn Sie sein betrunkenes Auftreten in der Öffentlichkeit vor seinen Eltern geheimhalten. Eine gute Verhaltensregel besagt, daß wir uns stets selbst fragen sollten, welche Absicht wir dabei hegen, wenn wir über jemanden sprechen. Wollen wir damit seinen Ruf beflekken oder uns selbst im Vergleich zu ihm besser herausstellen, dann ist das Schweigen im Interesse unserer eigenen Entwicklung die beste Disziplin.

Einzelne Wörter können sehr mächtig sein. Vor einigen Jahren brachte man Mavis, eine weise Frau, zu mir nach Hause. Sie arbeitete für das Katastrophenteam des Roten Kreuzes. Sie führte ein erfülltes Leben und schien immer zu bekommen, was sie wollte. Mavis brachte mir einige Schlüsselworte bei, die dazu dienen, Bedürfnisse zu erfüllen. Diese Worte haben sehr gut funktioniert, wenngleich ich nicht weiß, woher sie ursprünglich stammen, denn Mavis hatte sie auch woanders gelernt. Sie lauten:

Finde: Geld
Erreiche: verlorengegangene oder verlegte Gegenstände ausmachen oder zu einer Lösung gelangen.
Auf: um stets eine Transportmöglichkeit zu haben, wenn sie benötigt wird.
Klar: um eine Situation zu klären.
Zusammen: Hauptschaltwort für alle Dinge, die geschehen oder ins Gleichgewicht gebracht werden sollen.
Ich bin: Einssein mit dem Göttlichen.

In ihrem Tonfall, in der Stärke, mit der sie ausgesprochen werden und durch die in diesem Augenblick damit verbundenen Gefühle sind Worte Energieträger. Ein und dasselbe Wort, derselbe Ausdruck oder derselbe Satz können sowohl als Untertreibung, als überschäumendes Lob oder als Sarkasmus gedeutet werden. Was wir sagen, wirkt nicht nur auf den Zuhörer, sondern auch auf uns selbst. Es ist lebenswichtig, jeden Tag mit Frohsinn und guten Worten zu beginnen, um ihm die beste Anfangsschwingung zu verleihen. Wenn wir am Morgen als erstes knurrige oder abfällige Worte verwenden, so kann sich der ganze Tag später als verdorbenes Spiegelbild seines Anfangs erweisen.

Eine meiner Schülerinnen suchte einmal morgens als erstes ihre beste Freundin auf, um sich über ihre Nachbarin zu beschweren. Mit dieser hatte sie sich in den vergangenen Monaten immer wieder sehr wortreich und laut gestritten. Nachdem sie

sie niedergemacht und ihrer Wut freien Lauf gelassen hatte, fühlte sich meine Schülerin schließlich besser, als sie von ihrer Freundin Abschied nahm. Kurz darauf traf sie auf einen alten Freund. Dieser begann mit einer Tirade gegen einen falschen Guru und mehrere geschäftliche Konkurrenten. Meine Schülerin, die von all diesem abfälligen Gerede entnervt war, versuchte zwar das Thema zu wechseln, doch ohne Erfolg. Ihr Freund bestand darauf, sich über andere lustig zu machen. So schnell sie konnte, brach sie das Gespräch ab, hatte aber immerhin schon eine dreiviertel Stunde damit verloren. Sie fühlte sich wirr im Kopf und war ein wenig durcheinander, daher begab sie sich in ihr Lieblingscafé, um sich dort zu entspannen. Im Café begegnete sie einem Kollegen, den sie sehr gern hatte. Der setzte sich zu ihr und redete sich all seine Frustration und seinen Zorn über ihren gemeinsamen Abteilungsleiter, der gerade eine persönliche Krise durchmachte, von der Seele. Meine Schülerin erinnerte sich daran, daß unsere eigenen Worte stets den Tag prägen, und sie erkannte, daß sie wohl einer Lektion bedurfte, um dies zu begreifen. Doch voller Verzweiflung fragte sie mich dann am Telefon: »Wie kann ich dem endlich Einhalt gebieten?« Die Antwort, die ich ihr gab, war ganz einfach: »Lache. Erzähle dem nächsten Menschen, dem du begegnest, lustige Geschichten, die niemandem wehtun. Lachen durchbricht den Kreislauf der Negativität, und geteiltes Lachen um so mehr.«

Benennung

Meine Mentorin Essie Parrish meinte immer, man solle einer Krankheit niemals einen Namen geben, da ihr dies Macht über uns verleiht. Wenn Klienten zu mir kommen und eine Diagnose mitbringen, fordere ich sie dazu auf, diese zu vergessen und auch das, was die Worte zu bedeuten haben, denn es ist keineswegs notwendig, einen Krankheitsverlauf genau zu kennen, um alle seine Symptome und Komplikationen zu entwikkeln. Jeder Mensch verfügt über eine vollständige innere Kommunikation und kann sich – sogar unbewußt – auf alle Gedanken einstimmen, die sich um eine bestimmte Krankheit gerankt haben. Eine Krankheit zu erzeugen, ist ein ganz einfacher Prozeß, wir brauchen dazu nur an ihre Bezeichnung im Zusammenhang mit uns selbst zu denken, und schon bald wird sie uns heimsuchen.

Eines Tages suchte mich ein berühmter Tanztherapeut auf, um sich beraten zu lassen. Er war gesund, aber überarbeitet. Zu den Ratschlägen, die ich ihm gab, gehörte auch, daß er einen Assistenten einstellen sollte, der für ihn die Verwaltung übernehmen könnte, damit er mehr Zeit habe. Das tat er auch, gleichzeitig übernahm er aber neue zusätzliche Aufgaben. Fünfzehn Monate später wurde er während einer Tournee in ein Krankenhaus eingewiesen. Die Diagnose lautete auf AIDS. Drei Monate später starb er an dieser furchtbaren Krankheit, obwohl die Obduktion seiner Leiche keinerlei Anzeichen für diese Krankheit oder ihre Symptome ergab. Nach meiner Rückkehr in die Vereinigten Staaten suchten mich viele seiner Freunde und Schüler auf, um mit mir zu sprechen. Sie waren entsetzt darüber, daß er an einer unbekannten Krankheit (sehr wahrscheinlich an extremer Erschöpfung) gestorben war, die man als die noch immer »unheilbare« Erkrankung AIDS fehldiagnostiziert hatte.

Namen

Schon die Namen, die uns unsere Freunde und unsere Familie geben, haben einen Einfluß darauf, was wir von uns selbst halten und wie andere uns sehen. Jeder Name besitzt seine eigene Energie und seine damit zusammenhängenden Glaubenssätze. In seiner Studie über achthundert geläufige Namen hat Christopher T. Anderson, der Autor des Werks *The Name Game* (Simon and Schuster, 1977), Collegestudenten danach befragt, was sie von bestimmten Namen hielten. Die Testpersonen mußten der Orthographie und dem Klang, den Spitznamen und den vollen Vornamen verschiedene Bedeutungen zuweisen. Männer und Frauen reagierten in etwa gleich auf die

Mehrheit aller Namen. Die folgenden Beispiele veranschaulichen, welchen Eindruck bestimmte Namen machen können: Ann wurde als damenhaft, ehrlich, aber nicht hübsch eingestuft, während Anne als schön galt, umgänglich, aber nicht vertrauenswürdig. Dave galt als Superstar, als sehr männlicher Mann und Macher, während David nicht ganz so wunderbar sein sollte wie Dave, aber immer noch zweifellos ein Siegertyp; Mark und Marc galten beide als verwöhnt; Katherine galt als entschieden, willensstark und anmutig, ebenso ihre Diminutivformen – Kate, unbremsbar, und Kathie, sehr liebenswert. John wurde als vertrauenswürdig, überraschend passiv, aber sehr männlich eingestuft, während Johnnie als Siegertyp den Vogel abschoß; Jack dagegen galt als fleißig und sehr sexy.

Verschiedene Studien haben versucht, die Auswirkungen zu bestimmen, die unsere Namen auf uns haben. Manche konzentrieren sich dabei auf unsere allgemeinen Charaktereigenschaften, andere dagegen versuchen, unsere Beliebtheit und unseren späteren Erfolg im Leben daraus vorherzusagen. Kinder mit angenehmen Namen, die nicht allzu erwachsen klingen, sind in Tagesstätten und Grundschulen beliebter als Kinder mit Namen, die sich nur schwer aussprechen lassen oder sehr hart klingen. Daher wird Willy wohl besser gelitten sein als William, und Casey wird von den Gleichaltrigen besser akzeptiert werden als Cassius. Unsere Spitznamen müssen sich verändern, je älter wir werden, um stets zu uns zu passen. Erwachsene, die über 1,80 m groß sind und immer noch »Kleiner« genannt werden, Immobilienmakler mit dem Spitznamen »Trickster« oder Zentnerdamen, die man »Spätzchen« nennt, müssen offensichtliche Nachteile auf sich nehmen.

Zahlreiche Menschen sind mit ihren Namen nicht zufrieden, und das beeinflußt ihre Persönlichkeit ebensosehr wie ihre Beziehung zu anderen. Dabei ist nichts dagegen einzuwenden, sich einen neuen Namen zuzulegen, was auch sehr viele Menschen tun. So wird aus Johnnie ein Jack, Conchita wird zu Connie, Bobby möchte lieber Rob heißen, Maria optiert für Moira. Die ursprünglichen Namen werden also abgeändert. Manchen Menschen gefällt ihr zweiter Vorname besser, und so kommt es dann beispielsweise zu einer R. Sonya Smith, die damit den verabscheuten ersten Vornamen nicht mehr benutzen muß. Sie können auch Ihren ersten Namen gänzlich ändern, wenn Sie das wünschen, um Ihren ursprünglichen Vornamen lediglich noch bei rechtlich relevanten Unterschriften zu benutzen, oder können auch jeden beliebigen anderen Namen oder Vornamen verwenden, ohne deswegen gleich zum Betrüger zu werden. Sie können ihn aber auch ganz legal ändern. Das ist ein einfacher Vorgang, der nach einem Anwalt und etwas Zeit verlangt; dafür ist er aber auch von Dauer, und alle ihre Dokumente werden diese Veränderung widerspiegeln.

In vielen Stammeskulturen erhalten Kinder einen »Milchnamen«, der während der Pubertät oder später, wenn der Betreffende eine Mutprobe bestanden oder seine wahre Natur und seine Fähigkeit sonstwie unter Beweis gestellt hat, geändert wird. Eine inzwischen nicht mehr gebräuchliche Technik wurde von Juden im östlichen Europa verwendet, deren Verwandte erkrankt waren. Sie pflegten den Namen des Betroffenen zu ändern, um die bösen Mächte zu verwirren, die nach ihm Ausschau hielten. Überraschenderweise funktionierte diese Methode recht häufig, und zwar bei vollem Wissen und Einverständnis des Erkrankten, weil dieser seine eigene innere Harmonie und seine äußere Ausstrahlung veränderte.

Ein wesentlicher Faktor der Identitätskrise, die viele Frauen nach der Eheschließung überfällt, ist die Auswirkung der Namensänderung. Während die Mehrheit der Frauen als »Frau« angeredet werden möchte, sind sie sich doch nicht darüber im klaren, welche Schwingungsänderungen ein neuer Name bewirken kann. Ihre Energie wurde bis dahin vom Mädchennamen bestimmt, der bei der Hochzeit plötzlich fortgenommen und durch einen neuen ersetzt wird. Dieser durchaus willkommene Name ist noch unvertraut, wenn er zusammen mit dem alten Vornamen ausgesprochen wird, und viele frischgebackene Bräute reagieren daher nicht, wenn sie von Besuchern mit »Mrs. Brown« angesprochen werden. Denn sie befinden sich immer noch im Einklang mit ihrem früheren Namen. Eine gute Methode, um das Ausmaß dieser Krise zu beschränken, besteht darin, den eigenen Namen beizubehalten oder ihn bei der Arbeit zu benutzen. Dann gibt es nämlich immer noch Stellen, wo der Klang Ihres Namens Ihr altes Selbst intakt hält.

Gesang

Gesang zum Ziele medizinischer und spiritueller Entwicklung kann vielerlei Formen annehmen. Die ins Vergessen geratene Kunst des Singens ist inzwischen in Kirchenchöre, Opernvorführungen und in die Unterhaltungsindustrie verbannt worden, doch jeder Mensch kann singen, kann mit Füßen oder Fingern den Takt angeben, kann mitsummen oder trommeln. Der menschliche Körper bietet sich für das Erzeugen von Musik an: Der Brustkorb war und bleibt der erste Resonanzkörper. Singen ist eine wunderbare Methode, um unliebsame Gefühle loszuwerden. Es ist besser, die Niedergeschlagenheit fortzusingen, als zuzulassen, daß Gefühle der Verzweiflung unser Leben stören. Der Gesang heilt den Geist auf eine Weise, wie es Medikamente nicht vermögen. Gesangbücher sind sehr preiswert zu erwerben, man kann aber auch Lieder auswendig lernen, die man im Radio gehört hat. Während Sie ein Lied erlernen, kann es hilfreich sein, seinen Text in ein kleines Notizbuch einzutragen. Tonbandaufzeichnungen und Schallplatten sind ebenfalls eine große Hilfe. Sollten Sie schüchtern sein oder leicht in Verlegenheit zu bringen, und sollten Sie sich Sorgen wegen der Qualität Ihrer Stimme machen, so spielen Sie die Aufzeichnungen Ihres Lieblingssängers ab und singen Sie mit, bis Sie genug Mut haben, es allein zu wagen. Machen Sie sich keine Vorwürfe, wenn Sie einmal ein paar Töne auslassen oder etwas schräg singen sollten. Wenn Ihr geistiger oder emotionaler Zustand sich klärt, werden Sie sich genausogut oder noch besser anhören als Johnny Cash. Sänger üben ihre Nummern schließlich auch stundenlang, bevor sie auftreten. Warum sollten Sie da gleich eine Bühnenqualität erwarten, wenn Sie doch gerade erst damit anfangen, die dynamischen Energien Ihrer eigenen Stimme zu entwickeln?

Auf der ganzen Welt gibt es Gesänge, mit deren Hilfe Depressionen beseitigt werden können, durch die Fröhlichkeit ihren Ausdruck findet, Gefahr abgewendet, die Konzentration bei der Meditation gefördert wird und andere Vorteile zu erlangen sind, und das unabhängig von Kultur oder zivilisatorischer Entwicklung. Sie können uns helfen, sowohl unseren emotionalen, physischen und geistigen Zustand ins Gleichgewicht zu bringen als auch den spirituellen Pfad freizulegen. Viele Menschen, die gern singen, treffen sich regelmäßig mit Gleichgesinnten. Gesangsvereine, Laienspielgruppen, Altenheime und Partys bieten Gesangsfreunden reichlich Auftrittsmöglichkeiten.

Lieder sind mit dem Gedächtnis verbunden. Jede Information, die in rhythmische oder musikalische Form gebracht wird, hinterläßt einen unauslöschlichen Eindruck in unserem Geist. Dies erklärt auch den Erfolg von Werbespots. Viele unserer ersten Schreibregeln lernen wir mit Musik. Wer erinnert sich nicht daran, wie er das ABC oder die Monate des Jahres mit Hilfe entsprechender Liedchen lernte?

Sie werden in diesem Buch immer wieder ausführliche Anleitungen dazu erhalten, was Sie singen können, um Heilung, Erkenntnis und spirituelle Entwicklung zu fördern. Sie brauchen nicht musikalisch begabt zu sein, um diese Lieder lernen und anwenden zu können. Das einzige, was gefordert ist, sind ein offenes Herz und ein offener Geist, verbunden mit Beharrlichkeit.

2

STIMME UND KLANG

Die Stimme

Nach dem Tod wird nur die Stimme die gleiche sein.
Essie Parrish, Pomo-Schamanin

An der Stimme läßt sich die Entwicklungsstufe eines Menschen ablesen. Die Stimme ist unser Atem, die Essenz unseres Lebens, unseres Seins, welcher der Klang hinzugefügt wurde. Die Stimme ist also der wahrhaftigste Spiegel unserer inneren Gesundheit, unserer geistigen Stabilität oder deren Mangel, unserer emotionalen Erregtheit oder unseres Desinteresses wie auch unserer spirituellen Eingestimmtheit. Die klangliche Qualität unseres Redens verrät in subtiler Weise mehr über uns als die Worte, die wir aussprechen. Und häufig wird man auch unsere Worte ignorieren, wenn die Stimme nicht im richtigen Gleichgewicht mit dem Thema steht, über das wir sprechen.

Ein großer Teil unserer Persönlichkeit drückt sich durch die Stimme aus. Der Ton gibt unsere wahren Absichten preis und zeigt auch an, wie wir zu uns selbst stehen. Ein gesunder Mensch hat eine wohlmodulierte, klare, volle Stimme, die in Ton und Wort gütig klingt. Die dünne Stimme eines schüchternen Menschen, die zerbrechende Stimme einer Person, die unter Angst oder gewaltigem Streß leidet, und die dröhnenden Klänge eines Menschen, der versucht, uns irgend etwas aufzuzwingen, verraten schon alles. Die abgerundeten, sonoren Klänge eines Menschen, der wirklich an sein Projekt glaubt und seinem inneren Licht folgt, unterscheiden sich völlig von der inneren Rauheit des Superverkäufers, der uns nur solange in seiner

Gewalt behalten will, bis die Rechnung bezahlt wurde. Die Stimme eines Menschen, der sich dessen, was er sagt, nicht ganz sicher ist, klingt nur in oberen Tonlagen und kennt keine Untertöne. Erfahrene Schauspieler haben gelernt, diese subtilen Qualitäten in ihren Dialogen zu vervollkommnen, so daß sie ebenso überzeugend sind wie die Personen, die sie spielen.

Die Stimme legt nicht nur Zeugnis davon ab, was wir aussenden, sondern auch davon, was wir aufnehmen können. Eine verschlossene Person hat eine strenge, abwehrende Stimme. Die Stimme zeigt an, wie tief wir das Leben erforschen und wie gut wir neue Ideen annehmen können. Eine dünne, müde Stimme ist ein Indiz für jemanden, der keine Energie und kein Interesse mehr am Leben hat. Ein mitschwingendes Wimmern enthüllt allgemeines Unglücklichsein und Lebensunzufriedenheit, die schon aus der frühen Kindheit stammt. Flache Töne entsprechen einem Leben ohne jegliche Aufregung; hysterische Töne zeigen Angst an. Abgehacktes, kurzes Reden weist auf eine barsche, ungeduldige Persönlichkeit hin. Milde, harmonische Töne geben die Freude und das Interesse an einer Vielfalt von Erfahrungen, die ein Mensch erlebt hat, wieder. Eine rauhe Stimme kann ein Hinweis darauf sein, daß der Betreffende müde ist und der Schlaf ihm helfen kann, seine unangenehm klingende Sprechweise abzumildern. Oft haben Menschen, die unter schwerem Streß stehen, beim gewöhnlichen Sprechen einen schneidenden Unterton. Eine liebliche, sonnige Stimme, die natürlich und nicht etwa aufgesetzt ist, offenbart einen optimistischen Menschen. Die Stimme eines alten Rauchers mit ihren etwas heiseren Mitteltönen ist ein Hinweis auf Erkrankungen, die schon bald aufgrund des Tabakkonsums auftreten könnten.

Wer durch eine Kehlkopfentzündung seine Stimme verloren hat, ist unfähig, sich von extremer Erschöpfung zu erholen. Das Sprechen baut Körperwärme auf, und wenn jemand immer nur auf eine kurze Pause im Gespräch wartet, damit er selbst wieder weiter reden kann, beschleunigt dies den Herzschlag. Darauf reagiert der Körper mit Aphonie, indem er der Stimme den Klang fortnimmt, um die allzu große Hitze zu dämpfen, welche durch übermäßiges Reden oder eine Wettbewerbssituation im gesellschaftlichen Verkehr aufgestaut wurde.

Abgesehen von den geistigen und emotionalen Einstellungen, die wir bereits behandelt haben, verraten mangelnde Tiefe und Weite einer Stimme auch körperliche Gebrechen. Der absolute Indikator einer Stimme ist ihr Timbre, an dem sie sofort und individuell wiedererkannt werden kann. Das Timbre ist die charakteristische Eigenschaft des Klangs, der von einem bestimmten Instrument oder einer bestimmten Stimme hervorgebracht wird. Wenn sich dies verändert, so hat der Betreffende eine bedeutende Verschlechterung im Bereich seiner Gesundheit und seines Wohlbefindens erfahren.

Die tibetische Lehre des *zDzogChen* oder der Großen Vervollkommnung betrachtet den Menschen als Verbindung dreier miteinander verwobener Aktivitätsmuster: Körper, Stimme (Vitalenergie) und Geist. Wird ein Mensch krank oder verletzt er sich, so meinen die tibetischen Ärzte, daß dieses Problem auf Störungen und Unausgewogenheiten zwischen Körper, Stimme und Geist zurückzuführen sei.

Kontakte zu Verstorbenen weisen keinerlei Ähnlichkeit mit der gebrechlichen Stimme ihrer früheren Krankheit auf, ebensowenig mit jener Stimme, die die Verstorbenen unmittelbar vor ihrem Tod besaßen, es sei denn, sie sind offenbar bei optimaler Gesundheit durch einen Unfall ums Leben gekommen. Statt dessen sprechen Desinkarnierte mit einer optimalen eigenen Stimme, welche die allerhöchste Entwicklung und charakterliche Integration wiedergibt, die sie im Leben erreicht haben. Wenn ihre Stimme früher weiche Töne aufwies, so wird sie diese beibehalten. Menschen, die gewöhnlich heiser, erstickt, scharf oder kantig sprachen, tun dies auch noch Jahre nach ihrem Dahinscheiden. Wer von der anderen Seite aus zu uns spricht, wird im allgemeinen ein Klangmuster und Timbre verwenden, das seinem eigenen in der jeweiligen Lebensphase entspricht, als wir ihn kannten. Haben Sie den Betreffenden längere Zeit gekannt, so wird er für die Kommunikation jene Stimme wählen, die Ihnen am vertrautesten ist.

Die Sprache ist eine spezielle Fähigkeit, die wir durch unsere frühesten Kontakte mit anderen, voll sozialisierten Wesen lernen. Ein Kind, mit dem in den ersten Lebensjahren nicht gesprochen und das vom gesprochenen Wort isoliert wird, wird danach kein allzu großes Vokabular mehr entwickeln, ja möglicherweise überhaupt niemals richtig sprechen können. Wir sprechen auf ganz automatische Weise anders mit Neugeborenen, drei Monate alten Babys, mit sechsmonatigen oder mit Kindern, die ein oder zwei Jahre alt sind. Während das Kind heranwächst, verwenden die Mutter (in der Regel) und jene, die ihm nahestehen, verschiedene Formen beruhigenden Sprechens, die das Kleine auf das Sprechen vorbereiten sollen. Mutter und/oder Vater sprechen mit Tönen und Lauten zu ihrem Säugling, die für ihre jeweilige Sprache charakteristisch sind, um das Baby auf sanfte Weise zu ermutigen, diese Klanggewohnheiten wahrzunehmen und nachzuahmen, und um ihm dabei zu helfen. Dies bereitet das Kind in erster Linie darauf vor, Töne, Wörter und später auch Sätze zu bilden und ihren kreativen und individuellen Gebrauch in seiner Muttersprache zu erlernen. Dieser Prozeß ist in allen Ländern zu beobachten, sowohl in zivilisierten als auch in primitiven Kulturen. Man nennt ihn in der englischen Fachsprache auch »Motherese«.[3] Wir erlernen ihn von jenem Menschen, der sich als erster um uns kümmert, und geben ihn instinktiv an unsere eigenen Kinder weiter. Alle Eingriffe geschulter Sprachpathologen können es nicht wieder wettmachen, wenn Eltern ihre Kinder beim Festhalten und Herzen nicht auch wiederholt ansprechen. Auch die Entwicklung des Gehörs hängt mit dem Grad des »Motherese« zusammen, dem ein Säugling ausgesetzt wird.

[3] Jan Vorster, Lingua, Dezember 1975

Kinder besitzen die vollkommene Fähigkeit, zwei verschiedene Sprachen zu lernen und zwischen ihnen zu unterscheiden. Zweisprachigen Familien ist es gelungen, ihren Sprößlingen die fließende Beherrschung beider Sprachen gleichzeitig beizubringen.

Eine mir bekannte Familie, die aus einem amerikanischen Vater, einer haitianischen Mutter und einer mexikanischen Haushälterin besteht, hat ihren Kleinkindern sogar drei Sprachen beigebracht. Die Kinder lernten, mit dem Vater Englisch zu sprechen, Französisch mit der Mutter und Spanisch mit der Haushälterin. Wenn sie Vater oder Mutter auf Spanisch anredeten, erhielten sie keine Antwort, obwohl beide diese Sprache gut beherrschten. Untereinander konnten die Kinder selbst entscheiden, welche Sprache sie verwenden wollten, und oft benutzten sie beim Spielen gleich alle drei. Sehr schnell lernten sie auch, in welcher Sprache sie einen neuen Gast ansprechen sollten. Da die Sprache unsere Weltanschauung beherrscht und färbt, besitzen diese Kinder, inzwischen erwachsen geworden, einen weiteren Horizont als einsprachige Menschen.

Sprachen können durch das, was sie einschließen oder auslassen, bestimmen wie tief wir auf einen bestimmten Bereich eingehen können. Im Englischen bedeutet das Wort »statue« ein dreidimensionales Kunstwerk, drückt aber nicht aus, worum es sich dabei handelt. Das deutsche *Standbild* dagegen läßt keine Zweifel offen.

Seit Mitte der sechziger Jahre haben sich Begriffe ins Englisch eingeschlichen, die Bewußtseinszustände umschreiben, die unsere Muttersprache nicht auszudrücken vermochte. Das Englische und seine nächsten Verwandten, das Deutsche und das Holländische, wie auch die romanischen Sprachen haben dieselben Begriffe aus dem Sanskrit und dem Tibetischen entlehnt. *Karma,* also die Absicht oder die Bedingungen, die für das eigene Schicksal verantwortlich sind, *Prana,* die Lebenskraft, sowie eine Vielzahl weiterer Worte und Redewendungen sind in unsere Sprache integriert worden, damit wir spirituelle Dinge vollständiger beschreiben können. Bevor diese fremden Ausdrücke übernommen wurden, konnte der auf englische Ausdrücke angewiesene Geist die verschiedenen Formen der Meditation und inneren Visionen unseres Bewußtseins gar nicht erfassen, weil er keine Worte besaß, um sie mitzuteilen.

Im allgemeinen wird behauptet, daß es unmöglich sei, eine Fremdsprache vollständig zu erlernen, wenn man schon erwachsen oder gar über vierzig ist, je nachdem, wessen begrenzte Sicht Ihrer eigenen Intelligenz Sie übernehmen wollen. Gewiß werden Sie zu Anfang Fehler machen, wie sie für jemanden Ihrer eigenen Muttersprache charakteristisch sind. Vielleicht sprechen Sie auch mit einem leichten oder sogar deutlichen Akzent, dennoch können Sie die Sprache durchaus fließend beherrschen lernen. Wenn Sie die Sprache hinreichend üben, umgeben von Menschen, deren Muttersprache sie ist, können Sie sogar Ihren Akzent verlieren. Je mehr Sie üben, je mehr Sie jene Orte oder Länder besuchen, wo die Fremdsprache gesprochen wird, um so besser werden Sie sie auch beherrschen. Wenn Sie Filme oder Theatervorführungen in dieser Sprache besuchen, bekommen Sie ihre Klangqualität mit und auch ihre nonverbalen Kommunikationsformen.

Suchen Sie sich dabei Ihren Lehrer sorgfältig aus. Wenn man eine andere Sprache lernen will, ist es wichtig, einen Lehrer zu wählen, zu dem man eine innere Beziehung hat. Denn dieser Lehrer ist Ihr neuer Elternteil, der mit Ihnen eine Art »Motherese« übt. Schreiben Sie sich nur in Kurse ein, die sich auf die gesprochene Sprache konzentrieren und weniger auf das Lesen oder Schreiben.

Die beste Methode, um als Erwachsener eine weitere Sprache zu lernen, ist die des »Zuschauens und Hörens«. Wer lesen kann, für den ist es außerordentlich hilfreich, ein Wort gedruckt zu sehen. Lassen Sie es sich von jemandem aussprechen, dessen Muttersprache es entstammt. Wiederholen Sie es immer und immer wieder, bis Sie es richtig hinbekommen. Es gibt Laute, die Sie ohne Wiederholung nicht richtig unterscheiden können, auf die Sie Ihr Ohr erst trainieren müssen. Beobachten Sie genau den Mund des Menschen, der zu Ihnen spricht. Dann wird sich das Formen der Lippen und die Zungenstellung, werden sich die Kehlkopf- oder Nasallaute Ihrem Unterbewußtsein einprägen. Lauschen Sie aufmerksam auf entspannte Weise und zögern Sie auch nicht, den anderen darum zu bitten, etwas langsamer zu sprechen, weil Sie noch ein Anfänger sind. Spielen Sie diese Rolle solange, wie Sie sie wirklich brauchen. Tun Sie nicht so, als würden Sie verstehen, was Sie in Wirklichkeit nicht begriffen haben. Angestrengtes Zuhören ist kontraproduktiv und verzerrt die Gesichtsmuskeln, es unterbindet die Empfindsamkeit des Gehörs. Daher sollten Sie zuhören und dabei ruhig und regelmäßig atmen, dem Gespräch solange folgen, wie Sie können. Atmen Sie tief durch und lauschen Sie weiterhin auf Worte und Ausdrücke, mit denen Sie bereits vertraut sind. Kennen Sie das Gesprächsthema, werden Sie der Unterhaltung leichter folgen, selbst wenn Sie nicht alle Vokabeln verstehen sollten.

Stellen Sie sich vor, Sie seien ein Ausländer, der versucht, den Unterschied zwischen zwei ähnlich klingenden deutschen Wörtern wie beispielsweise »Räder« und »Reeder« zu lernen. Eine zweite oder dritte Sprache zu erlernen, bedeutet Risiken einzugehen, wieder Kind zu werden, sich anzupassen und sich der Erfahrung des Hörens mit inneren und äußeren Ohren anzupassen und hinzugeben. Wenn Sie bedenken, daß ein Kleinkind mindestens zwei Jahre braucht, um seine Muttersprache soweit zu meistern, daß es von jedem verstanden werden kann, haben Sie auch eine Vorstellung davon, wie lange Sie selbst benötigen werden, bis Sie sich einen Experten nennen dürfen. Ein großer Teil des Vorankommens in einer Fremdsprache geschieht durch Osmose. Tauchen Sie in den Strom ihres Reichtums ein, dann werden Ihnen ihre Klänge immer vertrauter werden. Sie werden schneller Erfolg haben. wenn Sie eine Sprache lernen, die Sie bereits bei Ihren Eltern oder Großeltern hörten, oder wenn Sie durch berufliches oder persönliches Interesse hoch motiviert sind.

Sind Sie erst einmal in der Lage, sich in einer Fremdsprache auszudrücken, sollten Sie dies mit einem Minimum an Streß tun. Wenn Sie nur eine halbe Stunde lang reden können, ohne zu ermüden, so hören Sie danach eben auf. Ihr Durchhaltevermögen wird sich steigern, je mehr sich Ihre Satzstruktur, Ihre Redewendungen und Ihre Liebe zu der Sprache entwickeln. An streßreichen Tagen oder wenn Sie krank sind, kann es so aussehen, als würde die neue Sprache ganz verschwinden, so daß Sie kaum etwas davon erinnern. Je weniger angespannt Sie sind, je besser es um Ihre Gesundheit steht, um so müheloser können Sie in der neuen Sprache denken, sprechen und zuhören. Eines Nachts werden Sie dann aufwachen und merken, daß Sie in der Fremdsprache geträumt haben, und dann wissen Sie, daß Sie sie gemeistert haben.

Taubheit

Zwischen angeborener und erst später erworbener Taubheit besteht ein großer Unterschied. Angeborene Taubheit ist meistens eine karmische Lernerfahrung, die die Seele sich ausgesucht hat. Läßt sie sich durch chirurgische Eingriffe beheben, wie beispielsweise bei übergroßen Polypen, so war dieses Lernbedürfnis nur vorübergehender Art. Doch gibt es heute noch viele Formen der Taubheit, die nicht behebbar sind, und die davon betroffenen Menschen müssen lernen, auf andere Weise als über die Sprache zu kommunizieren. Das ist ihre Lebensherausforderung, und glücklicherweise meistern viele von ihnen sie so gut, daß sie keine Behinderung mehr darstellt. Eltern und andere Menschen, die dem taubgeborenen Kind nahestehen, müssen sich daran anpassen, was ihr Leben bereichert und Seele und Geist Neues lernen läßt. Taube haben große telepathische Fähigkeiten, einen geschärften Geruchs-, Tast- und Geschmackssinn und spüren Klänge sehr genau durch ihre Schwingungen. Häufig verstehen sie die Welt durch die drei intuitiven Sinne: Hellsehen, Hellfühlen und Hellhören. Letzteres geschieht durch Gedankenformen, die jenseits der Sprache liegen. Taubgeborene Kinder tauber Eltern finden sofort zur Kommunikation, während taube Kinder von Eltern mit normalem Gehör erst ein gewaltiges Hindernis überwinden müssen.

Eingeschränktes Hörvermögen kann auf Umweltfaktoren beruhen, auf körperlichen Erkrankungen oder auf Gefühlsnot. Teilweise Taubheit ermöglicht eine begrenzte Kommunikation und verlangt auch von normalhörenden Menschen ein intensiveres Zuhören. Oft ist die Sprache dann sehr nasal oder verschliffen. Mit Hilfe richtiger Beratung oder modernster Apparaturen können sich die Schwerhörigen trotzdem gut verständigen.

Kinder, die in einem Zuhause aufwachsen, in dem ständig gestritten wird, verschließen oft ihre Ohren. Eine solche Taubheit ist zwar psychologischer und nicht körperlicher Art, ihre Folgen sind jedoch nicht minder verheerend. Hier besteht die Heilung darin, daß die Eltern lernen, besser miteinander zu kommunizieren, damit der Streit ein Ende findet. Wenn sie dies nicht vermögen, ist es im Interesse der geistigen und emotionalen Gesundheit aller Familienmitglieder wohl das beste, wenn sie sich trennen.

Im späteren Erwachsenenleben erleiden siebzehn Prozent der Bevölkerung irgendeine Form des Gehörverlustes. Viele der hörgeschädigten Menschen, die ich berate, haben Ehepartner, die unentwegt reden, oder sie streiten sich ständig. Andere sprechen kaum und leben, von ihrem Beruf einmal abgesehen, fast völlig isoliert vor sich hin. Einige Menschen, die taub werden, haben anderen ohnehin nie zugehört. Sie haben ihre Urteile bereits im Vorhinein gefällt und sich innerlich vor der Meinung anderer abgeschottet. Bei dieser Form der Taubheit spiegelt sich die Lebensweise in körperlichen Gebrechen wider.

Eine Kollegin schickte mir ihren achtjährigen Sohn, der auf einem Ohr taub war und auf dem anderen leicht gehörgeschädigt. Zudem war das Kind auch sprachgestört. Ich wußte bereits, daß der Junge und sein Stiefvater sich nicht gut miteinander verstanden. Immer, wenn der Junge versuchte, eine Geschichte zu erzählen, schaffte er die ersten Sätze ganz normal. Doch je weiter er kam, um so schneller und rasender redete er, bis seine Worte nur noch ein einziges Durcheinander aus Speichel und erbärmlicher Aussprache waren. Er fürchtete sich davor, seine Zuhörer zu verlieren, doch seine gestörte Ausdruckweise stieß sie ohnehin ab. Während er mir eine Geschichte erzählte, verfiel er auch in dieses Muster. Ich hörte intensiv zu, doch bemerkte er nicht, daß er meine volle Aufmerksamkeit hatte. Da unterbrach ich ihn und forderte ihn dazu auf, mir die Geschichte noch einmal zu erzählen und dabei seinen Zeigefinger mit der anderen Hand festzuhalten. Diesmal sprach er voller Entschiedenheit auf ganz normale, gleichmäßige Weise. Zum Schluß blickte er mich an und fragte: »Ist das alles, was ich tun muß? Soll das heißen, daß ich eine Geschichte erzählen kann, wenn ich nur meinen Finger dabei festhalte?« Angst und Sorge können in jeder Situation dadurch beendet werden, daß man den Zeigefinger festhält. Damit kann ein Mensch sich erden. In diesem Fall brauchte der Junge etwas, um sein Selbstbewußtsein zu stärken.

Sein nächstes Problem war schon schwieriger zu beheben. Es gab keine Möglichkeit, seinen Stiefvater daran zu hindern, ihn zu beschimpfen. Obwohl viele amerikanische Staaten Gesetze kennen, die körperliche Grausamkeit gegenüber Kindern verbieten, gibt es kein Programm das psychologische Quälerei bekämpft. Wie so häufig bei Kindertaubheit beeinträchtigte schlimmste Angst seine Nierenfunktion. Er litt auch unter Unruhe und Furcht, was seine Milz strapazierte. Seine Mutter war gewillt, ihn mit Kräutern zu behandeln, wohl wissend, daß dies mehrere Monate dauern würde. Dem Jungen wurden Wacholderbeeren empfohlen, und tapfer trank er das kräftige Gebräu. Die Beeren werden in siedendes Wasser gegeben und sollen darin zwanzig Minuten auf kleiner Flamme kochen. Er trank davon täglich ungefähr drei Tassen (70 ml). Andere Kräuter, die die Nieren von Angst befreien, sind Brennessel und Rotklee, die zusammen als Tee getrunken werden.

Ich wurde von einer Frau Ende sechzig aufgesucht, die ein irritierendes Hörproblem hatte. Sie pflegte gelegentlich für die Dauer einiger Stunden ihr Hörvermögen zu verlieren. Das war in letzter Zeit sehr lästig geworden, da es ihr passieren konnte, daß sie mitten im Gespräch nichts mehr mitbekam, nur um nach mehrminütiger Pause wieder ganz normal hören zu können. In ihrer Jugend war sie Langstreckenschwimmerin gewesen und schwamm auch jetzt noch täglich, wobei sie Ohrstopfen verwendete, um ihren Gehörkanal vor Wasser zu schützen. Ich riet ihr zu einer milden Essiglösung, mit der sie ihr Ohrinneres auswaschen sollte, da ich Pilzbefall vermutete. Ein Teelöffel auf 30 ml Wasser genügt. Ich wies sie an, die Lösung in einer braunen Tropfflasche aufzubewahren und sie mehrmals am Tag mit dem Tropfer anzuwenden. Sie war jedoch skeptisch und suchte lieber ihren Arzt auf, der ihr riet, dasselbe Heilmittel zu versuchen, bevor er strengere pharmazeutische Maßnahmen ergreifen wollte.

Wenn Sie feststellen wollen, ob ein Mensch nerventaub ist oder ob sich seine Taubheit beheben läßt, stellen Sie sich hinter ihm auf und halten sie die flachen Hände etwa sieben Zentimeter neben seine Ohren. Führen Sie die Hände nun mehrmals

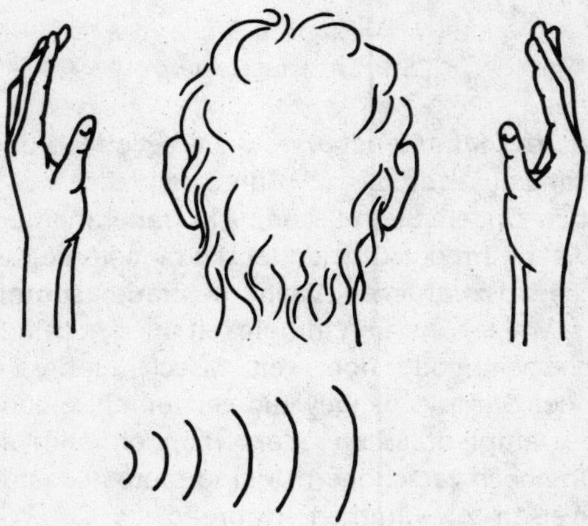

dicht an die Ohren und nehmen Sie sie wieder fort. Menschen, deren Gehörverlust nur vorübergehend, behebbar oder rein psychischer Art ist, spüren als Reaktion auf den Händereiz starke Energiewellen, die aus ihren Ohren ausströmen.

Um die normale Gehörfunktion wieder herzustellen, halten

Sie die Hände wie soeben beschrieben. Beginnen Sie mit einem kleinen Kreis im Uhrzeigersinn, und bewegen Sie Ihre Hände spiral- und kegelförmig nach außen. Tun Sie dies fünf- oder sechsmal hintereinander. Dann machen Sie fünf Minuten Pause und wiederholen das Ganze. Wenn das Hörvolumen oder -spektrum nach dieser Behandlung gesteigert sein sollte, wird der Betreffende den größten Teil seiner Hörfähigkeit mit Hilfe einer geeigneten Diät (kein Zucker, keine Molkereiprodukte[4]) und mit dem regelmäßigen Gebrauch der Toning- und Obertonbehandlung, wie wir sie in Kapitel 5 schildern, wiedergewinnen. In Heilberufen Tätige sollten diese Behandlung jedesmal anwenden, wenn ein Patient zu Ihnen kommt, dessen Hörschaden möglicherweise behoben werden kann. Der Patient kann regelmäßige Hilfe bekommen, wenn ein Freund oder ein Familienmitglied in diese Technik eingeführt wird.

Stimme und Gesang

Der Einsatz der Stimme ist eine universelle Methode, um sich durch Gesang auszudrücken. Wenn Sie sprechen können, können Sie auch singen. Sie müssen nicht unbedingt jede Melodie halten können, um das Glück oder die Monotonie Ihres Lebens durch Musik auszudrücken. Viele Hausfrauen summen irgendeine kleine Weise, um die Eintönigkeit ihrer Arbeit zu mildern. Wer allein arbeiten oder über weite Strecken fahren muß, kann mit Hilfe der Stimme Langeweile vertreiben, einen Tagtraum genießen, Dampf ablassen oder einen ohnehin schon sehr schönen Tag noch verschönern. Meine Tante Rose pflegte melodiefreie Weisen zu summen, während sie die Wäsche aufhängte. Damit verflogen die Probleme jener Menschen, die sie früh am Tage aufsuchten, um ihren weisen Rat einzuholen.

Es ist eindeutig erwiesen, daß Familien, die gemeinsam sin-

[4] Milchprodukte hemmen die Heilung, weil sie von älteren Kindern und Erwachsenen nur schwer verdaut werden. Bei Gesundheitsproblemen ist der Verzehr von Molkereiprodukten stets kontraindiziert.

gen, auch auf anderen Gebieten harmonisch zusammenleben. Mütter, die ihre Kinder zur Schule fahren oder von dort abholen, können mit ihnen zusammen etwas singen. Das ermuntert und amüsiert die Kinder, und wenn sie ohne Anstrengung miteinander singen, hindert es sie daran, sich gegenseitig zu ärgern. Schulbusse, die voller singender Kinder sind, haben weniger Schwierigkeiten, weil das Singen auch die Laune der Nichtsingenden hebt. »Unsinnslieder«, die Kinder voneinander lernen, sind seit jeher sehr beliebt.

Cowboys singen damit ihre Kühe beisammenbleiben. Schweizer Bauern haben eine besondere Pfeifmelodie, mit der sie die Kühe zum Melken rufen. Auf den langen Strecken zur Sommerweide und zurück jodeln sie, damit die Kühe ruhig weitergehen. Die Herden reagieren freundlich auf musikalisch schwingende menschliche Stimmbänder.

Es heißt, daß das Jodeln ursprünglich dazu gedacht war, die Berggeister freundlich zu stimmen. Wer hätte noch nicht vor sich hingepfiffen, während er eine dunkle Gasse entlangging, um seine Angst zu vertreiben oder um möglicherweise damit schalkhafte Wesenheiten abzuhalten? Exorzisten singen, um Häuser zu reinigen und um Besessenheit zu vertreiben. Das Alphorn, ein wunderschönes, tiefes, resonantes Instrument, dessen Klang den Körper und die Seele durchschwingt, wurde früher am Morgen und am Abend geblasen, um zu den Heiligen zu singen. Daher können wir annehmen, daß der musikalische Ausdruck der Stimme die Kraft besitzt, über die physische Ebene, auf der wir leben, hinaus zu bezaubern.

Das Keening

Die menschliche Stimme kann unser Umfeld auf machtvolle Weise verändern, kann Harmonie erzeugen oder einen Gegner taumeln lassen. Das Schreien aus dem Bauch heraus, wie es beim Karate üblich ist, ist ein ausgezeichnetes Beispiel dafür. Das Keening, auch Wehklagen genannt, ist eine Form des Singens, mit der Leid abgebaut wird.

Das heutige englische Wort »keen« stammt von dem irisch-gälischen »caoinim«: »klagen oder heulen wie eine Witwe in Trauer; ein Geräusch wie das Kreischen einer Eule hervorbringen; eine Totenklage oder ein Trauergesang, der mit lauter klagender Stimme vorgetragen wird; ein Jammern oder ein Leidensruf; eine rhythmische Schilderung des Lebens und des Charakters eines Verstorbenen.«

Das englische Wort »wailing« stammt von dem skandinavischen »weilen«: »mehr leiden; Trauer hörbar äußern, Wehgeschrei, lamentieren, weinen; einen Laut erzeugen, der einem Leidensschrei gleicht oder daran erinnert.«

Ein Keener ist jemand, der keent, ein im Allgemeinen beruflicher (meist weiblicher) Klagerufer bei einer Totenwache oder einem Begräbnis.

Das Keening wurde in der modernen Welt von den Frauen in Greenham Common, England, wieder aufgegriffen. Sie klagten um den Zustand unseres Planeten, da seine Menschen ihn zur Herstellung und Lagerung von Todesarsenalen mißbrauchten. Bevor diese Methode des Trauerns als eine Form politischen Protests wiederentdeckt wurde, waren es nur die Ureinwohner mancher Gegenden und die professionellen Klagerufer besonderer ethnischer Gruppen, die in den industrialisierten Ländern diese alte Tradition am Leben erhielten. Während der Hungersnot des Jahres 1984 sah man Mütter in Äthiopien und im Sudan, die über den Leichnamen ihrer Kinder heulende Klagelaute ausstießen.

Die Töne selbst sind schrill und zerreißen beim Zuhörer die Fassade der Gefühlskontrolle. Klagende Frauen, die 1982 bei einer Demonstration während der Mittagspause das Pentagon umlagerten, brachten die dort arbeitenden kriegsgesinnten Herren so sehr aus der Fassung, daß sie lieber wieder ins Gebäude zurückwichen, als diese Klangmauer zu durchstoßen.

In der Praxis ist das Keening eine melodische, klagevolle Kombination aus Stöhnen und Heulen, das in einer Gruppe im Einklang oder mit sich überlappenden Klangwellen vollzogen wird. Auf der ganzen Welt entstammt es stets der Kultur der

Frauen. In George Gershwins *Porgy and Bess* stößt Bess eine stilisierte Form des Klagens in dem Lied »My Man Gone Now« hervor: Uhuhuhuhuuh.

Die Praxis des Keening

Führen Sie zunächst die folgenden Übungen durch, um Kehle und Zwerchfell zu entspannen. Gehen Sie dabei die Chakras durch, wobei Sie den Vokal I für das erste, O für das zweite, EI für das dritte, U für das vierte und AH für das fünfte intonieren. Atmen Sie ein und lassen Sie dann die Töne aus den verschiedenen Chakras hervorkommen. Fühlen Sie die Schwingung. Dann stellen Sie die Töne in der folgenden Reihenfolge zusammen und singen Sie wie eine Sirene: I-O-U-A-EI-I-O-U-A-EI... Tun Sie dies immer wieder.

Gabrielle Gern aus Lichtensteig in der Schweiz, die zusammen mit den Frauen von Greenham Common klagte, meinte dazu: »Fang mit AH an, dann stoße ein paar Sirenenklänge hervor, um deine Tonlage zu finden. Dann halte diese Tonlage und klage; forciere es nicht. Schicke die Energie dorthin, wo du sie hinhaben willst. Ich war überrascht, wie leicht es war, diese Energie zu lenken. Und ich war auch erstaunt, wie ich plötzlich wußte, daß das Keening in mir zu Ende war. Ich fühlte mich nicht leer, aber die Energie, die ich wegzugeben hatte, war fortgesandt. Es war einfach abgeschlossen. Ich atmete weiter tief und spürte, wie klar mein Körper im Inneren war. Klar und aufrecht.«

Sie schlug auch die folgende Partnerübung vor, mit der wir uns auflockern können, bevor wir das Keening in einer Gruppe versuchen: »Der Partner steht hinter dir, die Arme um deine Hüften gelegt. Beuge dich nun langsam vor, Rückenwirbel um

Rückenwirbel. Berühre den Boden mit den Händen, wenn du kannst. Dein Partner beugt die Knie, so daß du dich fast auf sie setzen kannst. Entspanne dich und gestatte deinem Partner, dich sanft hin und her zu wiegen. Mache jedes Geräusch, nach dem dir ist, und laß es tief aus dem Inneren aufsteigen. Damit entspannst du dein Zwerchfell. Dann erhebe dich langsam, atme und tausche die Stellung mit deinem Partner.«

Wenn mehrere Stimmen gemeinsam keenen, beginnt jede mit einer anderen Stimmhöhe und behält diese für eine Weile bei. Hat die Gruppe gut die Hälfte des Keenings hinter sich gebracht, wird das Klagen aufeinander abgestimmt, um dieselbe Oktave und dasselbe rhythmische Muster zu erreichen. Die Mehrheit der Stimmen wird auch gemeinsam ausklingen, manche davon mit leisen, stöhnenden Tönen, andere mit mehreren langen Atemzügen. Dann verhält sich die Gruppe sehr still, und einige Minuten geschieht fast nichts. Danach kommt es häufig zum Lächeln und zu Lachausbrüchen.

Das Keening kann sowohl einzeln als auch in Gruppen durchgeführt werden. Es ist ein Klageton ohne Schluchzen oder Kreischen. Obwohl der Ton selbst Trauer wachruft, verhindert er doch Hysterie. Das Hin- und Herschaukeln mit gebeugten Knien hilft uns dabei, altes Leid oder einen frischen Schock besser zu verarbeiten. Keening kann ziemlich laut werden und die Nachbarn stören, daher wird es am besten im Haus durchgeführt, während sie fort sind. Die Dusche, wie jedes andere fließende Gewässer, ist ein großartiger Ort, um alles herauszulassen. Das Geräusch des Wassers hilft auch dabei, Herz und Seele von vergangenem Schmerz zu reinigen. (Siehe Kapitel 11, wo die heilenden Kräfte des Wassers genauer erläutert werden.) Keening läßt sich besonders gut beim Autofahren durchführen, denn dann befinden wir uns an einem isolierten, ganz privaten Ort, sofern wir keine Passagiere dabei haben.

Wenn wir uns erst einmal gestatten, lange und intensiv genug zu keenen, um altes Unglück und Leid loszulassen, sind wir auch bereit, an der Freude und dem Frohsinn unseres gegenwärtigen Lebens teilzuhaben. Verwenden wir das Keening als Heilmethode, so werden lange verdrängte, schmerzliche Zeiten ohne Mühe oder psychologische Beratung verschwinden. Wenn Sie erst kürzlich einen Todesfall oder einen Verlust erlitten haben und darunter leiden, wird Ihnen das Klagen dabei helfen. Zwar werden Sie immer noch Ablehnung, Zorn, Depressionen und intellektuelles Rationalisieren erfahren, doch werden Sie das Ganze sehr viel schneller akzeptieren.

In meinen Kursen zum Thema »Heilende Klänge« führe ich das Keening immer sehr früh durch, damit die Teilnehmer den Rest des gebotenen Materials genießen können. Auf diese Weise wird jeder emotional befreit, und das Ganze dient auch dazu, die Gruppe zusammenzuschmieden. Dann haben die Teilnehmer das Gefühl, als hätten sie untereinander die Tore ihres Intimlebens aufgestoßen, obwohl doch kein einziges persönliches Wort zwischen ihnen gewechselt wurde. So wird auch das Leid abgelegt, ohne daß der Anlaß des Verlusts je zu Bewußtsein käme. Diese Technik macht aus schüchternen Menschen Sänger und hilft dabei, die Heil- und Lebensgesänge zu finden.

Das Keening bringt einen hohen Flüssigkeitsverlust mit sich. Halten Sie einmal die Hand vor den Mund und atmen Sie mehrere Male aus. Wenn das Wetter oder Ihr Heim nicht außergewöhnlich trocken sind, werden Sie auf der Handfläche die Feuchtigkeit deutlich spüren. Beim Hervorbringen von Tönen entsteht feuchter Atem. Wenn Sie eine halbe Stunde derart ausatmen, verbrauchen Sie damit ziemlich viel Flüssigkeit. Daher ist es klug, vor und nach dem Keening reichlich Wasser oder Kräutertee zu trinken. Menschen, die unter Wasserstauungen leiden, werden feststellen, daß das Klagen ihr Gewebe entwässert. Die Wirkung ist weitaus nachhaltiger als bei der Einnahme von harntreibenden Mitteln: Die Lösung emotionaler Spannungen, setzt angestaute Körperflüssigkeit frei.

Traditionelle Kulturen kennen unterschiedliche Rituale, um wilde Pflanzen zu ernten. In jeder Gegend gab es bestimmte Verfahren, um den Geist der Pflanze zu ehren. Bei einigen Völkern z. B. ließ man ihm eine Opfergabe (Mais, Tabak, Salbei oder Zedernadeln) zurück, andere dagegen besangen die Pflanzen.

Die Lieder beim Kräutersammeln sind hochspezialisiert und unterscheiden sich von einem Stamm zum anderen. Es gibt Lieder für Brombeeren, Lieder für heilige Wurzeln, Lieder für Ulmen, für Goldastern und für andere Heilpflanzen. Während die Frauen Wurzeln, Samen oder Blätter von Sträuchern und Bäumen sammelten, schälten und zubereiteten, pflegten sie zu singen. In einigen Stammeskulturen besitzt jedes Kraut sein eigenes Lied, das man kennen und singen muß, wenn man einen Teil oder die ganze Pflanze nehmen will, ohne ihren Schutzgeist zu beleidigen. Versuchen Sie nicht, das »richtige« Lied für jede Pflanze zu lernen, sondern suchen Sie den Kontakt zum Kosmos, dann erhalten Sie jenes Lied, das Sie hier singen sollen.

Wenn Sie ein Lied für ein Kraut erhalten wollen, so nehmen Sie an einem abgeschiedenen Ort davor Platz, ohne es zu berühren, und bitten Sie es voller Respekt, Ihnen sein Erntelied beizubringen. Manche Menschen erhalten sofort Antwort, andere müssen lange warten. Wenn der Geist der Pflanze erkennt, daß wir es ernst meinen, erhalten wir die gewünschte Information. Ernsthaftigkeit bedeutet, daß wir nicht trinken, nur dann rauchen, wenn der Geist es uns aufträgt, uns der Drogen enthalten, reiner Absicht und spirituell liebevoll und aufmerksam bleiben. Ein Schüler fragte einmal, ob zu den Drogen auch heilige Kräuter oder Pilze gehörten. Wenn man sie gelegentlich auf spirituelle Weise und voller Ehrfurcht nimmt, mit dem einzigen Ziel, inneres Wissen zu erlangen, dann ist dies ein respekt- und ehrenvoller Verzehr. Doch brauchen wir keine heiligen Kräuter, um die Lieder zu erhalten. Wenn wir meditieren oder uns mit dem Geist der Pflanze vereinen, erhalten wir meistens entsprechende Ergebnisse. Erntelieder können auch durch das Trommeln zu uns kommen.

Auch wenn sie auf gleiche Weise getrocknet und ebenso sorgfältig behandelt werden, halten Pflanzen, die während des Erntens besungen wurden, weitaus länger als solche, die mit stummem Ernst gepflückt werden, und letztere wiederum behalten ihre Wirkung länger bei als jene, die in aller Eile ohne jede Danksagung geerntet wurden.

Im Frühsommer des Jahres 1977 besuchten ein paar Freunde und ich das östliche Washington. Als der Mann, bei dem wir wohnten, unser Interesse für Kräuter bemerkte, teilte er uns mit, daß auf seinem Land sehr viele Königskerzen wüchsen. Königskerzen sind gut gegen Husten und Bronchialleiden, können bei Zeremonien anstelle von Tabak geraucht werden und haben noch zahlreiche andere Verwendungsmöglichkeiten.

Obwohl die Blattgröße und die Stengellänge von Faktoren wie Sonne, Wasser und Boden abhängen können, bleibt die Heilwirkung doch stets dieselbe. Diese Pflanzen besaßen außerordentlich lange, dicke Blätter. Sie bedeckten praktisch den gesamten Boden zwischen dem Haus und dem Bach.

Mitten darin stehend, entbot ich dem Schutzgeist der Pflanze ein Gebet. Ich begann eine liebliche Sopranmelodie zu singen, die mein gewöhnliches Gesangsspektrum um Oktaven überstieg, während ich die Kräuter einsammelte. In unserem überfüllten Wagen waren wir leider nicht dazu in der Lage, so sorgfältig mit den Pflanzen umzugehen, wie ich es gern gehabt hätte. Immerhin mußten wir am nächsten Tag vierzehn Stunden fahren, um wieder nach Hause zu kommen, und doch trockneten die Pflanzen makellos und nahmen uns die rauhe Behandlung nicht übel.

Nun vergingen drei Jahre. Ich lehrte an einer Akademie für Kräuterkunde, und da schien es mir passend zu sein, den Studenten auch einige nicht-technische Ratschläge über das Sammeln von Pflanzen zu erteilen. Ich holte drei Gläser aus einem Schrank hervor (wo man Kräuter auch aufbewahren sollte, nämlich geschützt vor Licht, das ihre Wirksamkeit zerstören würde) und gab sie zu meinen Kräutermustern. Während des morgendlichen Unterrichts ließ ich die drei Gläser herumgehen, damit die Studenten sie identifizieren konnten: Sie sollten nämlich feststellen, welche Pflanzen in diesem Jahr, welche im vorigen und welche vor drei Jahren gepflückt worden waren. Fälschlicherweise meinten sie, daß die dreijährigen Königskerzen, die beim Ernten besungen worden waren, die frischesten seien. Die Königskerzen in den anderen Gläsern waren nicht besungen worden.

Ein Schüler fragte mich, wie er die Pflanzen denn nach dem Besingen trocknen und konservieren könne. »Im Auto«, erwiderte ich. Wer in einem feuchten Klima lebt, sollte im hinteren Teil seines Wagens oder Kombis eine saubere Decke oder ein Bettuch ausbreiten. Legen Sie nun die Blumen oder Kräuter so aus, daß sie einander nicht berühren. Schließen Sie den Wagen und parken Sie ihn im Sonnenschein; wenn die Sonne nicht scheinen sollte, lassen Sie ihn bei Tageslicht an einer freien Stelle stehen. Acht Stunden später sind die Pflanzen bereits getrocknet.

Nahrungsmittel besingen

Ein wahrhaft wichtiger Brauch, den Essie Parrish mir beigebracht hat, ist das Besingen von Nahrung, um sie zu reinigen. Dabei können Sie Ihren Heilgesang, eine Lieblingshymne oder einen chant verwenden. Sie brauchen nicht unbedingt laut zu singen, wenn es unpassend sein sollte.

Es ist möglich, daß sich ein Koch beim Zubereiten der Nahrung nicht besonders wohlgefühlt hat. Vielleicht war er wütend oder erregt, dann wird diese Energie auch in die Nahrung miteinfließen. In großen Gruppen oder in Restaurants neigen die Menschen dazu, sich ihr Essen ohne einen Augenblick des Schweigens oder des Danks zu nehmen. Da Sie nicht wissen, was in der Küche vorgegangen ist oder was die Feldarbeiter und die Spediteure gerade gedacht haben, während sie die Nahrungsmittel handhabten, sollten Sie sich einen Augenblick Zeit nehmen, um Ihr Essen zu besingen oder es zu reinigen, indem Sie beispielsweise eine stumme Danksagung aussprechen.

Bei einer Surprise Party gibt es drei ähnliche Geflügelsalate: Sie jedoch fühlen sich nur von einem angezogen. Vielleicht war es dieser, der voller Liebe und Herzlichkeit gemacht und der Gruppe spendiert wurde, während der andere nur ungern abgegeben wurde? Jedes Geräusch verbleibt in dem Essen, ob es unsere physischen Ohren vernehmen können oder nicht.

Die Einstellung zum Essen ist ebensowichtig. Wenn Sie es nur herunterwürgen und dabei sagen: »Das ist gut für mich«, obwohl Sie es nicht mögen, oder wenn Sie sich zwei Tage lang bei Ihrem Körper dafür entschuldigen, daß Sie einmal in einem Schnellimbiß vorbeigeschaut haben, hat das eine schädliche Wirkung. Es ist weniger das, was wir in unseren Mund hineinstopfen, als vielmehr das, was aus ihm herauskommt, was ein gesundes Klima erzeugt.

3

MUSIK

Die meisten von uns hören nur mit halbem Ohr einer Musik zu, die uns nicht sonderlich anspricht, während Lieder oder Arien, von denen wir uns angezogen fühlen, unseren ganzen Geist in Anspruch nehmen. Dann hören wir entzückt zu. Wenn das Autoradio ein völlig abstoßendes Lied bringt, so läßt sich dies bequem durch Drehen des Knopfes abstellen. Befinden wir uns dagegen an einem öffentlichen Ort, wo wir kein Radio abstellen können, so fühlen wir uns manchmal unwohl oder von der Musik eingeengt.

Die Musik ist ein mächtiges Mittel, um das Massenbewußtsein und -verhalten zu beherrschen. Nationalhymnen vereinen ein Volk. Sie sind dazu gedacht, die Treue gegenüber dem Heimatland anzuregen. Religiöse Musik will die Gemeinde in einen heiligen, frommen Zustand bringen, damit die Anhänger sich voller Ehrfurcht dem öffnen, was der Seelsorger ihnen mitzuteilen hat. Klänge, die einer bestimmten Religion heilig sind, sind für andere Menschen, die mit dieser Musik nicht vertraut sind, oft unverständlich.

Einiges an geistlicher Musik ist auch in die allgemeine Volkskultur eingedrungen. Schwarze Gospelsongs und Spirituals verleihen dem Blues, dem Rock, Motown und Rockabilly, um nur einige wenige zu nennen, Schwung und Leben. Hindugesänge und Ragas haben Eingang in Folksongs und Rockmusik gefunden und werden zudem im Westen auch um ihrer selbst willen als Kunst bewundert. Kulturen, die mit der nordamerikanischen und der europäischen Gesellschaft verschmolzen, haben dabei ihr eigenes musikalisches Erbe eingebracht. Die indianische Musik der gesamten westlichen Hemisphäre hat die amerikanische Musik tief und dauerhaft beeinflußt. Jazz, eine Kunstform, die auf der ganzen Welt imitiert wird, ist der afrikanischen Musik entsprungen und wurde durch schwarze Musiker aufs neue interpretiert. In einem feindseligen weißen Amerika isoliert, haben sie ein musikalisches Erbe wiederentdeckt, das die juristische Rassentrennung überdauert hat und auch den Rassismus noch überleben wird.

Wir erforschen nicht nur die musikalischen Wurzeln anderer Kulturen, sondern auch die unserer eigenen. Die schnellen Veränderungen, die die Sprache und der Schreibstil unserer Gesellschaft Mitte der sechziger Jahre erfuhren, haben die Musik ebenso geprägt wie die anderen Künste. Motive, die für den westlichen Menschen eigentlich fremd waren, haben Eingang sowohl in die Popmusik als auch in moderne sinfonische Werke gefunden. In den vergangenen Jahren wurde auch die Musik der Renaissance und des Mittelalters wiederbelebt.

Die Musik ist so universal, daß sie den Menschen unabhängig von Rasse, Kultur, Religion oder politischer Richtung beeinflußt. Musik durchbricht die Schranken, die von Autoritäten errichtet werden, so wie die Mächtigen die Musik ihrerseits auch dazu verwenden, um den Status quo zu erhalten. Erfinderische, klarsichtige, außergewöhnliche Menschen haben Musik gespielt, die die etablierten Kräfte überwunden hat. Seit Urzeiten glauben die Philosophen an die verborgenen Kräfte der Musik.

»Die eindringliche und mathematische Reinheit der musikalischen Harmonie bewirkt in den Herzen der Zuhörer eine Massenerfahrung. Das machtvolle Mysterium dieser Klangbeziehung läßt sich als unsichtbare Sprache bezeichnen, die unsere Wahrnehmung der Wirklichkeit verändert. Tiefgehende Erfahrungen im Bereich der Kunst, der Bildung, der Heilung, der Religion und des Patriotismus werden durch Musik ausgedrückt. Im Zustand der Harmonie fühlen Menschen sich angeregt, Gefühle der universalen Vollkommenheit und der Wahrheit zu entwickeln. Konfuzius meinte: ›Wer dieses Opfer völlig versteht, kann die Welt regieren, als würde sie sich in seinen Händen drehen.‹«[5]

Jeglicher Volksmusik ist die Fünftonskala gemein. Es gibt darin nur fünf Noten, die vierte (f) und die siebte (h) unserer gebräuchlichen Skala werden dabei ausgelassen. Oft kann man, wenn man sich in einer leichten Trance befindet, irische Volkslieder nicht von griechischen unterscheiden. Dabei ist die Musik weder rhythmisch noch thematisch ähnlich, auch die Texte klingen nicht gleich, und doch haben sie irgend etwas Unbestimmtes gemeinsam.

Die sämtlichen Formen der Volksmusik zugrundeliegende Menschlichkeit zeigt, daß wir im Kern alle miteinander verwandt sind, auch wenn unsere ethnischen Eigenarten und Glaubenssätze sich von Land zu Land unterscheiden mögen. Bevor die Menschen die Musik weiterentwickelt hatten, war ihre aus höheren Sphären empfangene Musik und das, wovon sie sangen, sehr ähnlich. Die unendlichen Formen, die die Musik im Laufe der Zeiten angenommen hat, zeigen den Grad der Verfeinerung der Zivilisation an, in die sie eingebettet ist, wie auch die spirituelle Einstimmung der Musiker, die sie spielen und komponieren.

Chakras und Musik

Jedes Chakra wird auf zahlreichen Ebenen von Musik beeinflußt. Je nachdem, welches Chakra wir im Leben besonders pflegen oder vernachlässigen, werden wir auch von der jeweiligen dazugehörigen Musik angezogen oder abgestoßen werden. Häufig empfinden wir Musik, die uns in einer bestimmten Lebensphase betörte, in einer anderen nur noch als leer oder irritierend. Andere Formen der Musik dagegen empfinden wir unser ganzes Leben lang als erbauend und tröstend. Manche Formen der Musik, die wir aufgrund unangenehmer erster Erlebnisse ignoriert haben, können später zu unseren Lieblings-

[5] Aus dem I Ching Workbook von R. L. Wing, Doubleday & Co., 1979

stücken werden, wenn wir – und manchmal auch der Musikstil selbst – reifer geworden sind.

Wenn Sie im sechsten oder siebten Chakra allzu offen sind, so fühlen Sie sich möglicherweise vom Cool Jazz im Stile der fünfziger Jahre überwältigt und meiden daher jeden Jazz. New-Age-Musik, die das sechste und siebte Chakra beruhigt, ist stark durchsetzt mit sanften Formen des Jazz, was auf den spirituell Suchenden wohltuend wirkt. Um eine Überreizung des Wurzel-, des Sakral- und des Solarchakras zu vermeiden, sollten Sie sich vor lebhafter, lauter Musik mit versetzten Rhythmen und Melodien schützen, wie beispielsweise Boogie Woogie, Hard Rock und Heavy Metal. Statt dessen können Sie Trost in Musik finden, die von langsamen, berechenbaren, sich wiederholenden, harmonischen Klängen geprägt ist, wie etwa Kammermusik oder Musik zum unbeschwerten Zuhören.

Reggae-Musik klopft leicht an das zweite und dritte Chakra und öffnet beide sanft. Wenn Sie ihr zuhören, werden Sie davon fortgetragen, jedem Widerstand gegen Wachstum und Veränderung zum Trotz. Indianische oder afrikanische Trommelrhythmen üben ihren Zauber aus, indem sie das gesamte Chakrasystem öffnen. Zunächst wirken sie auf das Sakral- und auf das Kehlkopfchakra, dann erreicht der Rhythmus Wurzel- und Herzchakra, schließlich kehrt er zum zweiten (Sakral-) und zum fünften (Kehlkopf-Chakra) zurück, konzentriert sich auf Chakra Nummer drei (das Machtchakra), um dann eins, vier und sechs miteinander zu verbinden. Erst nachdem die erfahrenen Trommler diese Energiezentren freigelegt haben, macht sich der Rhythmus an das stark bewachte Scheitelchakra. Wie ein Zauber führt er die Zuhörer und auch die Trommler selbst in tiefe Trancezustände, in denen ein Kontakt zum Schöpfer hergestellt wird. Fähige Rockgruppen und besonders begabte Musiker können diese Techniken nachahmen, um ihrem Livepublikum beim Konzert einen Schuß des kosmischen Stroms zu bescheren. Ganz außergewöhnliche Musiker können dieselbe Energie auch auf Schallplatte übermitteln.

Klassische Komponisten wie Bach, Beethoven, Vivaldi, Mozart, Händel, Dvořak, Copeland, Sibelius und viele ihrer Zeitgenossen haben Musik geschrieben, die den Zuhörer in Reiche des Bewußtseins zu entführen vermag, die weit jenseits des Alltagslebens liegen. Jede Sinfonie, jedes Tongedicht, jede Oper, jeder Choral und jedes Concerto wirkt während der gesamten Aufführung auf mehrere Chakras. Die Musik bewegt die Zuhörer durch und durch, manche von ihnen auf sehr tiefe Weise. Weil klassische Musik meist eine Geschichte von mythischem Ausmaß enthält oder eine Ode an Gott ist, ist sie von Gipfelpunkten und Tälern geprägt; Themen und Unterthemen werden immer wiederholt. Viele Werke haben eine Ouvertüre, die vor dem eigentlichen Hauptteil der Komposition dessen musikalisches Panorama vorstellt. Die Stücke enthalten entweder spektakuläre, dramatische Schlußsätze oder Abschlüsse, die uns in die irdische Realität zurücklocken. Die klassische Musik ist zeiterprobt und gut auf ihr Publikum abgestimmt. Jedesmal, wenn wir sie hören, gelangen wir zu neuen Einsichten. Ihre Komponisten waren wohl ihrer Zeit weit voraus und wurden kaum dafür anerkannt, daß sie die schlafende Mehrheit zu neuen Ebenen der Selbsterkenntnis und zum Kontakt mit der Urquelle zu führen suchten.

Auf dem Gebiet der volkstümlichen Musik ist der Salsa eine der dramatischsten Neuheiten. Salsa funktioniert auf ähnliche Weise wie klassische Musik. Doch springt Salsa binnen weniger Noten vom ersten zum siebten Chakra empor, öffnet dabei alle anderen und hinterläßt im Zuhörer eine freiere und kreativere Stimmung. So ist es nur natürlich, wenn die Menschen sich zusammenscharen, um Salsa zu hören, da dieser Gefühlszustände der Niedergeschlagenheit ausmerzt und Frohsinn erzeugt.

Konzertbesucher werden bemerkt haben, daß jeder Dirigent den vorgetragenen Werken seinen eigenen Stempel aufdrückt. Manche können das Orchester zu wahren Höhen der Inspiration erheben, wobei sie die Zuhörer mitreißen. Eifrige Rockfans versammeln sich begierig, um zu hören, wie ihre Lieblingsband die Werke anderer Musiker wiedergibt. Wenn Sie einmal sorgfältig zuhören, wie ein Sänger das Lied eines anderen darbietet, werden Sie bemerken, daß es Sie möglicherweise in einem gänzlich anderen Chakra berührt. So haben beispielsweise Bob Dylan und Joan Baez häufig dieselben Songs aufgenommen. Die meisten Menschen sind sich darin einig, daß seine Versionen vor allem im ersten Chakra zu spüren sind, während ihre das Herzchakra berühren.

Diese Beispiele sollen Ihnen nur eine kleine Vorstellung von dem gewaltigen, unterschwelligen Einfluß vermitteln, den Musik haben kann; selbst Hintergrundmusik, die wir nur nebenbei hören, erzeugt im Körper/Geist eine gewaltige Reaktion.

Manche Formen der Musik beeinflussen bestimmte Systeme im Körper. So ist beispielsweise beruhigende, sanfte Musik am besten beim Essen und für die Verdauung geeignet. Musik mit plötzlichen Klangexplosionen stimuliert das Nerven- und das Hormonsystem. Blues vertreibt seelische Niedergeschlagenheit. Wenn Sie einmal darauf achten, werden Sie spüren, wie die Energie durch Ihre Nieren oder den Blutkreislauf strömt, wenn bestimmte Formen der Musik gespielt werden. Sollten Sie ein Herzleiden haben, lassen Sie sich von sanfter, erhebender Musik heilen. Achten Sie nicht nur darauf, ob Sie ein Stück mögen oder nicht, sondern auch darauf, ob beim Zuhören irgendwelche wohltätigen Auswirkungen spürbar sind.

In seinem Buch *The Music of Man* (Simon and Shuster, 1979) beschreibt Yehudi Menuhin die Musik folgendermaßen: »Die Gefühle, die Musik erweckt, wachsen aus etwas hervor, das die Deutschen *Übermut* nennen, jene tiefe, extravagante Ausgelassenheit, die wir mit Frühling, Liebe und Leidenschaft verbinden. Die Musik ist ein Maßstab der Kräfte, die uns innewohnen, seien sie segensreicher oder dämonischer Natur, die wir im Gleichgewicht zu halten versuchen und denen wir manchmal nachgeben.«

Die Musik kann unsere Sinne betören, sie kann uns an den Rand des Wahnsinns führen oder unsere Illusionen zerschmettern und uns in der kalten Dämmerung der Selbsterkenntnis zurücklassen. Töne, die wir in uns einschließen und die schädlich für unser harmonisches Feld sind, können großen Schaden anrichten, während Töne oder Akkorde, die in richtiger Resonanz zu uns stehen, unsere Gesundheit wiederherstellen, uns beleben und uns dazu ermutigen können, das Leben voll und ganz auszuleben. Wir wissen nur wenig über jene griechischen Musiker, die dazu in der Lage waren, einen Menschen durch einen einzigen Ton zu erkennen. Von diesen großen Heilern sind uns Legenden überliefert; sie konnten sich in die innere Harmonie eines Menschen einschwingen und dann auf ihrer Leier eine einzige Note spielen, die den Patienten völlig heilte. Es heißt auch, daß wir einen Menschen beherrschen können, wenn wir seinen Ton kennen. Leider kennen die meisten von uns jedoch nicht einmal ihren eigenen Ton und besitzen auch nicht die Weisheit, Liedern und Klängen aus dem Weg zu gehen, die dem sensitiven Kontakt zu ihrem höheren Selbst abträglich sind.

Einführung in die Musiktheorie

Ali Akbar Khan, ein Meister der nordindischen Musik, wird von Alan Watts folgendermaßen beschrieben: »Musik zu begreifen bedeutet, eine Note zu verstehen. Manchmal kann er stundenlang eine einzige Note bearbeiten. Er taucht in diese Note ein und lauscht. Er lauscht wirklich, dringt in den Klang ein. Es spielt einfach keine Rolle, daß es sehr lange braucht, daß er dies viele Stunden tun muß, denn er geht voll und ganz darin auf, diesem Ton zu lauschen, den er nun erzeugt. Er fährt fort mit dieser Schwingung, als würde man, wie es im Yoga ja getan wird, OM intonieren. Man kann das stundenlang singen und von der Schwingung völlig fasziniert sein.« *The Essential Alan Watts* (Celestial Arts, 1977).

Wie Bob Dylan kann auch ich weder Noten lesen noch schreiben. Anders als Dylan jedoch kann ich nicht komponieren. Was ich gelernt habe, entstammt dem Tanzen, dem Singen und dem inneren Wissen.

Cindee Grace, N. D., Phd., hat einige Theorien über das Heilen mit Klängen entwickelt, die im Heft 39 des *Well Being Magazine* veröffentlicht wurden. Der folgende Auszug ist eine leicht verständliche Zusammenfassung der Musiktheorie, der ihrem Artikel »Music and Healing« aus dem Jahre 1978 entnommen wurde:

Alle Musik besteht aus Tonlage und Rhythmus. Die Tonlage hängt davon ab, wie hoch oder tief der Ton ist, wie schnell oder langsam die Luft schwingt. Je schneller die Schwingung, um so höher klingt für uns die Tonlage. Wir können die Tonlage wahrnehmen, weil unsere Ohren die Schwingungen der Luft, des Wassers oder jeder beliebigen Substanz, die die Klangwellen überträgt, registrieren. Ist die Schwingungsfrequenz niedriger, so erhalten wir einen tieferen Ton.

Die Buchstaben *c, d, e, f, g, a* und *h* werden in der traditionellen westlichen Musik zur Wiedergabe einzelner Töne verwendet. In anderen Teilen der Welt verwendet man andere Musiknotationen, und einige Formen experimenteller westlicher Musik benutzen ebenfalls andere Symbole als diese Buchstaben. Doch der überwiegende Teil der Musik, von der Klassik bis zum Rock, folgt den hier geschilderten Prinzipien.

Diese Buchstaben wiederholen sich immer und immer wieder. Jeder Ton liegt höher als der vorangehende.

Der Rhythmus gibt an, wie lange ein Ton erklingt. Alle Tonhöhen, willkürlich zu einem Lied angeordnet, können ebensolang sein wie ihre Nachbarn, können sich von diesen aber auch unterscheiden. Tatsächlich nennt man einzelne Tonhöhen »Noten«, und die Dauer einer Note wird als ihr Notenwert bezeichnet.

Eine Fahne an einer Note halbiert ihren Wert: eine ⅛-Note ist tatsächlich eine ¼-Note mit Fahne. Sie ist wegen der angehängten Fahne halb so lang wie eine ¼-Note. Manchmal wird hinter eine Note ein Punkt gesetzt, der sie um die Hälfte verlängert.

Notenschrift	Bezeichnung	Taktraten
𝅝	ganze Note	4 Schläge
𝅗𝅥	½ Note	2 Schläge
♩	¼ Note	1 Schlag
♪	⅛ Note	½ Schlag
𝅗𝅥.	½ mit Punkt	3 Schläge

Im allgemeinen hat jedes Lied oder Musikstück einen durchgehenden Rhythmus oder Takt. Das Wort »Rhythmus« oder »Takt« beschreibt in der Regel ein bestimmtes sich wiederholendes Muster aus betonten und unbetonten Schlagzeiten.

Die Noten werden in ihrer Reihenfolge auf einer Skala angeordnet. Diese beginnt und endet mit demselben Notennamen, z. B.: c-d-e-f-g-a-h-c. Zudem müssen die Tonhöhen der Skala eine ihrer Schwingungsrate entsprechende Entfernung zueinander aufweisen. So wird der Schwingungsunterschied zwischen dem c und seinem unmittelbaren Nachbarn, dem d, als »Ganztonschritt« bezeichnet. Ein Ganztonschritt bedeutet, daß der Abstand zwischen c und d meßbar ist. Der Abstand zwischen jedem d und seinem unmittelbaren Nachbarn e ist ebenfalls ein Ganztonschritt, also dieselbe identifizierbare Einheit. Doch sind nicht alle Entfernungen zwischen Nachbarnoten ganze Schritte.

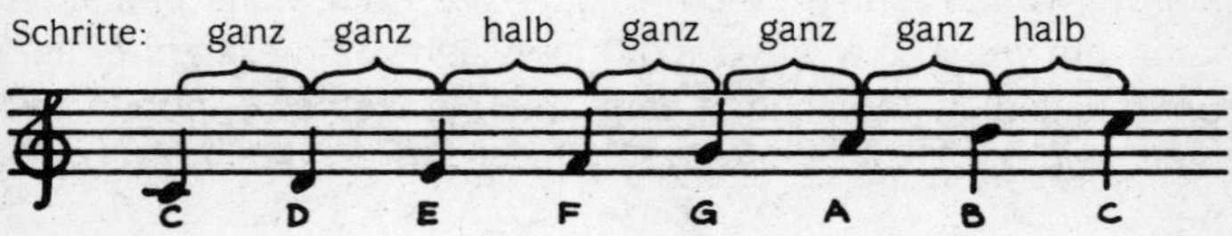

Unabhängig von Tondauer oder Plazierung der Noten in einem Musikstück, sind e und f einen halben Schritt voneinander entfernt, h und c ebenfalls, während die anderen Noten von ihren Nachbarn um einen Schritt entfernt sind.

Damit eine Tonleiter vollständig ist, müssen die Noten an Platz drei und vier ½ Schritt voneinander entfernt sein, das gilt auch für die beiden Noten an Platz sieben und acht. Wenn die Tonleiter mit dem c beginnt, sind die Positionen glücklicherweise alle richtig ausgefüllt.

Aber was, wenn wir die Tonleiter mit einer anderen Note beginnen, beispielsweise mit dem g? Erinnern wir uns daran, daß e und f ebenso wie h und c stets ½ Schritt voneinander entfernt sind.

Wie können wir diese Tonleiter noch retten? Ganz einfach! Indem wir nämlich das f um ½ Schritt erhöhen (fis: f'), schaffen wir Platz zwischen Position sechs und sieben und machen also einen ganzen Schritt, wo ein solcher benötigt wird. Damit wird auch die Lücke zwischen 7 und 8 verringert, indem ½ Schritt wegkommt.

Auf jeder Tonleiter können die Noten erhöht (Endsilbe »-is«) oder vermindert (Endsilbe »-es«) werden, um dafür zu sorgen, daß die Relation innerhalb der Skala beibehalten wird. Manchmal finden die natürlichen Halbtonschritte (e und f; h und c) ihren Weg auf Platz 3 und 4 oder 7 und 8. Tun sie es nicht, können wir dies korrigieren, indem wir die Noten erhöhen oder vermindern.

Die Note auf Platz 1 ist die *Schlüsselnote*. Im letzten Beispiel war dies das g: folglich befindet sich jede Musik, die auf G-Dur beruht, in der *g-Tonart*. Dort würde man immer wieder das fis erwarten (es sei denn, daß die Laune des Komponisten es wieder in ein natürliches f zurückverwandelt). Anstatt jedoch jedesmal am f ein Versetzungszeichen zu schreiben, plaziert der Komponist das fis gleich am Anfang als *Vorzeichen*. Das bedeutet, daß jedes f sich in ein fis verwandelt.

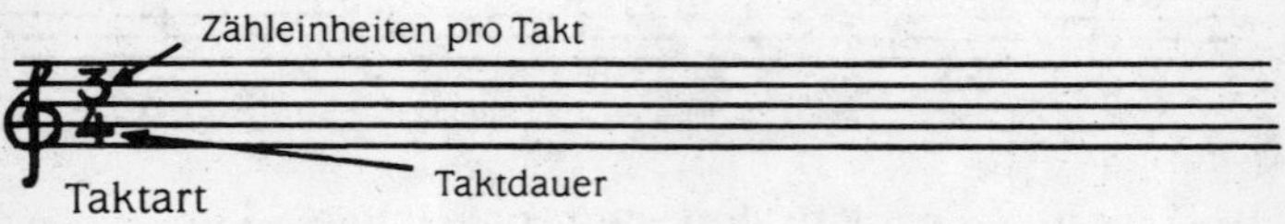

Darum geht es bei den Schlüsseln und Grundtönen! Sie fußen auf einer Tonleiter, die mit einer bestimmten Note beginnt. Diese Grundtöne sind ähnlich den Modi des Pythagoras, und jede Tonskala hat ihre eigene Wirkung auf das körperliche, emotionale und geistige Wohlbefinden eines Menschen.

Die *Taktart* teilt uns mit, welcher Rhythmus das ganze Stück bestimmt, so wie die Schlüssel uns die Tonleiter angeben. Die oberste Ziffer (der Zähler) gibt an, wieviele Zähleinheiten in einem Takt vorkommen. Die untere Ziffer (der Nenner) zeigt die Taktart an.

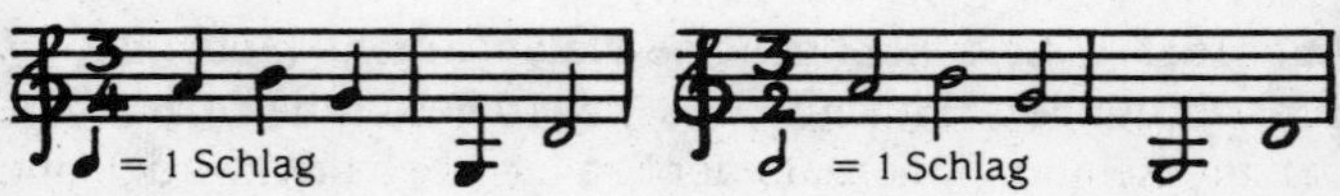

Sie erinnern sich sicherlich noch an die Tabelle, die die Tondauer wiedergab (ganze Note / ½-Note / ¼-Note). Ist der Nenner eine 4, so bedeutet dies, daß die ¼-Note einem Schlag entspricht. Ist er eine 2, entspricht die ½-Note einem Schlag.

Es spielt keine Rolle, wie die angezeigte Anzahl von Schlägen (Zähler) erreicht wird, solange der Notenwert insgesamt diese obere Ziffer ergibt.

Jeder kann musizieren

Im vorigen Kapitel haben wir gezeigt, daß das Musizieren mit der Stimme für jeden möglich ist. Es gibt auch einige Instrumente, die jedermann spielen kann, und sei er musikalisch noch so unbegabt. Diese sind unkompliziert, klingen bezaubernd und bedürfen keiner jahrelangen Übung, um Sie zu erfreuen. Glocken, Tamburine, Trommeln, Löffel und andere einfache Instrumente stehen Ihnen zur Verfügung, um Ihr Talent daran zu entwickeln. Alles, was Sie benötigen, ist ein wenig Übung, Experimentierfreude und der Mut zum Risiko, daß auch Sie sich als musikalisch erfahren. Bitte vermeiden Sie, sich in Entschuldigungen zu ergehen, daß Sie doch als musikalischer Banause auf die Welt gekommen seien. Mag sein, daß Ihre Musikalität unterdrückt ist, doch jenseits Ihrer Befürchtungen besitzen Sie mit Sicherheit musikalisches Talent.

Die Trommel ist vielleicht das leichteste Instrument, das wir aufnehmen können, um es mit Gefühl zu spielen. Vielleicht werden Sie nicht gerade ein Meistertrommler, doch dürfte es Ihnen nicht schwerfallen zu lernen, wie Sie Ihren eigenen Rhythmus halten. Beginnen Sie mit EINS-zwei-drei-vier und wiederholen Sie, indem Sie den ersten Schlag betonen. Sollten Sie aus dem Rhythmus geraten, fangen Sie ohne Wehgeschrei einfach wieder von vorne an. Wenn Sie den Viererrhythmus gut beherrschen, können Sie ihn verdoppeln und dabei die Betonung auf eins-ZWEI-drei-vier oder eins-zwei-DREI-vier legen und auf andere Weise experimentieren. Weitere Anregungen zum Trommeln finden Sie in Kapitel 4.

Glocken verschiedenster Art werden entweder geschlagen oder im Kreis geschwenkt. Dazu können Sie den Viererrhythmus des Trommelns verwenden, die Glocke ständig schlagen oder mit verschieden großen Glocken unterschiedlicher Tonart spielen. Bei alledem geht es in erster Linie darum, daß Sie Teil der Musik werden und es zulassen, sich von ihr tragen zu lassen.

Ein Tamburin braucht man nur mit einer Hand festzuhalten und im Rhythmus der Musik anderer zu schütteln. Das können Sie mit der einen Hand tun, während Sie es mit der freien schlagen. Alle diese Instrumente bieten sich für Experimente an. Was Sie auch tun mögen, es ist immer die richtige Spielweise. Je schlichter das Instrument, um so besser, bis Sie hinreichend Selbstvertrauen entwickelt haben.

Als Erwachsener braucht man sich nicht zu scheuen, Unterricht in Posaune, Flöte oder Klavier zu nehmen, und man braucht auch seine Qualitätsansprüche nicht beiseite zu schieben. Aufgrund ihrer intellektuellen Reife machen Erwachsene und Teenager sehr schnelle Fortschritte, vorausgesetzt, daß sie regelmäßig üben und Unterricht nehmen.

Musik durch Channeling

Alle Musik, die jemals aufgeschrieben wurde, ist durch Channeling empfangen worden. Musik ist von ihrem Grundwesen her eine spirituelle Kunst, wiederholbar, erhebend und sich immer wieder verändernd. Die Komponisten, deren Werke Jahrhunderte überdauert haben, verfügten über meisterhafte, spirituelle Fähigkeiten oder waren mediale Kanäle, die sich auf jene Wesenheiten eingestimmt haben, die über die zukünftige Entwicklung der Menschheit wachen. Viele von ihnen waren zu

Lebzeiten niemals berühmt oder erfolgreich. Andere wiederum wurden gefeiert, um dann eingemottet zu werden, bis sie von späteren Generationen, die für die universale Weisheit bereit waren, wiederentdeckt wurden.

Primärkanäle sind Komponisten, die mit dem Herzen lauschen und in ihrem Inneren ein Fragment inspirierter Musik vorfinden, auf dem sie ein Lied oder eine ganze Sinfonie aufbauen. Manchmal wird das Lied fix und fertig empfangen, so daß der wache, aktive Kanal daran keine einzige Note zu ändern braucht. Dieser Zugang zum Kosmischen Bewußtsein ist derselbe, durch welchen sehr hochentwickelte Heiler und Propheten ihre Informationen erhalten.

Ein Sekundärkanal ist ein Musiker, der ein Stück hört, das ein anderer komponiert hat und darin ein Thema findet, das sich für den Aufbau eines völlig neuen Stücks eignet oder in die neue Komposition integriert wird. Häufig wird ein solcher Komponist seinem Werk den Vermerk voranschicken, daß es beispielsweise auf einem Refrain von Claude Debussy oder eines anderen Musikers aufbaut, den er bewundert. Natürlich gibt es auch Urheberrechtsverletzer, die einzelne Stücke aus den Werken längst verstorbener Kollegen herauspicken und sie als eigene Kompositionen ausgeben, oder die ein Stück plagiieren, um daraus einen neuen, populären Song zu machen.

Manche Komponisten sind in der Lage, beide Vorgehensweisen miteinander zu verbinden. Dann fungieren sie in ein und demselben Werk sowohl als Primär- wie auch als Sekundärkanal. Ralph Vaughn Williams hat dies beispielsweise bei seiner *Fifth Symphony* getan, indem er Volksmusik mit eigener Inspiration verband.

Das Reich der Musik besitzt seine eigenen Geisthelfer und Erzengel, die für all jene wunderschön singen, die sich der Weiterentwicklung ihres Lebens auf dem Wege der Musik gewidmet haben. Sei es der heimliche Komponist, der im Verborgenen wirkt, der um Anerkennung ringende junge Künstler, dem es nicht gelingt, die Früchte seiner Arbeit zu verkaufen, oder der berühmte Musiker, die Geisthelfer übermitteln allen ihre Musik. Viele Menschen empfangen dieselbe Botschaft und deuten sie auf eigene Weise um. Wenn dies bei erfolgreichen Komponisten passiert, so kann es geschehen, daß in den Hitparaden gleich mehrere Titel erscheinen, die einander sehr ähnlich sind. Dann hat jeder Kanal das Material durch seine eigene Persönlichkeit und seinen eigenen Intellekt gefiltert und etwas Besonderes daraus gemacht. Und wenn Songs, nach universalem Maßstab, zur rechten Zeit kommen, können sie auch alle gleichzeitig Erfolg haben.

Mitte der sechziger Jahre wurde Burt Bachrach einmal im Radio interviewt. Er wies darauf hin, daß er und Michael Lerner jeder einen Titel in der Hitparade der »Top Forty« hatten, die einander deutlich glichen. Er nannte auch einen dritten Komponisten, dessen ähnliches Werk ebenfalls Eingang in die Hitparade gefunden, aber nicht ganz soviel Erfolg erzielt hatte. Die Ursache solcher Zufälle sah er darin, daß die Engel unserer irdischen Ebene die Musik bescheren.

Bei Konzertbesuchen beobachte ich immer die Sänger und Musiker, um festzustellen, über welche Führer sie verfügen. Oft besitzt ein Musiker einen Führer für sein Spiel und einen weiteren für sein Instrument. Holly Near hat eine fröhliche grüne, kleine Gestalt zur Begleitung, die über die Bühne tanzt, während sie singt. Da sie von universaler Liebe und Annahme singt, paßt die Farbe ihres Singführers ausgezeichnet. George Winston, ein Sekundärkanal, wird von einem immer gegenwärtigen Wesen begleitet, das beim Spiel über seinem Klavier schwebt. Sein Geistführer ist sehr viel ernster als der freundliche Musiker, dessen Spiel er überwacht. Der klassische Gitarrist Neill Archer Roan hat einen Geistführer für sich und zwei für sein Instrument. Er geht an seine Vorführungen mit einer betenden, empfindsamen Einstellung heran. Je besser ein Musiker auf die Urquelle allen Seins eingestimmt ist, um so dankbarer ist er für die Gnade, öffentlich auftreten zu dürfen, und um so großartiger ist die Wesenheit, die ihn auf seinem Weg anleitet.

4

HEILENDE KLÄNGE

Medizinklänge

Es gibt viele Möglichkeiten, wie die menschliche Stimme sich einschalten kann, um eine Situation zu ändern, die unter einem bösen Stern zu stehen scheint, indem sie das Universum um Gnade und ein günstiges Ergebnis bittet. An dieser Stelle wollen wir zwei zutiefst mystische und kraftvolle Gesangsmethoden vorstellen. Die erste ist unser persönliches Heillied, mit dem wir für uns selbst und für andere das gesundheitliche Gleichgewicht aufrechterhalten oder wiederherstellen. Der höchste stimmliche Ausdruck unserer persönlichen Kraft und der Macht unseres spirituellen Seins ist unser Lebenslied.[6]

Das Heillied und das Lebenslied sind beide sehr persönlicher Natur und gehören allein dem Individuum, durch welches sie kommen. Beide Lieder wirken unabhängig voneinander. Jedes hat seinen eigenen Platz in unserem Leben. Wenn Sie die Anweisungen in jedem Teil dieses Kapitels sorgfältig befolgen, werden Sie zu Ihren eigenen Kraftliedern finden und sie erfolgreich singen können. Sie werden auch genau wissen, in welcher Situation jedes zu gebrauchen ist.

Sie brauchen kein Heiliger zu sein, ja nicht einmal annähernd vollkommen, um sich dieser mächtigen akustischen Werkzeuge bedienen zu können. Dennoch sei hier eine Warnung ausgesprochen: Jeder bewußte Mißbrauch kommt auf Sie zurück wie ein Bumerang. Wenn Sie die Lieder in gutem Willen, auf Verzei-

[6] *Warnung:* Falls Sie die Einleitung übersprungen haben, so lesen Sie sie jetzt bitte gründlich durch, bevor Sie weiter fortfahren.

hen und Einswerden ausgerichtet, für andere singen, so wird dies keinen Schaden anrichten, selbst wenn Sie dabei ein wenig verwirrt sein oder ungewollt das Falsche tun sollten. Denn was die Klänge übermitteln, das sind unsere *Absichten*. Auch wenn wir unsere wahren Gedanken vielleicht nicht verbalisieren, treten sie doch beim Singen aus unserem Unbewußten hervor, und dabei werden unsere eigenen Gefühle oft gereinigt.

Das Heillied

Ihr Heillied gehört Ihnen allein. Es ist privat und öffentlich zugleich, es heilt, tröstet und verändert jede Situation, in der Sie Hilfe benötigen. Sie können es jederzeit für jedermann singen. Es kann einen Menschen heilen oder auch eine gesellschaftliche Situation. Wenn eine Ihrer Beziehungen etwas belastend oder sogar unerträglich werden sollte, so kann Ihr Heillied viel von dem Leid lindern. Es kann Ihnen Klarheit und Einsicht bescheren, damit Sie besser damit umgehen und möglicherweise auch zu einer kreativeren Lösung für Ihre Probleme finden können. Das Heillied wirkt zugleich auf der geistigen, physischen, emotionalen und spirituellen Ebene. Ihr Heillied war schon immer bei Ihnen. Sie haben nie ohne es gelebt, und doch haben Sie Ihr Lied nicht bewußt gekannt. In der westlichen Gesellschaft ignorieren wir die Töne, die Babys vor sich hinsingen. Oft haben kleine Kinder irgendein »dummes« Lied, das ihnen allein gehört. Eine recht intuitive Mutter, die ich einmal in England kennenlernte, hörte, wie ihr Säugling wiederholt eine bestimmte Melodie sang. Sie nannte sie sein »Trostlied«. Sie und sein Vater, beide Lehrer der Alexander-Technik[7], ermunterten ihren Sohn, dieses Lied zu singen, wenn er müde oder quengelig war.

Eines Nachmittags begleiteten mich das Baby, Rupert Egan,

[7] Die Alexander-Technik ist eine Heiltechnik, bei der mit Körperhaltung, Bewegung und Atmung gearbeitet wird, um unbewußte Verhaltensmuster zu beeinflussen und zu verändern.

und seine Mutter, Sumi Komo, zu einer Sonderausstellung der Tate Gallery in London. Einer der Museumswächter wollte witzig sein und sagte zu Rupert, der sich in seinem Tragetuch an seine Mutter angeschmiegt hatte: »Singen ist in der Galerie verboten!«, womit er natürlich das Weinen meinte. Doch der acht Monate alte Rupert glaubte, daß der Wächter ihm verbieten wollte, sein »Trostlied« zu singen. Er sah verwirrt aus, beinahe verletzt. Genau dies sagt man den allermeisten Kindern: »Sei still, unterdrücke deine inneren Erfahrungen!« Nur wenige Eltern oder Lehrer erkennen, daß die Lieder von Kindern oft ihr Heil- oder Lebenslied sind. Rupert, inzwischen ein aufgewecktes Kind im Vorschulalter, hat sich weiterhin mit seinem Heillied getröstet. Er singt auch Sagalieder über seine Erlebnisse, um sie in sein Leben zu integrieren.

Als Kinder hatten wir alle unsere eigenen Lieder, die oft nicht zu unserer Muttersprache paßten. Die meisten dieser Lieder enthalten Laute, die nicht aus der gesprochenen Sprache stammen, mit der wir vertraut sind. Als ich einmal mit einer Pomo-Indianerin mittleren Alters über Heillieder sprach, erwiderte sie: »Ja, wir Indianer müssen immer lachen, wenn weiße Menschen uns ein Heillied auf Englisch vorsingen. Die kommen doch gar nicht auf Englisch!«

Im Tule Lake Reservat haben die Ältesten wieder mit dem Trommeln und Singen begonnen, nachdem sie jahrelang ihren eigenen spirituellen Praktiken entfremdet worden waren. Im Rahmen ihrer Unterdrückung der indianischen Ureinwohner hatte die Regierung der Vereinigten Staaten die Ausübung der einheimischen Religion verboten. Als das Gesetz, nach dem sie achtzig Jahre lang ohne ihr religiöses Erbe leben mußten, endlich geändert wurde, begannen sie wieder damit, ihre Rituale auf überkommene Weise auszuüben. Selbst als sie sie sangen, konnten sie die Worte nicht verstehen, die sie empfingen. Die Stammesältesten wandten sich an die Vierjährigen und an die noch jüngeren Kinder, deren Verbindung zum Universalen Bewußtsein noch offen steht. Die Kinder wiederum erklärten die Wörter dieser »Zwielichtsprache«. Diese Klangsilben nennt man »Vokabel«, ein Wort oder Ausdruck, der weniger eine Bedeutungseinheit als vielmehr eine Klang- oder Buchstabenkombination beinhaltet.

Die Indianer sind nicht die einzigen, die von dieser »Zwielichtsprache« im Rahmen spiritueller Aktivitäten sprechen. In dem Buch *Women of Wisdom* (Routledge and Kegan Paul P/C, 1984) spricht Tsultrim Allione darüber, was die Tibeter die Sprache der *Dakini* nennen: »In unserer Kultur, die von einem rationalen, wissenschaftlichen Weltbild beherrscht wird, haben wir meist nur eine sehr beschränkte Auffassung von Sprache. Doch Mystiker und Verrückte haben schon immer behauptet, daß es auch andere Arten der Sprache gäbe. Dabei handelt es sich um Sprachen, die von der rationalen linken Hirnhälfte nicht gedeutet oder verstanden werden können. Die tibetischen Lamas sprechen von einer Sprache, die sie ›Die geheimen Zeichen und Buchstaben der Dakini (mKha'g ro gSang B ibrDa Yig)‹ nennen.«

Fundamentalistische Christen kennen ein Phänomen namens Glossolalie (das »Reden in Zungen«), wodurch sie Botschaften in einem ihrer Muttersprache ähnlich klingenden Kauderwelsch empfangen, die sie daraufhin in ihre richtige Muttersprache übersetzen. Dabei benutzen sie jedoch den rationalen Verstand zu sehr. Es ist besser, den Geist leer und den Silben ihren Klang zu belassen ohne sie zu interpretieren. Überlassen wir sie unserer eigenen Intuition, so werden uns diese Keimlaute mit der Zeit ihre Bedeutung schon offenbaren.

Wenn Sie also das erste Mal Ihr Lied hören sollten und es nichts anderes als bloßes Geplapper zu sein scheint, tun Sie es nicht ab. Denn die Wörter, sofern Sie sie sofort empfangen, werden weder dem Chinesischen, dem Spanischen, dem Sanskrit noch irgendeiner alten irdischen Sprache angehören. Vielmehr gehören sie zu einer von zahlreichen »Zwielichtsprachen«, die durch jenes Tor eindringen, welches die Schöpfungsebene mit der Ebene des körperlich Wahrnehmbaren verbindet und umgekehrt.

Ihr Lied ist anders als alle anderen. Manche solcher Lieder hören sich wie arabische Melodien an, andere wie tibetische oder hinduistische Gesänge. Die meisten klingen wie indianische Gebete. Eine Frau, die an einer Sonntagsschule unterrichtete, war erstaunt, als sie eine israelisch klingende Melodie empfing. Ein Mann, dessen Lied auf ihn große Wirkung hatte, empfing einen Satz atonaler, äußerst langweiliger Töne, von denen wiederum andere meinten, daß sie sie sehr bewegten, wenn er sie vortrug.

Häufig hat das Heillied am Anfang keinen Text. Schüler berichten oft davon, daß sie nur eine bestimmte musikalische Weise empfangen. Viele finden die Worte zu ihrem Lied, wenn sie es im Freien singen. Andere wiederum berichten, daß ihr Lied überhaupt keinen Text hat, wodurch sie sich betrogen fühlen. Gelegentlich empfängt ein Mensch auch den Text ohne eigentliche Melodie, wenn man von einer gewissen Kadenz absieht. Es ist völlig in Ordnung, dem Lied zu gestatten, sich mit der Zeit zu entwickeln, denn auf diese Weise beschert uns die Universale Leitung unsere Gesänge. Der Teil des Liedes, der uns am wenigsten fremd ist, wird auch als erster kommen. Das Gedächtnis das höhere Selbst ruft das Lied ins Bewußtsein zurück.

Manchmal scheint das Lied uns für eine Weile zu verlassen, um später wiederzukehren. Eine Frau in den Dreißigern, die intellektuell recht begabt war, hatte trotz ihrer Skepsis im Laufe von zwei Jahren eine Reihe meiner Workshops besucht. Wie die anderen Teilnehmer empfing auch sie sofort ihr Lied und ging hinaus, um es allein vor sich hin zu singen. Doch nach dem Workshop konnte sie ihr Heillied nicht wieder erinnern. Achtzehn Monate später wiederholte sie den Kurs über heilende Klänge. Diesmal ging sie kein Risiko ein und nahm das Lied auf Band auf. Doch das ist eine sichere Methode, um die Weiterentwicklung eines Heillieds zu unterbinden. Sie befolgte meinen Rat, löschte es und besitzt nun ein wunderbar vielseitiges Lied mit einem kräftigen Kernrefrain.

Es gibt viele Methoden, um zu seinem Heillied zu finden. Wir können fasten und uns eine Woche zurückziehen, während wir es suchen. Statt dessen können wir auch mit dem ausschließlichen Zwecke meditieren, es zu hören. Sie können jede Nacht darum bitten, es im Traum zu empfangen, bis Sie es erkennen und nach dem Aufwachen erinnern.

Die schnellste Methode, um bewußt wieder eins mit unserem Lebens- und Heillied zu werden, ist jene, die ich in meinen Workshops anwende. Damit haben schon Hunderte von Menschen, die ich unterwies, diese beiden wichtigen persönlichen Lieder empfangen. Ich beginne, indem ich zehn oder fünfzehn Minuten lang trommle. Jeder empfängt sein Lied, bis auf wenige Skeptiker, die meistens sagen: »Na ja, ich habe schon etwas gehört, aber das kann ja nicht mein Heillied sein, deshalb habe ich es ignoriert, und dann ist nichts mehr gekommen.«

Für gewöhnlich muß ich nur fünf bis sieben Minuten trommeln, bis auch jene Menschen, die den allergrößten Widerstand haben, die Grundmelodie ihres eigenen Heillieds erkennen. Aus dem Klang der Trommel hallt eine melodische oder betörende Weise heraus. Ich verändere Lautstärke, Rhythmus und andere Faktoren, damit die Trommel für jeden der Anwesenden sein Lied singen mag. Ich höre das Lied eines jeden Teilnehmers und kann auch feststellen, ob er es selbst vernommen hat. Ist das Heillied erst einmal durch das Trommeln erkannt worden, zieht jeder seine Schuhe an und geht hinaus ins Freie, um dort zu singen und zu tanzen, was er empfing.

Häufig weist das Heillied mehrere Teile auf, die sich manifestieren, während wir es immer wieder singen und im Rhythmus dazu den Körper bewegen. Wenn der Text nicht gleich beim ersten Mal im Laufe dieser Übung kommt, so wird er doch nach mehrwöchigem Üben empfangen werden. Je öfter Sie das Lied verwenden, um so wirksamer und tiefer wird es. Es kann sein, daß das einzige gleichbleibende Element darin nur der ursprüngliche Teil war, den Sie beim Trommeln empfangen haben, während sich Rhythmus, Melodie oder Keimworte während einer bestimmten Heilung verändern können.

Mein eigenes Heillied beginnt und endet auf dieselbe Weise, doch können während Heilsitzungen verschiedenste Variationen der mittleren Strophe auftreten. Ich weiß nie im voraus, welche Veränderung sich manifestieren wird, wenn ich damit beginne, für einen Patienten zu singen. Dieser Gesang kann fünf Minuten dauern, eine Stunde oder auch die ganze Nacht. Das Lied selbst läßt uns wissen, wann wir aufhören sollen. Ich rate dazu, es dem Lied zu überlassen, wann die Heilsitzung beendet ist. Dann wird es Ihre Stimme nicht mehr unterstützen, oder es wird sich gezwungen anhören, wenn die Person oder die Situation, die geheilt werden sollte, so viel aufgenommen hat, wie sie kann.

Natürlich bin ich im Augenblick nicht da, um für Sie zu trommeln. Daher leihen Sie sich am besten eine Trommel und experimentieren solange, bis Sie ein Schlagmuster gefunden haben, bei dem Sie sich wohlfühlen. Spielen Sie es solange, bis Sie sich davon überzeugt haben, daß Sie den Rhythmus wirklich mögen. Eine Trommel braucht ihre Zeit, um sich aufzuwärmen. Je mehr sie sich unter der Hand oder den Schlagstöcken erwärmt, um so klarer und voller wird ihr innerer Klang ertönen. Die besten Trommeln für diese Zwecke sind solche mit Tierfellen. Plastikfelle, wie sie von Musikgruppen verwendet werden, sind nicht dazu in der Lage, so zu vibrieren, daß das Lied im Inneren der Trommel erklingen kann. Eine Dumbek oder jede andere Trommel mit offenem Boden ist für Anfänger gut geeignet. Wenn Sie eine solche Trommel jedoch nicht erhalten, so können Sie auch gern eine verwenden, die an beiden Seiten mit Tierfell bespannt ist.

Wenn Sie keine Trommel haben, dafür aber nicht weit vom Meer oder vom Wald entfernt wohnen, so können Sie sich auch einen hohlen Stamm suchen und mit den Füßen darauf Klänge hervorbringen, bis Ihr Heillied zu Ihnen kommt. Wenn es gar nicht anders geht, können Sie zu Hause auch einen Tisch verwenden, der die erforderliche Resonanz erzeugt, damit in Ihrem Klopfen ein Lied erklingt. Überzeugen Sie sich aber davon, daß sonst niemand zu Hause ist, der Ihre Begeisterung vielleicht nicht teilen kann, mit der Sie auf dem Tisch herumklopfen.

Nachdem Sie getrommelt haben oder während Sie in Trance sind, wird Ihr höheres Bewußtsein beginnen, Ihr Lied zu singen. Es wird nicht statisch bleiben, daher sollten Sie sich daran auch nicht festhalten. Lassen Sie es zu dem werden, was es will. Versuchen Sie nicht, es aufzuschreiben oder sonstwie festzuhalten, denn das Lied ist eine lebendige, atmende Energie, der Ihr

Singen Leben verleiht. Es wird keine vertraute Melodie aus dem Radio oder ein Wiegenlied aus der Kindheit sein (siehe den Abschnitt über das Signallied an späterer Stelle in diesem Kapitel). Daher muß es sich durch Wiederholung an Sie anpassen.

Dies erreichen Sie am besten, indem Sie ins Freie hinausgehen und Ihren Körper mit seinen Bewegungen als Gefäß für die Essenz Ihres Heillieds wirken lassen. Schreiten Sie umher und summen Sie es. Begeben Sie sich an einen offenen Ort im Freien und singen Sie es sich halblaut vor. Wenn Sie das Gefühl haben, daß Sie sich das Lied nun merken können, kehren Sie nach Hause zurück (es sei denn, Sie befinden sich an einem abgelegenen Ort im Freien) und singen Sie es laut heraus, mal langsam, mal schnell. Lassen Sie sich von dem Lied sein ganzes Spektrum vorführen. Wenn Sie es zu einer Heilung singen, wird es dies ganz automatisch tun.

Was nun etwaige Hemmungen angeht, die das Gehörtwerden oder die Reaktionen anderer auf das Lied betreffen, so sollten Sie sich vergegenwärtigen, daß dieses Lied unter dem Schutz der Universalen Führung steht. Sie sind nicht der einzige, der seine Energie hineingibt: Wenn der Schöpfer Ihnen nämlich ein Heillied gewährt, so ist es zur Heilung all derer bestimmt, die es vernehmen. Manchmal kann es während einer Heilung geschehen, daß die Negativität eines anderen Menschen sehr schnell ausbrennt, sobald er das Heillied vernimmt. Die Augen der allermeisten Menschen werden aufleuchten, wenn sie hören, wie Sie es singen. Es wird ihnen irgendwie vertraut vorkommen, auch wenn es noch nie für Sie gesungen wurde.

Will Johnson, ein Anthropologe und Autor des Buchs *Riding the Ox Home* (Beacon Press, 1987), bemerkte folgendes über das Finden seines eigenen Heillieds während eines Workshops, den ich in San Diego abhielt: »Da gibt es etwas, das schon seit Jahren darauf wartet, aus mir hervorzutreten. Ich erinnere mich an die Kirchenmusik meiner Kindheit und an alle Lieder, die ich jemals gehört habe. Ich kann dir zwar eine Zeile aus ›Shaboom Shaboom‹ zitieren, aber keines dieser Lieder hat wirklich eine spirituelle Bedeutung oder eine geistige Anwendung. Es ist, als würde man einen Teil der universalen Kraft nehmen und ihr eine minimale Form gewähren, in der sie sich ausdrücken kann. Und das ist es, was ich aus dieser Erfahrung gewonnen habe. Mein Heillied kam schon lange vor dem Trommeln zu mir. Es begann bereits, als du anfingst, darüber zu sprechen. Es war da. Ich konnte es einfach nicht leugnen. Ich wußte nicht, ob es das richtige war oder nicht, dennoch kam es einfach immer wieder hervor. Ich habe mich auch etwas gescheut, es zu singen, weil es sich noch immer weiter entwickelt. Wenn man einen Vermittler hat, der weiß, wie sie zu verwenden sind, kommen alle diese Töne von selbst hervor sobald man sie vernimmt.«

An dieser Stelle sei eine ernste Warnung an Musiker ausgesprochen: Veröffentlichen Sie Ihr Heillied nicht. Versuchen Sie auch nicht, es außerhalb einer Heilsituation zu verwenden und auszuschmücken, sonst kann es sehr schnell seine Heilkraft einbüßen. Gelegentlich berichten Musiker davon, daß ihr Heillied eines ist, das sie vor langer Zeit aufschrieben, eine Weile sangen und dann wieder beiseite legten. Eine Musikerin erzählte mir, daß sie ihr Heillied viele Jahre zuvor geschrieben hatte, als sie sehr unglücklich war. Ein holländischer Rockmusiker berichtete, daß er zwölf Jahre alt gewesen sei, als er zum ersten Mal seine Melodie im Kopf hörte, während er den Strand entlangging. Er wußte nicht, daß es sein Heillied war. Er sang es einfach immer dann, wenn er sich deprimiert oder einsam fühlte. Das Rauschen des Meeres hatte ihm sein Lied gebracht. Es war so, als würde er in einer Glocke des Trostes einherschreiten, während er seinen eigenen Klang vernahm.

Viele Menschen, die keine Musiker sind, haben sich in Krisenzeiten wieder ihrem Heillied zugewandt, ohne zu wissen, daß dies ein ganz besonderes Stück Musik ist, das ausschließlich ihnen gehört.

Auf Workshops bin ich häufig gefragt worden, ob es Kassettenaufnahmen von Trommeln gibt. Ich muß ganz ehrlich sagen, daß Live-Musik auf jeden Fall Musikkonserven vorzuziehen ist, wenn wir unser Heillied finden wollen. Trommelkassetten können zwar einen Trancezustand herbeiführen, doch ist es nur wenig wahrscheinlich, daß die zuvor aufgenommene Trommel

Ihnen Ihr Lied bringen wird. Da ist es besser, sich der Mühe und dem Zeitaufwand zu unterziehen, mit einer bewährten Methode zu dem eigenen Lied zu finden, als sich der Frustration auszusetzen.

Wenn Sie Ihr Lied erst einmal haben, obliegt es Ihren eigenen intuitiven schöpferischen Kräften, zu entscheiden, was Sie damit tun und welche Experimente Sie mit ihm durchführen wollen. Ein mir bekannter Mann entschied, es seinen Freunden beizubringen, damit diese es im Heilungskreis für ihn sangen, um seine Genesung zu fördern.

Wenn Sie es kennen, können Sie Ihr Lied auch stumm im Inneren singen. Dann wird es auch auf Flughäfen, in Supermärkten, bei der Arbeit, auf langweiligen Parties oder beim Krankenbesuch ebenso wirkungsvoll sein, als würden Sie es mit voller Stimme singen.

Und noch eine letzte Bemerkung über das Heillied: Wenn Sie es brauchen, aber ignorieren, wird das Lied Sie mitten in der Nacht aufwecken, indem es in einem Traum ertönt.

Das Heillied in der Praxis

Oft werde ich gefragt, was eigentlich geschieht, wenn ich mich auf spezielle Heilungen durch Fasten vorbereite. Obwohl jede Heilung anders ist, verlaufen sie doch im allgemeinen wie folgt: Je nach dem Grad der Erkrankung und dem, was meine Geistführer anordnen, faste ich vor der Sitzung zwei bis vier Tage. Mit einem Trommler begebe ich mich im Morgengrauen oder in der Abenddämmerung an einen sehr abgeschiedenen Ort in der Natur, wo es entweder einen Bach oder einen kleinen Fluß gibt. Während wir gehen, singe ich mein Heillied. Während der Heilung wird sich das Heillied auf bemerkenswerte Weise verändern, je nachdem, welcher Mensch mich aufgesucht hat und in welchem geistigen, emotionalen, physischen und spirituellen Zustand er sich im Laufe der Zeremonie befindet. Beim Verlassen des Ortes, nachdem die Heilung beendet ist, bin ich meistens von seinen Geistführern, die uns bei der Arbeit unterstützt haben, umringt. Dann singe ich sein Heillied, das mir während des Rituals offenbart wurde. Ich vermittle dem Patienten sein Lied, doch nicht so, wie ich es mit der Trommel tue. Wenn die Trommel singt, so erhält man das Lied durch den Trancezustand, den das Trommeln bewirkt. In diesem Fall jedoch erhält man es direkt über die Energie, die durch die Heilungszeremonie entstanden ist.

Abgesehen von den Zeremonien können Sie Ihr Heillied auch sonst regelmäßig in Ihre Praxis integrieren. Im allgemeinen soll man für Menschen, die unter einer langwierigen Krankheit leiden, das Heillied singen, weil dies einen Nerv des Kosmischen Bewußtseins berührt. Damit erinnern sie sich daran, daß das Leben ein Geschenk und ihre Seele nicht verletzt ist. Zudem stellen sie dadurch Kontakt zum höchsten Teil ihres spirituellen Seins her. Hat jemand ein chronisches Leiden oder ein emotionelles Problem, so erinnert das Heillied ihn an sein Einssein mit dem Universum.

Hat ein Mensch eine seit langem andauernde Unfähigkeit zu lieben und geliebt zu werden, singe ich mein Heillied hinter seinem Rücken. Die Person liegt mit dem Gesicht nach unten auf dem Tisch, und ich lege die Hände auf ihren Nackenansatz und auf die Blasenreflexpunkte im Kreuz. Dies dient nur dazu, den Klienten zu beruhigen und seine Aufmerksamkeit von dem Lied abzulenken, das ich halblaut singe. Das bricht seinen Widerstand gegen die Heilung, während ich Emotionen freisetze, über die er nicht reden kann. Manchmal tue ich hinter seinem Rücken so, als würde ich weinen, um Tränen strömen zu lassen, die sonst nicht freigelassen würden. Der Patient spürt nur, wie meine Hände auf- und abwippen, während ich scheinbar weine. Oft beginnt er dann zu ächzen und zu stöhnen. Später erzählt dann mancher voller Reue oder auch erleichtert von Geheimnissen, die er in seinem Innern eingesperrt hatte, um mit ihnen zurechtzukommen.

Wenn Sie das Heillied stumm im Kopf singen, funktioniert es dennoch, da es auf den inneren Ebenen vernommen wird. Wenn ich spüre, daß der Klient bereit ist, sage ich: »Ich werde jetzt ein kleines Lied singen, das Sie nicht kennen.« Oder ich sage ihm auch: »Ich werde mein Heillied für Sie singen.« Ich spüre wie äußerste Skepsis und alle möglichen Widerstände hochkommen. Zu Beginn singe ich leise, und wenn die Hilfsgeister mir sagen, ich solle lauter singen, so singe ich lauter und immer lauter, so laut, wie es für den Betreffenden und die Umgebung möglich ist. Ein ander Mal lasse ich es immer leiser werden, so leise, wie es nötig ist, damit der Klient es annehmen kann. Vielleicht singe ich fünf Minuten lang oder vierzig oder eben solange, wie es erforderlich ist. Kurz vor Ende des Liedes sagt der Klient dann beispielsweise plötzlich: »Meine Schulter ist gerade wieder zurechtgerückt, was tun Sie da?« Nicht viel, lautet die Antwort, ich brauchte nichts zu manipulieren und auch nicht in das Privatleben des Betreffenden einzudringen. Das Heillied löste den emotionalen, psychischen und spirituellen Schmerz, den der Klient in seinen Körper hineingelassen hatte.

Ich habe einmal in einem Hinterhof im Nordosten von Portland, Oregon, eine Heilsitzung durchgeführt, in einer Gegend, in der nur Schwarze wohnen. Ich sang gerade für einen Mann, der emotional bedingte Herzbeschwerden hatte. Mein Trommler war mitgekommen, und es waren auch einige andere Leute anwesend. Als sich gerade das Herz des Mannes geöffnet hatte und er wußte, daß er loslassen mußte, begann eines der Kinder aus der Nachbarschaft uns nachzuahmen und rief in hohem Falsett aus dem Fenster: »Wir lieben dich!« Das brachte alle zum Lachen, besonders aber den Patienten und mich, weil wir wußten, daß er in diesem Augenblick die Negativität in seinem Herzen losgelassen hatte. Der Enkel eines Predigers glaubte, daß er uns veralberte. Aber es war offensichtlich, daß das Kind unter Kosmischer Führung stand.

Das Lebenslied

Im Gegensatz zum Heillied ist das Lebenslied eine äußerst private Angelegenheit. Man kann es nicht einfach finden, wenn man es gerade haben möchte. Nachdem die Zeit der Einführung auf der Ebene der physischen Wahrnehmung abgeschlossen ist,

ist das Lebenslied nicht mehr ohne weiteres zugänglich. Es wird aber von selbst in uns erklingen, wenn wir vor einer dramatischen Veränderung in unserem Leben stehen, wenn wir einen Kraftschub benötigen oder als Warnung, daß in Kürze etwas sehr Bedeutsames und Wunderbares geschehen wird. Es ist ein Mysterium.

Vor ungefähr zwanzig Jahren, bevor mir das Potential des Lebenslieds bewußt wurde, reiste ich nach Schottland und begegnete dort einem jungen Mann, der sich auf einer persönlichen Suche befand. Da ich damals noch recht wenig wußte, sang ich es ihm vor, obwohl ich zögerte. Es inspirierte ihn so sehr, daß er sich dazu entschloß, sich auf eine kleine Insel vor der Isle of Skye zu begeben, um dort in aller Abgeschiedenheit zu leben. Ich war damals noch sehr unweise und kannte die Regeln nicht; zum Glück hatte die Sache keine schädlichen Konsequenzen. Später erfuhr ich, daß das Lebenslied ein Geheimnis ist, das wir anderen nicht mitteilen dürfen und das nur für wichtige Erlebnisse der Transformation verwendet werden soll.

Es ist Ihr Kraftlied. Singen Sie es laut, wenn Sie sicher sein können, daß kein anderer anwesend ist, und tun Sie es auf geheiligte und respektvolle Weise. Wenn ein anderer es singt, kann er Ihnen damit die Kraft und die Fähigkeiten stehlen, die eigentlich Ihnen zukommen.

Wie bei allem, von dem ich wußte, daß es verboten sei, brach ich auch hier die Regeln, nachdem ich sie erfahren hatte, nur um zu sehen, ob sie stimmten. Dafür, daß ich aus Neugierde mein Lebenslied mißbrauchte, zahlte ich mit zwei Jahren voller Probleme und Ärger. Das hörte erst auf, als ich herausgefunden hatte, wie ich mein Lebenslied wieder für mich allein zurücknehmen konnte. Ihr eigenes Lebenslied ist ebenso persönlich und muß vor anderen verborgen bleiben.

Das Lebenslied ist etwas sehr Besonderes, ja sogar Heiliges. Es ist für jeden Menschen einzigartig. Ich singe es, wenn es mir gestattet ist; wenn nicht, ist es meiner Stimme unmöglich, die nötige Tonlage zu erreichen. Ihr Lied wird sich sowohl musikalisch radikal von Ihrem Heillied unterscheiden als auch durch die gewaltige Energie, die es in Ihrem Körper und im Feld Ihrer Aura erweckt, wenn Sie es vernehmen.

Ihr Lebenslied hat Sie schon immer begleitet, spätestens seit Ihrer Entscheidung, geboren zu werden. Einmal habe ich ein Lebenslied bei jemandem beobachtet, der frisch auf der irdischen Ebene angekommen war. Vor einigen Jahren half ich nämlich Yona Ash bei der Geburt ihres Sohnes. Durch das Dopplerstethoskop vernahm ich ein Geräusch, das sich wie der Gesang eines Wals anhörte. Es schien unmöglich, daß das Geräusch von etwas anderem als dem Baby herrührte. Ich reichte das Stethoskop einer anderen Geburtshelferin, die mich fragend anblickte, als sie das Lied vernahm. Wieder lauschte ich und hörte es erneut. Es klang so seltsam, daß ich ihm keine Beachtung schenkte.

Nachdem das Baby geboren war, wollten die anwesenden Frauen ihm ein Lied vorsingen, um es willkommen zu heißen. So sangen wir in einem wunderschönen, sonnendurchfluteten Zimmer für das Kind. Am Ende des Liedes sah es glückselig aus. Es antwortete, indem es das Lied sang, das ich durch das Stethoskop im Uterus vernommen hatte. Es war sein kleines Wallied, lieblicher als das eines Wals, mehr wie menschliches Wal-singen. Das Lied war beeindruckend, faszinierend und ließ sich unmöglich nachahmen.

Wenn Sie Ihr Lebenslied finden wollen, gehen Sie auf die gleiche Weise vor wie beim Heillied. Achten Sie darauf, daß seit Empfang Ihres Heillieds mehrere Tage vergangen sind. In Kursen brauchen ungefähr fünfundzwanzig Prozent der Teilnehmer meinen Beistand, um zu ihrem Lebenslied zu finden. Wenn Sie also allein arbeiten, sollten Sie sich darauf einrichten, es mehrfach versuchen zu müssen, bevor sie es aufgeben. Einer meiner Dolmetscher mußte ein halbes Jahr warten, bis er sein Lebenslied empfing. Alle paar Wochen versuchte er es aufs neue, bis er schließlich Erfolg hatte.

Wenn Sie bei der Suche nach dem Lebenslied unsicher sein sollten, warten Sie, bis es draußen fast dunkel geworden ist. Entfachen Sie ein Feuer in Ihrem Kamin oder auf einem Lagerplatz, wenn Sie allein sind. Blicken Sie während des Trommelns ins Feuer. Die Kraft des Feuers und Ihre eigene Kraft sind miteinander verwandt; indem Sie mit beiden gleichzeitig arbeiten, wird dies Ihr Lebenslied für Sie hervorbringen. Tanzen Sie um das Feuer und singen Sie Ihr Lebenslied, wenn Sie es erhalten haben.

Wenn Sie einen Geistführer haben, so können Sie diesen darum bitten, Ihnen dabei behilflich zu sein, Ihr Lebenslied zu erfahren. Sollten Sie Ihre Geisthelfer noch nicht kennen, so lesen Sie *Geisthelfer* von Laeh Maggie Garfield und Jack Grant (Goldmann Taschenbuch 11811) und lernen Sie sie kennen.

Haben Sie Ihr Lebenslied vernommen, so summen und singen Sie es sich selbst vor, wenn Sie ungestört sind. Dies geht besonders gut im Auto.

Das Lebenslied ist normalerweise eine einzige musikalische Strophe oder die Wiederholung komplizierter Tonvariationen. Es hat meist keinen Text. Das Lebenslied des Architekten Jack Martindale aus Seattle stellt so ziemlich in jeder Hinsicht eine Ausnahme dar: Anstelle von Klangsilben besitzt es einen sehr eindrucksvollen Text, der ihm kam, als er umherging, um sein Lebenslied klarer zu vernehmen.

Ein Lebenslied kann negative Energien beseitigen, die sich vielleicht an Sie geheftet haben. In Augenblicken der Gefahr beschert es Schutz und Sicherheit. Es lädt Schutzgegenstände auf und gewährt uns Macht und Energie, wenn wir ihrer bedürfen. Es ist der wichtigste Bestandteil jeder erfolgreichen Visionssuche.

Haben Sie sich mit Ihrem Lebenslied vertraut gemacht, wird es monatelang verschwinden, bis die Zeit gekommen ist, da Sie es wieder haben sollen. Ich meine immer, daß der Schöpfer auf diese Weise dafür Sorge trägt, daß das Lebenslied nicht mißbraucht wird.

Als ich mein eigenes Lebenslied erfuhr, erklang es ein halbes Jahr lang immer und immer wieder in meinem Inneren, bis ich endlich erkannte, was es war und welche Eigenschaften es besaß. Dann verschwand es bis kurz vor jenem Augenblick, da ein ganz außergewöhnliches Ereignis mein Leben auf Dauer veränderte.

Ich selbst und andere, mit denen ich mich über das Lebenslied unterhalten habe, haben die Erfahrung gemacht, daß es neue Lebensabschnitte ankündigt und uns die Kraft verleiht, auf unserem Lebensweg weiterzuschreiten.

Das Ehrenlied

Bei den Oglala Sioux gibt es eine andere Liedform, die die Kraft anzeigt, die ein Mensch besitzt. Der Text ist in Sioux-Sprache und hat eine symbolische, verständliche Bedeutung. Neugeborene erhalten das Lied während ihrer Namensgebungszeremonie durch die Stammesältesten, die manchmal mit dem Kind eng verwandt sind.

Das Lied wird bei Tänzen und geistlichen Ritualen, deren Hauptteilnehmer sie sind, gesungen. Ihr ganzes Leben lang werden Familienmitglieder und andere dieses Lied für sie singen, um ihre Genesung von Krankheit zu unterstützen. Stirbt der Mensch, so wird sein Ehrenlied zum letzten Mal gesungen, um ihn sanft in die geistige Welt zu führen.

Wann immer das Ehrenlied gesungen wird, verleiht es seinem Eigentümer Kraft und Führung. Die Oglala Sioux kennen kein Lebenslied, wie wir es in dem vorangehenden Abschnitt beschrieben haben.

Bei den Indianern der Nordwestküste Nordamerikas hat das Lebenslied die Funktion des Ehrenlieds. Die Familie und die Freunde seines Eigentümers kennen es. Er empfängt es während eines Fastens und einer Visionssuche. Sollte er dabei mehr als ein Lied empfangen, so fasten auch die Medizinleute, die ihn begleiten, und beten viele Tage lang, damit der Suchende unterscheiden kann, welches tatsächlich das Ehrenlied/Lebenslied ist.

Wenn Sie Ihr Ehrenlied nach Art der Nordwestindianer erfahren wollen, sollten Sie eine begrenzte Fastenzeit einlegen (maximal acht Tage) und täglich eineinhalb Liter reines Quellwasser oder Mineralwasser trinken. Beachten Sie dabei, daß Sie dies nicht einfach so nebenbei in Ihr Berufs- und Familienleben integrieren können. Sie sollten sich also für die Dauer Ihrer Suche ganz aus der Öffentlichkeit zurückziehen.

Da Sie keinen spirituellen Lehrer bei dieser Suche haben, brauchen Sie dafür Ihren eigenen Geistführer. Suchen Sie sich eine Stelle, die weitab vom Industrielärm liegt, außer Sichtweite der Einkaufszentren, Häuserblocks und der Zivilisation im allgemeinen. Fasten Sie einen ganzen Tag lang, bevor Sie sich dorthin begeben. Das Wetter sollte warm sein, und Sie müssen geeignete Kleidung mitnehmen. Der Körper kann beim Fasten sehr empfindlich werden und schon bei einem milden Regen frieren. Es ist immer schwieriger, sich wieder aufzuwärmen, wenn man erst einmal seine Körperwärme verloren hat. Richten Sie sich darauf ein, sechs Tage und Nächte im Freien zu verbringen. Wenn Ihr Lied bereits im frühen Stadium Ihrer Visionssuche zu Ihnen kommt, können Sie nach Hause zurückkehren, nachdem Sie es mehrmals gesungen und sich damit vertraut gemacht haben. Warten Sie nach dem Empfang ein paar Stunden ab, und singen Sie es erneut, um sicherzugehen, daß es sich Ihrem Gedächtnis eingeprägt hat. Wenn Ihr Lied bis zum Ende der fünften Nacht nicht zu Ihnen gekommen sein sollte, brechen Sie das Fasten ab; kehren Sie zurück, um sich auszuruhen und zu erholen. Nach Ablauf einiger Wochen können Sie erneut fasten und Ihre Visionssuche wieder aufnehmen. Beten Sie und seien Sie so demütig, wie Sie nur können.

All diese Lieder, das Heillied, das Lebenslied und das Ehrenlied, sollen mit voller Stimme gesungen werden, wann immer dies möglich ist. Ein Bestandteil des Heilens mit Klängen und Gesängen ist es, sich selbst von seinen Hemmungen zu befreien.

Das Signallied

Das Signallied ist ein Musikstück, das von anderen komponiert und gespielt wird. Am häufigsten handelt es sich dabei um eine Liedaufnahme, oder um Teile klassischer Musik, die in Konzerten oder im Radio zu hören waren. Beim ersten Mal, da Sie es vernehmen, erweckt es Ihre Aufmerksamkeit. Später ertappen Sie sich vielleicht dabei, wie Sie Teile davon vor sich hinsingen. Der Text enthält eine deutliche Botschaft für Sie. Wenn Sie dann den tatsächlich aufgenommenen Song anhören, fällt Ihnen möglicherweise auf, daß die Worte in Ihrem Geist sich nicht genau mit dem ursprünglichen Text decken. Häufig genug sind sie ihm nicht einmal ähnlich, und sie können sich im Laufe der Zeit auch ändern. Achten Sie auf diese Worte, so erfahren Sie, wovor Sie sich hüten oder was Sie in Ihrem Leben verwirklichen sollen. Das Signallied, welches Sie auf einer Reise vernehmen, mag nicht dasselbe sein wie jenes, das Sie beim Einkaufen hören. Eine Frau, eine meiner Lehrlinge, hört immer Ausschnitte aus Vivaldis *Vier Jahreszeiten*, wann immer ihr Leben eine entscheidende Wendung nimmt. Je nachdem, ob sie einen Ausschnitt aus dem *Winter*, dem *Frühling*, dem *Herbst* oder dem *Sommer* vernimmt, weiß sie auch, wann das Ereignis stattfinden wird. Eine andere Frau hört immer John Lennons *»Imagine«*, wenn sich für sie irgendeine gute Gelegenheit anbietet. Da dies ein sehr beliebter Song ist, bekommt sie ihn recht oft zu hören, entweder als Aufnahme oder live gesungen, wenn sie spazierengeht oder sich auf Partys vergnügt. Solche Ereignisse sind für sie noch bedeutender, als wenn sie den Song im Radio hört.

Ein junger Mann entdeckte seine Hellhörigkeit, als er Musikstücke vernahm, während er sich gleichzeitig mit anderen Menschen unterhielt. Die Stücke hatten einen Bezug zu den Vorhaben und Problemen, über die sie sprachen. Er orientierte seine Ratschläge oder Bemerkungen an dem, was sein inneres Ohr vernahm, und zwar mit guten Ergebnissen. Auch er besitzt ein Signallied, das ihn dazu auffordert, in einem bestimmten Augenblick ganz besonders wachsam zu sein. Es ist ein lebhafter, textloser Jazzausschnitt. Als er das erste Mal ein bestimmtes Gebäude betrat, hörte er, wie die Klänge im oberen Stockwerk ertönten, und erkannte ganz richtig, daß er mit dem Menschen, den er dort treffen sollte, eine für beide Seiten fruchtbare Beziehung eingehen würde. Er hatte recht.

Sie können mehr als ein Signallied besitzen. Schüler und

Klienten haben mir berichtet, daß sie ein Lied für eine ganz bestimmte Erfahrungsform haben, und noch ein anderes, das eine Vielzahl von Situationen abdeckt. Sie haben auch von Zeit zu Zeit neue Signallieder erhalten. Das Signallied kann ein Lieblingslied aus der Kindheit sein, das vom inneren Selbst gespielt wird, wenn wir Hilfe brauchen. Es kann auch etwas sein, das wir bei der Arbeit vor uns hinpfeifen oder -singen, ohne darüber nachzudenken. Als ein treuer Klient aus Idaho starb und seine Familie mich darum bat, Kontakt zu ihm im Jenseits aufzunehmen, stimmte ich mich ein und hörte folgende Zeilen: *»We never stagger we never fall, we sober up on Uncle Ed's call. Everybody loves us here so come on all let's give a cheer . . .«* Als ich seine Tochter anrief, um ihr die Botschaften zu übermitteln, die er mir mitgeteilt hatte, erwähnte ich beiläufig dieses Lied. Plötzlich war am anderen Ende der Leitung nur noch Schweigen, während sie ihre Tränen zurückhielt. Dann sagte sie: »Sie haben meinen Vater tatsächlich erreicht. Das hat er nämlich immer gesungen und gesummt.«

Jeder Mensch kann ein Signallied haben, ohne sich über dessen Bedeutung klar zu sein. Wenn Sie merken, wie Ihnen im Kopf immer und immer wieder dasselbe Lied umgeht, achten Sie darauf. Möglicherweise handelt es sich dabei um Ihr vorübergehendes oder auch permanentes Signallied.

5

SCHWINGENDE KLÄNGE

Toning und Obertöne

In diesem Kapitel geht es um meine Erfahrungen mit *Toning* und *Obertönen,* zwei esoterischen Heiltechniken, die auf den Schwingungen von Klängen beruhen. Nutzen Sie ruhig beide Methoden, um damit Ihr Leben zu bereichern. Da beide nach sehr viel Übung verlangen, sollten Sie das Toning und den Obertongesang häufig praktizieren. Damit laden Sie sich selbst und jeden, den Sie heilen, energetisch auf. Diese Praktiken sind uralt und wurden in der einen oder anderen Form in das Liedergut aller Weltreligionen aufgenommen.

Der Gebetsruf, der in islamischen Ländern fünfmal am Tag erklingt, ist eine Form des Chantens verbunden mit Toning. Indianer und andere naturnahe Medizinleute verwenden diese Techniken beim Singen.

Das Toning, das unter verschiedensten Bezeichnungen bekannt ist, wird auch »esoterischer Klang« genannt. Im Sanskrit bezeichnet man die Lehre von den mystischen Klängen und Lauten als *Svara.* Toning wird auf verschiedenste Weise praktiziert.

Die Methode, die ich hier wiedergebe und die ich auch meine Schüler lehre, wurde mir vom Universum übergeben. Meine Lehrerin Essie Parrish schickte mich aus, die Technik zu suchen, und als ich sie erst einmal empfangen hatte, wurde sie zu einem zentralen Bestandteil jeder meiner Heilungssitzungen. Es waren viele Monate der Meditation, der Diskussion, der Gebete an den Schöpfer und der Nachforschungen erforderlich, um diese mystischen, geheimen Klänge zu entdecken.

Jede Methode besitzt ihre eigene Kraft. Das *Dawenen* ist ein üblicher jüdischer Brauch, bei dem die Gläubigen sich erheben und ihre Gebete singen, während sie sich vor- und zurückwiegen. Von der damit verbundenen Klangqualität her ist es dem Obertonsingen sehr ähnlich. Es ist eine sehr bewegende Erfahrung, dies mitanzuhören, vor allem in einem Raum, der voller aufmerksamer Gläubiger ist, die alle zusammen singen. Die meisten religiösen Bauten haben eine Akustik, die die Obertöne fördert und verstärkt, welche von der Gemeinde oder den Seminaristen gesungen und gespielt werden. Inspiriertes Singen durchflutet die Menschen mit Kraft, weil es ihre Einheit untereinander und mit dem Schöpfer betont.

Das Toning

Das Toning ist ein Heilsystem, bei dem mit Hilfe von Vokalen die Schwingung sämtlicher Körpermoleküle und -zellen verändert wird. Diese Töne sind leicht zu lernen und extrem wirkungsvoll. Sie erfüllen die Atmosphäre und hallen noch lange nachdem der Sänger aufgehört hat, nach. Die Menschen verstummen innerlich und sind oft unfähig zu sprechen, nachdem sie mit Toning behandelt wurden. Kehren sie aus der milden Trance zurück, in die die Töne sie versetzt haben, sind sie ruhig, friedlich und innerlich wie äußerlich ausgeglichen. Sie berichten, daß die Töne sie erregen, emotionale Traumata freisetzen, körperliche Beschwerden beheben und zugleich geistiges Einssein wie spirituelle Liebe wecken.

Für jene von uns, die nicht mit der Macht der Töne vertraut sind, welche die menschliche Kehle hervorbringen kann, mag es scheinen, dies sei doch recht viel, was ein Mensch einem anderen bescheren kann. Und doch gehen Opernliebhaber nicht so sehr in Konzerte ihrer Lieblingssänger, weil sie ihren Gesamtvortrag hören wollen, sondern vor allem wegen der besonderen Töne, die sie bei schwierigen Arien bekanntermaßen hervorbringen. Opernfreunde warten auf die hohe Tonlage der dramatischen Sopranistin, die, ohne es zu wissen, im verzückten Zuhörer eine heilende Saite anschlägt. So wird dieser durch die Abendvorführung mit neuer Kraft belebt.

Wenn Sie das Toning benutzen, sollten Sie dabei stets im Auge behalten, daß die Töne, die Sie hervorbringen, für den ganzen Menschen gedacht sind und nicht, um seine gegenwärtigen gesundheitlichen Beschwerden zu beheben. Krankheiten werden nicht von einem speziellen Ton beseitigt, den man zu ihrer Heilung aktiviert. Ein Krebsgeschwür wird vielmehr deshalb kleiner und verschwindet, weil der Betroffene sein harmonisches Gleichgewicht wiederfindet. Wenn dies geschieht, kann die Lebenskraft die Gesundheit wiederherstellen.

Oft sind die Krankheiten, unter denen Menschen leiden, durch chronischen Streß verursacht. In unserem Leben sind wir von gewaltigen Lärmfluten umgeben, die zu bewältigen unsere körperliche und geistige Kraft übersteigt. Menschen und andere Tiere reagieren auf laute Geräusche mit einer Hormonausschüttung des Körpers. Die Hormone helfen uns dabei, unser Fluchttempo zu steigern oder unsere Körpergeräusche und -funktionen ruhigzustellen, bis die Gefahr vorüber ist. In unserer Gesellschaft zerstören Krankenwagen, Flugzeuge, Automobile, Staubsauger und industrielle Maschinen unsere innere Harmonie durch ihre Dissonanzen. In überfüllten Büros oder Schulen hat unser Körper keine Möglichkeit zu fliehen, was von unserer Gesellschaft auch nicht als angemessene Reaktion auf abrupte, dissonante Geräusche betrachtet würde. Um die aufgestaute Energie wieder abzubauen, bleibt uns nichts anderes übrig, als zu einem späteren Zeitpunkt Sport zu treiben sowie das Toning durchzuführen.

Wenn Sie für einen anderen Menschen das Toning einsetzen, sollten Sie Ihre Energie mit der seinen in Einklang bringen. Die einfachste Art, dies zu tun, besteht darin, sich den Betreffenden entweder vor dem geistigen Auge vorzustellen oder zu Anfang seinen Namen auszusprechen. Wenn Sie die Person nicht kennen, so denken Sie an das, was sie ist: »Martins Großmutter« genügt völlig, um sich energetisch einzustimmen, denn die Urquelle weiß schon, wen Sie damit meinen. In der Regel werden Sie mit einer Serie von sieben bis zehn Tönen die

Zielperson wieder mit Energie aufladen können. Obwohl die Zahl der eingesetzten Töne fast immer zwischen drei und fünfundzwanzig schwankt, werden Sie es spüren, wenn mehr benötigt wird und fortfahren, weil Sie das Gefühl haben, die Heilung sei noch unvollständig. Enden Sie mit dem allerhöchsten Ton, den Sie erreichen können, ohne dabei jedoch Ihre gegenwärtige Stimmkapazität zu überschreiten. Diese Form des Heilens ist ein intuitiver Prozeß. So kann jemand mit einer Altstimme plötzlich Sopran singen, während eine Baßstimme sich oft in einen Tenor verwandelt. Dieser Heilprozeß überschreitet unsere normalen körperlichen Grenzen.

Wenn die Klänge falsch tönen, weist dies darauf hin, daß die Person, für die Sie arbeiten, in dem jeweiligen Chakra ein extremes Ungleichgewicht hat. Je weiter die Heilung voranschreitet, um so zentrierter und harmonischer wird auch der Ton. Dann öffnen sich der Zielperson auch Bereiche ihres Bewußtseins, die zuvor blockiert waren. Oft sagt sie dann erneut Ja zum Leben und erkennt ihren Anteil am Weltenwerk als Geschenk anstatt als Bürde.

Lassen Sie es zu, daß die Heilungsenergie Sie leitet, damit Sie zum Kanal der Heilung werden. Denken stört den Fluß; Sie müssen jenen Teil Ihres Geistes einsetzen, der ohne Worte spürt und wahrnimmt. Ihr Intellekt weiß vielleicht, daß der IIII-Ton, in der richtigen Tonlage, einen eingeklemmten Ischiasnerv wieder befreien kann, so daß er seine normale Stellung wieder einnimmt. Dann gehen Sie voller Zuversicht ans Werk und aktivieren diesen Ton in der festen Überzeugung, daß es funktionieren wird. Doch Sie werden überrascht sein, wenn es nicht geht und Sie diesen Ton nicht einmal richtig hervorbringen können. Lassen Sie den Ton spontan aus Ihrem Inneren hervortreten. Erst dann sind Sie ein echter Kanal. Nicht *Sie* bestimmen es, es bestimmt *Sie!* Sollten Sie unfähig sein, die erforderliche Höhe zu erreichen, so gehen Sie ein oder zwei Oktaven tiefer und reinigen Sie erst die niederen Energien, bevor Sie versuchen, ein harmonisches Gleichgewicht wiederherzustellen. Geben Sie nur jenen Ton von sich, der natürlich kommt, und forcieren Sie Ihre Stimme unter keinen Umständen. Achten Sie nicht auf die

Tonlage: Ihre innere Führung wird Ihnen die richtige Tonlage eingeben und diese während der Heilung so oft verändern, wie es nötig ist. Die Töne werden sich ändern, während Sie sie singen. Hören Sie sorgfältig zu, denn dies ist sehr wichtig, um mit dem Heilungsprozeß in Kontakt zu bleiben.

Wenn Sie mit dem Toning begonnen haben, brauchen Sie bei einer Fernheilung zwischen verschiedenen Klienten keine Pausen mehr zu machen. Sie können sich eine Person nach der anderen vorstellen, während Sie sie einzeln heilen. So wird aus dem Toning ein eher universaler Klang, der die tiefsten Bedürfnisse eines jeden Individuums widerspiegelt. Alle Menschen wollen geliebt und akzeptiert werden. Die Töne, die Sie hervorbringen, werden dazu dienen, jede Person, die Sie heilen wollen, neu zu beleben und zu harmonisieren. Wenn Sie eine Heilsitzung in Gegenwart des Patienten durchführen, konzentrieren Sie sich ausschließlich auf ihn und geben Sie ihm Ihr Bestes.

In der Psychotherapie ist es ziemlich schwierig, für jemanden zu singen. Ein Eheberater oder Familientherapeut wird seinen Klienten sehr vorsichtig an diese Praktik heranführen und genau erklären müssen, was er darüber weiß, wobei er das Ganze noch mit klar verständlichen Beispielen untermauern muß. Arbeiten Sie dagegen mit irgendeiner Form der Berührungstherapie, bei der Sie jemandem die Hände auflegen, können Sie einfach sagen: »Ich werde jetzt ein paar Töne machen, um Ihre Heilung zu unterstützen.« Das ist eine sehr sanfte Methode, um den Klienten vorzubereiten. Alle Töne, die Sie nun hervorbringen, werden ihn entspannen und beruhigen. Oft genügt schon eine einzige Heilsitzung mit dem Patienten, um eine Katastrophe abzuwenden und den Normalzustand wiederherzustellen.

Heilungsanekdoten

Im Herz Jesu Krankenhaus, das nur zwei Häuserblocks von meinem früheren Büro entfernt liegt, hatten die Krankenschwestern sich an meine Arbeit gewöhnt. Gelegentlich pflegte die eine oder andere mich anzurufen, um mich zwischen dem letzten Besucher und dem letzten Rundgang des Arztes noch einzuschleusen. So auch in diesem Fall: Eine junge Mutter, die wegen mysteriöser Blutungen im vergangenen Monat mehrfach operiert worden war, lag dort stationär. Es ging ihr nicht besser, und sie stand kurz vor einer weiteren Operation, mit der die Blutung aufgehalten werden sollte. Die Krankenschwestern, die meistens die Symptome eines Patienten sehr genau beobachten, hegten den Verdacht, daß Rattengift die Ursache der Erkrankung sei.

Nach der offiziellen Besuchszeit suchte ich die Frau in ihrem Zimmer auf. Die Station war ganz durcheinander, denn die Ärzte befanden sich im Gebäude, und die Krankenschwestern durften mich dort nicht einlassen, ohne ihre Stellung zu riskieren. Daher mußte ich sehr schnell arbeiten. Ich begann zunächst mit einer Saugheilung[8], um den Körper von dem Gift zu befreien, und führte dann ungefähr fünf Minuten lang Toning durch. Zwei Tage später wurde die inzwischen genesene Frau aus dem Krankenhaus entlassen.

Ein Kleinkind, ein Mädchen, war aus dem Auto seiner Großmutter gestürzt, da dieses an den hinteren Türen keine Kindersicherung besaß. Ein Lastwagen wollte gerade in dem Moment überholen, als das Automobil nach dem Sturz des zweijährigen Mädchens sofort abbremste, und überfuhr den Kopf des Kindes. Kurz darauf riefen Freundinnen der Großmutter an und baten mich, das Kind zu heilen, doch war ein Krankenbesuch nur den Familienangehörigen gestattet. An diesem Tag gab ich Unterricht zum Thema heilende Klänge. Während des Abschnitts über das Toning ließ ich die ganze Klasse für das Kind »Tonen«. Danach führte ich noch zahlreiche Toningsitzungen für das Mädchen durch, ebenso wie andere Menschen aus der Nachbarschaft. Drei Wochen später war ihr Kopf wieder in normalem Zustand. Ihr Arzt, ein hervorragender plastischer Chirurg, hatte zwar gewußt, daß seine Arbeit irgendwie unterstützt wurde, war

[8] Eine Form der schamanischen Heilung, bei der das Gift im Körper des Patienten mit oder ohne Mundberührung herausgesaugt wird. Danach speit der Heiler die Krankheit aus.

dennoch überrascht von ihrer schnellen Genesung. Er erklärte, daß bei Kindern, die noch im Wachstum sind, die Schädelknochen nach schweren Kopfverletzungen meistens nicht mehr wachsen, so daß das Mädchen höchstwahrscheinlich später weitere Operationen benötigen würde. Inzwischen sind jedoch fünf Jahre vergangen, und es waren keine Operationen erforderlich.

Fragen und Antworten

Ein Schüler fragte mich einmal, ob ich irgendwelche Fälle kenne, in denen das Toning etwas schier Unmögliches erreicht habe. In der Tat kenne ich einen Fall, wo eine langjährig an allen vier Gliedmaßen Gelähmte durch Toning und Kristallheilung den Gebrauch eines Armes und einer Hand teilweise zurückerlangte. Menschen mit schweren Verletzungen leiden zudem noch unter einem zweiten Problem, daß nämlich fast alle um sie herum felsenfest daran glauben, daß alternative Heilmethoden nicht wirken können. Wie sollten sie auch, wenn sogar die Schulmedizin nichts mehr tun kann? Oft halten solche Menschen ihre Lage für hoffnungslos, was dazu führt, daß nicht nur ihr Körper, sondern auch ihre Seele der Heilung bedarf. Um ihnen helfen zu können, muß der Heiler daher auch geistige Barrieren überwinden.

Sie können noch etwas anderes für jemanden tun, der gesundheitlich schwer beeinträchtigt wurde, sei es durch Lähmung oder durch einen Herzinfarkt. Nehmen Sie ein mindestens zwanzigminütiges Tonband auf, in dem Sie dem Menschen mitteilen, daß er Fortschritte macht und die verletzten Teile seines Körpers wieder gebrauchen kann.

Lassen Sie den Betroffenen das Band kurz vor dem Einschlafen abspielen, wobei es auch gestattet ist, daß er beim Zuhören einschläft.

Wenn die Heilung einsetzt, überarbeiten Sie das Band, indem Sie die Suggestionen immer näher an das normale Funktionieren des Organismus heranführen. Es kann zwar mehrere Monate oder sogar Jahre dauern, bis der Patient wieder hergestellt ist, doch wenn es um die volle Beweglichkeit oder die totale Funktionsfähigkeit geht, bedarf es eben der Beharrlichkeit.

Frage: Was soll man tun, wenn ein Freund operiert wird?
Antwort: Stellen Sie zur Stunde der Operation telepathisch Kontakt mit Ihrem Freund her. Als erstes sollten Sie einige Erdungstöne für das Operationsteam einsetzen, damit alle während der Operation konzentriert und hochkompetent sind. Nun richten Sie Ihre Aufmerksamkeit wieder auf Ihren Freund und machen einige Töne, die in Resonanz zu ihm schwingen. Tun Sie dies erstmals unmittelbar vor Beginn der Operation, dann noch einmal, wenn Sie glauben, daß die Ärzte die Hälfte der Operation bereits hinter sich gebracht haben, und schließlich danach noch ein weiteres Mal. Selbst in der Narkose werden die Gefühle des Patienten noch sehr aufgewühlt sein. Sie werden einen sechsten Sinn entwickeln, der Ihnen mitteilt, wieviel Toning es bedarf. Hat der Patient den Operationssaal erst einmal verlassen, ist es das beste, nach Möglichkeit jede Stunde ein paar Töne für ihn zu aktivieren. Denken Sie dabei daran, auch für das Krankenhauspersonal, das sich um Ihren Freund kümmern wird, Toning durchzuführen.

Frage: Was für ein Feedback bekommen Sie beim Toning?
Antwort: Das ist unterschiedlich. Häufig empfange ich ganz klare Bilder, die mir eine Geschichte erzählen. Je nachdem, wie erfolgreich der Rest der Heilsitzung verlaufen ist, halte ich dann vielleicht inne und frage den Betreffenden nach Einzelheiten über das, was ich sehe. Eine Klientin, eine frischgebackene junge Mutter, hatte seit dem siebten Monat ihrer Schwangerschaft unter einer ständigen Blaseninfektion gelitten. Sie stillte nun ihr zwei Monate altes Kind und wollte keine Antibiotika mehr einnehmen, die sie ohnehin nicht geheilt hatten. Ich suchte sie in ihrem Haus auf, das unisoliert und schlecht geheizt war. Wir sprachen darüber, daß ein gutes Zuhause ein wichtiger Heilungsfaktor ist. Nachdem ich ihr die Hände aufgelegt hatte, begann ich mit dem Toning. Ich schaute ein gelbes Haus neben

einem leeren Grundstück in einem älteren Teil der Stadt. Dieses Bild blieb von Ton zu Ton bestehen, so daß ich innehielt und sie nach dem Haus fragte. Darin hatten ihre Großeltern gelebt. Im Alter von acht Jahren hatte sie sich davor gefürchtet, sich in der oberen Etage aufzuhalten. Als ihr Großvater im Sterben lag, hatte sie sich geweigert hinaufzugehen, um sich von ihm zu verabschieden. Ihre ganze Familie war empört darüber gewesen, daß sie ihn vor dem Tod nicht mehr aufgesucht hatte. Es stellte sich heraus, daß diese Erinnerung die eigentliche geistige/emotionale Ursache ihrer Blaseninfektion war. Sie hatte nämlich vor, ihr Baby ihrer Familie vorzustellen, und fürchtete sich davor, daß diese sie erneut tadeln würde. Nachdem wir darüber gesprochen hatten, machte ich ein Toning, um ihre Furcht zu beseitigen.

Bei einer anderen dramatischen Heilung schickte man mir Pam Lynn Pegg, eine kinderlose Frau mit einem Gebärmutterkrebs, der die Bezeichnung *carcinoma in situ* CIN III trug. Nachdem ich etwa eine Stunde lang mit anderen Heilungsformen gearbeitet hatte, begann ich mit Toning. Schon nach wenigen Tönen sah ich sie als Säugling, der mit dem Kopf voran durch den ganzen Raum gegen eine Wand geschleudert wurde. Ich hörte sofort auf und erzählte ihr, was ich gesehen hatte. Sie konnte es kaum glauben. Da sie damals kein Jahr alt gewesen war, konnte sie sich an diesen Vorfall natürlich nicht mehr erinnern. Ich benannte ihren Vater als Urheber und als wahre Ursache ihres Krebses. Drei Monate später schrieb sie mir einen Brief, in dem sie mir mitteilte, daß ihre Mutter ihr bestätigt hatte, daß sie als Säugling gegen eine Wand geschleudert worden war, und daß diese wissen wollte, wie sie es je habe erfahren können. (Es war jedoch nicht ihr Vater gewesen; der hatte den Vorfall nur ausgelöst, indem er seine Frau schlug, die daraufhin während des Streits ihre Tochter gegen die Wand geschleudert hatte.)

Wir benötigten mehr als eine Sitzung. Über das Telefon hielten wir Fernkontakt und führten weitere Heilungssitzungen durch, wenn wir zusammenkommen konnten. Pam Lynn sammelte eine Reihe guter, sie unterstützender Freunde um sich, während sie weiterhin Yona Ash aufzusuchen pflegte, die acht Jahre lang bei mir in die Lehre gegangen war.

Nach fast zwei Jahren intensivster Arbeit an der Selbstheilung stellte sich endlich der Erfolg ein. Pam Lynn hat inzwischen negative CA-Tests und gilt jetzt als geheilt. Heute ist sie gesund und kann immer noch Kinder bekommen, wenn sie das wünscht.

Frage: Kann man Toning für sich selbst durchführen? Woher weiß man, wann man das tun soll?
Antwort: Natürlich wird man Toning für sich selbst durchführen, wenn man unter einer Erkrankung leidet, die man selbst in den Griff bekommen kann. Tun Sie dies aber auch für das Schwingungsfeld Ihres »Körper-Geist-Psyche-Organismus« oder welchen Begriff Sie auch immer für dieses ineinandergreifende System verwenden mögen. Manchmal befindet man sich in einem Ungleichgewicht und fühlt sich völlig benebelt, ohne daß jedoch tatsächlich eine Krankheit bestünde. Wenn z. B. am Vortag eine kreischende Autoalarmanlage neben einem losgegangen ist, kann dies die Hormonausschüttung beeinflussen. Unverarbeitete Geräusche werden in den Nebennieren gespeichert bis diese Belastung zu einer tatsächlichen Krankheit wie Nachtblindheit führt, oder zu einer Disfunktion des eigenen Immunsystems wie Arthritis, Allergien, Diabetes oder Krebs, welche durch das entsprechende emotionale Ungleichgewicht entstehen.

Eine ganze Reihe bemerkenswerter Experimente hat bewiesen, daß Toning viele Menschen sehr schnell heilen kann, ob sie davon wissen oder nicht.

Jeder einzelne Ton läßt sich am leichtesten dadurch erzeugen, wenn Sie den Mund genau so halten, wie es hier angegeben ist. Die empfohlenen Körperstellungen fördern die Tonqualität. Vokale lassen sich am längsten, oftmals bis zu fünfzehn Sekunden, halten. Konsonanten am Anfang oder am Ende eines Tons verstummen schnell, mit Ausnahme von M und N, die sich ausdehnen lassen. Um ein klangvolles MMMM oder auch ein NNNNN zu erzeugen, bleibt der Mund geschlossen und wird von innen durch die Zunge blockiert. Wenn Sie die Lippen schürzen, wird dies die Lautstärke erhöhen und mögliche Verspannungen in den Mundwinkeln auflösen.

Die alten Hindumystiker haben festgestellt, daß das MMMMM das Gehirn anregt und die Zirbeldrüse stimuliert, jene endokrine Drüse, die das dritte Auge (das sechste Chakra) steuert, wodurch die intuitiven Fähigkeiten erschlossen und ausgeweitet werden. Dieser Ton wird sowohl beim Sänger als auch bei der Person, für die er aktiviert wird, im Kopf vibrieren. Dann kann das Mittelohr besser funktionieren, was sowohl dem normalen Gehör als auch der Hellhörigkeit dient. Die Intuition ist ein wichtiger Teil unserer Gesamtfunktion. Da sie in den industrialisierten Gesellschaften noch immer weitgehend verpönt ist, sind die Menschen häufig von ihrem inneren Wissen und dem höheren Bewußtsein abgeschnitten, wodurch zwischen Körper, Geist und Seele nur eine unzureichende Kommunikation stattfindet.

Die Vokaltöne können einzeln gesungen werden: EEEEJ, IIIII, EIIII, OOOOO, UUUUU, AAAHHH, OEOEOE, ÆÆÆ; man kann sie aber auch miteinander kombinieren: OOEEEOO, JAAAA, EEEJAHH. Die Töne kommen so aus Ihnen heraus, wie es sein soll. Die Vokale entsprechen folgenden deutschen Wörtern: EEEEJ – entspricht dem ostpreußischen »ei« wie in »Mejster«; IIIII – entspricht »Lied«; E IIII entspricht »EI«; OOOOO – entspricht »so«; UUUUU – entspricht »Schuh«; AAAHHH – entspricht »da«; ÆÆÆ – entspricht »älter«; OEOEOE – entspricht »Löhne«. Jeder Ton steigt aus dem Bauch empor, wo die natürlichste Form des Atmens ihren Mittelpunkt hat (vgl. im Kapitel 12 den Abschnitt über das

Atmen). Von dort strömt er hinaus, und nimmt beiläufig an Volumen zu, während er durch die Kehle und zum Mund hinaus schwebt. Jeder Ton ist multidimensional und wird ohne jede Anstrengung hervorgebracht. Zu ihm gehören Ober- und Untertöne und Schwingungskräfte, die jedes Molekül und jede Faser im Körper in Bewegung versetzen, um auf diese Weise ein vollkommenes Gleichgewicht wiederherzustellen.

Stellen Sie sich beim Toning so auf, daß die Füße ungefähr fünfunddreißig Zentimeter auseinander stehen, die Knie locker und beugefähig. Verlagern Sie Ihr Gewicht von einem Bein aufs andere, und beugen Sie dabei jedesmal das Knie. Wenn Ihr Körper sich richtig in seiner Mitte befindet, werden Sie das Gefühl haben, über ihnen zu schweben. Stellen Sie sich vor, daß vom oberen Teil Ihres Schädels ein Band bis zum Himmel emporreicht, das Sie streckt und Ihren Kopf ohne Spannung hebt, während Ihr Hals darunter ruht. Lassen Sie das Becken vor- und zurückkreisen, und spüren Sie die Bewegung Ihres Rumpfs. Der ganze Körper muß sich aus dem zentrierten Bekken bewegen, damit der Ton in voll entwickelten Noten und Rhythmen heraustreten kann.

Wenn Sie Schwierigkeiten haben sollten, aufrecht zu stehen, legen Sie sich zuerst auf den Boden, die Füße aneinandergelegt, und heben Sie die Arme über den Kopf gegen die Wand gestreckt. Verbleiben Sie drei oder vier Minuten in dieser Position. Ergreifen Sie nun übers Kreuz die Schultern mit den Händen, als wollten Sie sich selbst umarmen. Gleichzeitig heben Sie den Oberkörper, lassen sich wieder zu Boden fallen, wechseln Arme und wiederholen das Ganze. So wird sich Ihr Rücken strecken, und Sie werden merken, wie sich die Spannungen lösen.

Stellen Sie sich wieder auf, den Kopf hoch erhoben, atmen Sie aus und legen Sie das rechte Ohr, so weit es geht, auf die Schulter, ohne diese zu heben. Tun Sie dasselbe auf der linken Seite. Halten Sie jede Stellung, während Sie ohne einzuatmen langsam bis acht zählen. Atmen Sie ein, dann wieder aus, und senken Sie dabei das Kinn auf die Brust. Zählen Sie wieder bis acht, bevor Sie den Kopf wieder aufrichten, dann atmen Sie erneut ein. Lassen Sie alle Luft entweichen, während Sie den

Kopf nach hinten neigen, bis Sie die Wand hinter sich erblicken. Heben Sie den Kopf wieder bis zur Mitte und atmen Sie tief ein. Wiederholen Sie jede Pose dreimal. Das Anhalten der Luft ist dabei eine sehr wichtige Übung. Eines der Ziele ist es nämlich, den Ton fünfzehn Sekunden lang ununterbrochen halten zu können.

Sie können den Kopf auch langsam zehnmal nach links und zehnmal nach rechts rollen, um die Kehle weiter zu lockern. Wer sich fit hält, ist beim Erzeugen gut wirkender Töne im Vorteil. Ein gelenkiger Körper ist ebenso wichtig wie ein konzentrierter und ruhiger Geist, wenn wir wirksam mit Tönen arbeiten wollen.

Beginnen Sie nun, ohne Anstrengung ein- und auszuatmen. Achten Sie auf Ihre Atemzüge. Folgen Sie ihnen und beobachten Sie, wohin die Luft im Körper fließt. Gibt es da irgendwelche Stellen, zu denen der Atem keinen Zugang hat? Dann atmen Sie gezielt dort hinein. Atmen Sie durch die Nase ein und öffnen Sie den Mund leicht, um die verbrauchte Luft wieder auszustoßen. Möglicherweise erzeugen Sie beim Ausatmen einen sanften Zischlaut. Das ist normal und durchaus förderlich.

Bereiten Sie sich auf das Toning vor, indem Sie in den Unterleib hineinatmen. Legen Sie die Hand darauf, wenn Ihnen das hilft, sich gute Atemgewohnheiten anzueignen und sich zu konzentrieren. Atmen Sie langsam aus; Sie spüren wie die Luft durch Ihren ganzen Oberkörper strömt, wie sie sanft die Stimmbänder passiert und aus dem Mund entweicht. Nach einigen Probeatmungen geben Sie nun einen Ton hinzu, bis Ihre ganze Stimme mitschwingt. Diese Töne sollten so deutlich sein, als wollten Sie einen Konzertsaal ausfüllen.

Der OOOOO-Ton ist relativ einfach, dazu brauchen Sie nur die Lippen zu schürzen und die Luft entweichen zu lassen. Der IIIII-Ton gehört zu denen, die sich am leichtesten über lange Zeit halten lassen. Um einen Resonanzmangel auszugleichen, können Sie die Arme heben und seitlich ausbreiten. Haben Sie schon einmal zugesehen, wie Opernstars mit ihren Armen gestikulieren? Das gehört nicht nur zum Theater, es dient auch dazu, bestimmte Noten hervorzubringen. Beim Toning wirken

Armbewegungen ausgleichend, besonders für nichtgeerdete Menschen. Heben Sie den Kopf, um die Lautstärke zu steigern, recken Sie dabei das Kinn ein winziges Stück vor. Mit demselben Trick können Sie auch einen Ton zurückholen, den Sie gerade verloren haben, sofern noch genug Atemluft vorhanden ist. Sollte Ihre Stimme brechen, so macht das nichts; fahren Sie einfach fort. Gehen Sie zum nächsten Ton über, und achten Sie auf Ihr Singmuster.

Während Sie intonieren, können Sie sich auch bewegen, wenn Ihnen danach ist oder wenn Sie durch Ihre innere Führung dazu angehalten werden. Lassen Sie die Bewegung aus einem natürlichen, intuitiven Gefühl hervorströmen. Das muß nichts Dramatisches oder Abruptes sein. Vergessen Sie nicht das Gewicht von einem Bein auf das andere zu verlagern, wobei Sie jedes Knie abwechselnd beugen. Solche Bewegungen führt man am besten langsam und auf der Stelle stehend aus wie beim Tai Chi. Übrigens zentriert Tai Chi Sie im Bauchbereich, wo diese Töne entstehen.

Stimmen Sie sich selbst entweder auf Ihre eigene Seelenebene (höheres Selbst) oder auf eine andere Person, die Sie heilen wollen, ein. Die Töne werden ganz natürlich und ungezwungen kommen. Halten Sie sie, solange Sie können. Bevor die Stimme schwankt und der Ton abgleitet, schließen Sie lieber den Mund und formen zum Abschluß ein M oder ein N oder einen beliebigen anderen Konsonanten. Atmen Sie wieder in den Bauch hinein, und wiederholen Sie den Vorgang mit jedem beliebigen Vokal oder Konsonanten, der aus Ihrem Inneren emporsteigt. Konsonanten können die Vokale einleiten oder abschließen. Möglicherweise hören Sie bereits, wie die Silben sich in Ihrem Geist bilden, bevor Sie schließlich aus Ihrem Mund hervorkommen. Lassen Sie strömen, was kommt. Ob es ein R oder ein H oder ein J sein mag, achten Sie eher auf seine Qualität und auf seinen Klangreichtum als darauf, was es Ihrer Meinung nach zu sein hat.

Eine ältere Stimme klingt nicht so wie eine jüngere. Beim Toning-Unterricht geschieht es immer wieder, daß Senioren mich schier umwerfen, indem sie nämlich Töne hervorbringen, die der Qualität eines Pavarotti in nichts nachstehen. Meistens verändert sich die Stimme irgendwann in den Sechzigern. Entsprechendes Üben hilft dabei, Stimmgeschmeidigkeit und -spektrum beizubehalten. Chormitglieder oder Menschen, die regelmäßig singen, haben noch bis Ende der Siebziger ihre volle Stimmgewalt, die der einer jungen Stimme nahekommt.

Obertöne

Obertöne sind resonante, multidimensionale Töne, die einer einzelnen Note entspringen. Der Singsang tibetanischer Mönche ist voller Obertöne. Katholische Mönche und Nonnen singen Gregorianische Choräle, eine wunderschöne, melodische, poetische Form des Gesangs, die Obertöne enthält, welche durch die Kapelle und durch die Gänge des Klosters hallen. Diese Lieder dienen dazu, die mentalen/emotionalen Ebenen zu reinigen, wodurch wir besseren Zugang zur Urquelle und zur eigenen Seele finden.

Schlagen wir zum Beispiel die c-Saite eines Cellos oder Klaviers an; der Klang, den wir hören, besteht aus einer ganzen Reihe von sogenannten Teiltönen. Die Gesamtheit der Teiltöne einer Note nennt man einen zusammengesetzten oder komplexen Ton. Der unterste Teilton ist der sogenannte Grundton. Er ist der lauteste Ton der ganzen Reihe, daher wird auch die Saite nach ihrem Grundton benannt. Alle anderen sind obere Teiltöne oder Obertöne.

Die physikalischen oder meßbaren Eigenschaften von Obertönen sind Frequenz, Intensität und Wellenform. Mit speziellen, hochentwickelten Apparaten können wir eine Note analysieren und klassifizieren und können die Eigenschaften ihrer Obertöne beschreiben. Die Frequenz oder Schwingungszahl der Klangwelle des Tons pro Sekunde wird in Hertz gemessen; je höher der Ton, um so größer seine Hertzzahl.

Die Intensität oder Lautstärke eines Tons mißt man an der Höhe oder Amplitude seiner Klangwelle; je lauter der Ton, um so größer seine Amplitude. Die Form einer Klangwelle gibt uns

Aufschluß über die Anzahl der Obertöne in jedem einzelnen Ton. Ein komplexer Ton mit sehr vielen Obertönen weist eine sehr vielseitige Struktur auf, während ein einzelner Ton eine regelmäßige Wellenform hat.

Die psychologischen oder ästhetischen Eigenschaften, die den physikalischen entsprechen, sind Höhe, Lautstärke und Qualität. Das Studium der Obertontheorie gibt uns die Möglichkeit, die Verbindung zwischen Quantität und Qualität zu begreifen.

Kehren wir noch einmal zu der c-Saite zurück: Wenn wir sie anschlagen, vernehmen wir eine Note, die einen bestimmten Grundton und eine unendliche Anzahl Obertöne enthält. Jedes Musikinstrument hat nun seine eigene Klangqualität, sein eigenes Obertonspektrum. Selbst wenn wir gut trainiert wären, könnten wir sie niemals alle vernehmen; denn die höheren Obertöne übersteigen unser Hörvermögen (16–16 000 Hertz). Ein großer Teil der Obertöne schwingt also »stumm« als unterbewußter Klang mit.

Der erste Oberton besitzt die doppelte Frequenz des Grundtons; der zweite Oberton die dreifache, der dritte Oberton die vierfache, und so weiter. Die Hertz-Reihenfolge der Obertöne ist bei jedem Grundton dieselbe. Um sich diese Relation besser vorstellen zu können, ist es hilfreich, sie mit den Tasten auf einem Klavier zu vergleichen. Jede Taste ergibt einen komplexen Ton, die Teiltöne dagegen einen einfachen oder Einzelton.

Das Verhältnis der Hertzzahlen zwischen diesen Teiltönen bezeichnen wir als Harmonik. Gemeinsam erzeugen sie einen harmonischen Klang. Abgesehen von den Grenzen unseres Hörvermögens ist auch unsere Fähigkeit beschränkt, Töne voneinander zu unterscheiden, so daß es uns unmöglich ist, die einzelnen Obertöne zu vernehmen. Obwohl das meßbare Hertz-Intervall von einem Teilton zum anderen gleichbleibt, wird das Tonhöhen-Intervall der Teiltöne, wie wir sie hören, immer kleiner, bis wir schließlich keinen Unterschied mehr ausmachen können.

Wir haben bereits erwähnt, daß ein komplexer Ton nach seinem Grundton benannt wird, weil dieser der lauteste Teilton der ganzen Reihe ist; je höher ein Teilton in der Reihe steht, um so mehr nimmt seine Intensität – seine Hörbarkeit innerhalb des komplexen Tons – ab.

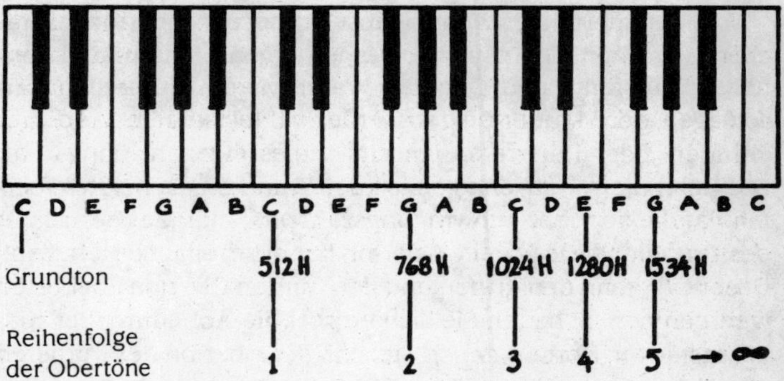

(– – – Oktave – – –)(– – – Oktave – – –)(– – – Oktave – – –)

C D E F G A H C D E F G A H C D E F G A H C

Die c-Saite:	C	C″	G″	C‴	E‴	G‴
Hertzrate:	256	512	768	1024	1280	1536
Teilton:		erster	zweiter	dritter	vierter	fünfter
Grundton:		erster	zweiter	dritter	vierter	fünfter

(– – – – – – Obertöne – – – – – –)

Ein Hauptakkord ist in der Musik ein Grundton zusammen mit seinen ersten fünf Obertönen, die als komplexe Töne gespielt werden. So würde man beispielsweise auf dem Klavier gleichzeitig das C, C", G", C'", E'" und das G'" spielen. Um diese verschiedenen komplexen Töne in einem solchen Akkord ausmachen zu können, bedarf es der Übung. Noch größerer Übung bedarf es, dieselben Obertöne im ersten C allein zu hören.

Um mit Obertönen singen zu können, müssen wir uns entspannen und unser Stimminstrument formen und üben, damit es zu einem willigen Werkzeug wird. Jeder natürliche Ton hat Obertöne, es geht also nur darum, im eigenen Leib den richtigen Klangkörper zu erschaffen, damit sie darin widerhallen können.

Von den physikalischen Eigenschaften der Obertöne sprachen wir schon. Die psychologischen Eigenschaften sind Tonhöhe, Lautstärke und Qualität. Wenn wir ein mittleres C anschlagen, den »Mutterton«, so werden wir feststellen, daß dieser »Kinder« oder Hertzraten jenseits seines eigenen Klangs hat. Die Note, die wir anschlagen, ist der Grundton. Der erste Oberton hat die doppelte Schwingungszahl pro Sekunde (Hertzzahl) des Grundtons. Der zweite Oberton hat die dreifache Hertzzahl. Unser Ohr kann den dritten und den fünften Oberton am besten wahrnehmen. Schauen Sie sich einmal die Abbildung der Klaviertasten an. Dort erkennen Sie, daß der Oberton des mittleren C in der dritten Klangstufe zum G mit 768 h wird, dann wieder zum C gefolgt vom E mit 1280 h. Man kann in den Obertönen also mehr als eine Note vernehmen.

Der grundlegende Unterschied zwischen Toning und der Arbeit mit Obertönen liegt darin, daß ersteres sich auf höhere Tonlagen richtet, letzteres dagegen auf tiefere. Obertöne sind harmonische Töne. Wenn von Harmonien die Rede ist, so ist damit gemeint, daß etwas dieselbe mathematische Relation wie die Obertöne aufweist. Der Zwischenraum zwischen den Blättern an einem Zweig, die Abstände in der Innenstruktur eines Kristalls, die Entfernungen zwischen unseren Körperorganen – alle fallen sie in den Bereich einer harmonischen Reihe. Dies gilt auch für Gebäude, die nach göttlichen Proportionen gebaut wurden. Paul Horn, der Flötist, wollte gerade zur Cheopspyramide in Ägypten aufbrechen, in der Hoffnung, in ihrem Inneren Tonaufnahmen machen zu können, als er einen Anruf erhielt. Der Anrufer teilte ihm mit, daß das Innere der Cheopspyramide die Note A minus 231 ergeben würde. Neugierig zu erfahren, woher sein Anrufer dies wisse, fragte er den Mann, ob er schon einmal im Inneren der Pyramide gespielt habe. »Nein«, erwiderte der Mathematiker, »das habe ich aus den Abmessungen errechnet.« Später entdeckte Paul Horn dann im Inneren der Pyramide, daß sein Anrufer völlig recht gehabt hatte.

Die folgenden Stimmübungen werden Ihnen dabei helfen, Obertöne richtig zu singen. Es gibt viele verschiedene Methoden, mit denen wir unseren emotionalen, physischen, spirituellen und mentalen Körper harmonisieren können. Gehen Sie jede dieser Übungen langsam an. Zu Beginn werden Sie möglicherweise nicht alle davon während einer einzigen Sitzung absolvieren können. Fangen Sie jedesmal von vorn an und wiederholen Sie alle unten aufgeführten Schritte, bis Sie die Obertöne gemeistert haben. Wenn Sie soweit sind, können Sie auch einzelne Übungen oder Kombinationen von Techniken herausgreifen, und sie anwenden. Besitzen Sie das Tonband, das zu diesem Buch gehört, können Sie damit üben; anderenfalls müssen Sie die Töne eben so improvisieren, wie Sie es sich nach der Beschreibung vorstellen.

1) Zu Anfang legen Sie sich auf den Rücken und entspannen sich. Achten Sie auf Ihren Atem, gestatten Sie ihm, sanft ein- und auszuströmen. Tun Sie dies drei bis fünf Minuten lang.
2) Legen Sie die Hände auf den Bauch und atmen Sie tief ein, pressen Sie dann die Luft zwischen den Zähnen hervor. Drei bis fünf Minuten werden genügen, um die normalen Alltagsspannungen abzubauen. Dann setzen Sie sich auf und spüren die Ruhe im ganzen Körper und Geist.
3) Mit der tiefsten, dunkelsten Stimme, zu der Sie fähig sind, ohne sich dabei zu verkrampfen, singen Sie folgende Vokale hintereinander: U-O-E-I-EI. Achten Sie weiter darauf, daß Ihr Atem rhythmisch und natürlich bleibt. Stellen Sie fest, in welchem Körperbereich die Vokale widerhallen. Atmen und singen Sie ohne Anstrengung, so daß Atem und Stimme verschmelzen.
4) Als nächstes vergewissern Sie sich, daß die Töne, wie schon im Toning, aus dem Bauch emporsteigen. Verbinden Sie die Vokale miteinander leicht und fließend ohne dazwischen innezuhalten oder einzuatmen. Beginnen Sie mit dem U, indem Sie den Mund klein und rund machen. Wenn Sie dann

zum O übergehen, lassen Sie den Mund rund und machen aus den Lippen ein Oval. Bei gleichgroßer Mundöffnung weiten Sie die Lippen für den Vokal E, bis Länge und Breite fast gleich groß sind. Das I verlangt nach einem Halblächeln und leicht gebogener Zunge, die hinter der unteren Zahnreihe liegt. Wenn Sie zum EI übergehen, wird Ihr Mund breit und öffnet sich ganz. Nachdem Sie eine Sequenz beendet haben, kehren Sie wieder zum Anfang zurück und singen das Mantra erneut in der gleichen Reihenfolge. Üben Sie dies solange, bis Sie die Sequenz durchführen können ohne darüber nachzudenken.

5) Je größere Fortschritte Sie machen, um so fester werden Ihre Lippen; Ihr Zwerchfell festigt sich ebenfalls, um wahre Obertöne hervorzubringen. Dann breitet sich die Stimme im Kopf aus und schwingt darin beim Singen. Die Nasenflügel fühlen sich an, wie wenn sie zusammengepreßt werden müßten. Während Sie ihn summen, entwickelt der Ton eine nasale Qualität. Die Zunge wird zurückgerollt und bewegt sich minimal vor und zurück. Die Lippen machen Miniaturbewegungen, um die U-O-E-I-EI-Töne zu formen. Fahren Sie mit diesen Tönen fort, bis es Ihnen ohne jede Anstrengung gelingt, beim Singen gleichzeitig straff und doch locker zu bleiben. Dies nennt man die Trommeltechnik. Wenn Sie den Rhythmen singender tibetischer Mönche lauschen, werden Sie oft dieselbe Kakophonie und ein ozeanisches Murmeln vernehmen, das alles durchzieht, ganz so, wie wenn ein Raum voller Leute U-O-E-I-EI singt.

6) Beim Glockenrhythmus muß der Mund ziemlich weit geöffnet sein. Öffnen und schließen Sie die Stimmritze, jene Minizunge im hinteren Teil der Kehle, und wiederholen Sie dabei unentwegt die Töne GING-GANG-GONG. Am deutlichsten werden Sie die Obertöne in Ihrem eigenen Inneren hören. Die Gregorianischen Choräle, die früher in christlichen Klöstern täglich intoniert wurden, kommen der Dynamik dieses Obertons am nächsten.

7) Nun folgt der Lippenrhythmus. Dabei wird ein stimmhaftes MMMMM bei geschlossenem Mund vorn zwischen den Zäh-

nen geformt. Versuchen Sie es auch ein paarmal mit gespitzten Lippen. Nun öffnen Sie die Lippen leicht für die Töne: MIM-MEM-MAM-MIM-MEM-MAM-MIM-MEM-MAM. Bringen Sie diese Töne hervor, indem Sie die Zunge ein winziges Stück vor und zurück bewegen um den Rhythmus zu gestalten. Mit diesem Ton stellen Sie Ihre Fähigkeit wieder her, sowohl niedere als auch höhere Frequenzen gleichzeitig zu hören.

8) Zum Schluß legen Sie sich wieder auf den Rücken und entspannen sich. Atmen Sie ein und aus, wobei Sie jedesmal die ganze Luft ausstoßen, bis Sie innerlich völlig leer sind, bevor Sie erneut einatmen. Ruhen Sie sich aus.

Es gibt auf dem Markt zahlreiche Bandaufnahmen von hoher Qualität, die die Obertöne sehr genau wiedergeben. Es ist sehr entspannend, diesen Bändern zu lauschen. Sie können auch versuchen, im Duett mit dem Tonband zu singen.

Einige empfehlenswerte Musikkassetten:
Stephanie Wolff: Obertöne; Michael Vetter: Missa Universalis, Tambura Préludes, Overtones.

6

HEILIGE KLÄNGE

Das Chanten

Das Chanten ist eine vokalisierte Meditation, bei der die gesamte Aufmerksamkeit auf den Augenblick konzentriert wird. Da man beim Chanten voll in der Gegenwart sein muß, wird man vom Denken dabei nur abgelenkt und gründlich verwirrt. Der Geist wird automatisch dazu gezwungen, sich auf die Töne zu richten, die wir erzeugen.

Das Chanten nützt die Prinzipien des Obertonsingens, des Tonings und der Wiederholung, um im Menschen mentale, emotionale und spirituelle Qualitäten zu verändern. Mantras und Chanten werden verwendet, um heilsame Faktoren zu aktivieren; auch die Einheit mit dem Schöpfer soll dadurch gestärkt werden. Zudem dienen sie anderen, ebenso wichtigen Zwecken wie der Aufrechterhaltung der Empfänglichkeit und des inneren Gleichgewichts, die beide für das spirituelle Vorankommen erforderlich sind. Alle Religionen und Sekten bedienen sich weltweit der Mantras und des Chantes.

Das Chanten wird in Klöstern praktiziert, vor allem dort, wo ansonsten Schweigen und Abstinenz vorgeschrieben sind, damit die Lebenskraft der Mönche und Nonnen nicht durch Mangel an Stimmübung erlahmt. Das Singen ist verwandt mit dem sexuellen, künstlerischen/kreativen Ausdruck im Leben. Wenn wir völlig zölibatär leben, kann es geschehen, daß wir diese Energien nicht hinreichend freisetzen können, was die Gesundheit schädigt, es sei denn, wir singen. *Si non copulatus, cantito.*

Weltlich orientierte Menschen chanten, um damit psychologische und physische Energien freizusetzen, die an vom fünften Chakra beherrschten Stellen stagnieren, und um sich selbst mehr Spontaneität zu gewähren. Der Lohn des Chantens sind besseres Gehör, bessere Sehschärfe sowie Geruchs- und Geschmackssinn und umsichtigeres Reden. Das Chanten kann unsere gesamten Chakras reinigen und klären und somit eine entspannte Atmosphäre schaffen, Unruhe lindern und Ängste beseitigen, negative Schwingungen neutralisieren und geistige Klarheit und inneren Frieden bringen. Es kann uns auch den Weltfrieden bescheren.

Dutzende indianischer Medizinleute chanten täglich, es sei denn, sie sind schwer erkrankt. Viele Indianer beginnen jeden Tag mit einem Mantra, mit dem sie dem Schöpfer für den neuen Tag danken, der ihnen geschenkt wurde. Als der Tibeter Rinpoche Shakdud Tulku sehr krank war, begab sich ein junger Mönch in die Tibetische Bibliothek, um mit Hilfe der dort vorhandenen besonderen Bücher zu chanten. Diese täglich rezitierten Gesänge heilten den weltreisenden Lehrer und Arzt. Das Chanten dient auch dazu, das fünfte Chakra der Gläubigen, die das Mantra täglich intonieren, zu öffnen. Die dabei verwendeten Klänge sind Keimlaute genau wie beim Obertonsingen und beim Toning. Sie werden zu Wörtern geformt, denen die Übersetzer die verschiedensten, nicht miteinander übereinstimmenden Bedeutungen geben. Doch der größte Teil der einzelnen Wörter sind Namen des Schöpfers. Die Mantras haben noch immer ihre Macht, und einige von ihnen werden mit guten Ergebnissen für besondere Zwecke eingesetzt.

Chanten, um die Chakras zu reinigen

Ein sehr wirkungsvoller Gesang, der für jedes Chakra ein eigenes Wort verwendet, wurde vor Tausenden von Jahren von Mystikern entdeckt, die damals in Höhlen hausten. Sie experimentierten mit verschiedenen Tönen und erfuhren im Laufe jahrelanger Meditation, daß diese die richtigen waren. Das Wort für jedes Chakra wird neunmal gesungen, wobei der Ton solange gehalten wird, wie die Atemluft es zuläßt. Atmen Sie tief ein und füllen Sie Bauch, Brustkorb, Schultern und Schlüsselbein mit Luft. Die Silbe singen Sie, indem Sie den Vokal solange halten, wie Sie können, um dann zum Schluß – mit Ausnahme des Tons AH – mit einem gesummten MMMMM zu enden. Stoßen Sie beim Singen die Luft zunächst aus Schulter- und Schlüsselbeinbereich hervor, dann aus dem Brustkorb und zum Schluß aus dem Unterleib. Wenn Sie dabei in einer harmonischen Stellung sitzen, werden Sie den Klang länger halten können, weil er dann nämlich aus dem Hara (Chi)-Zentrum im Beckenbereich emporsteigt. Am besten strömen die Energien im Schneidersitz, im Lotossitz des Yoga, mit fest auf den Boden gestellten Füßen auf einem bequemen Stuhl sitzend, im Stil des Zazen auf einem Sitzkissen mit vorne gekreuzten Beinen, oder aufrecht stehend, wobei die Füße schulterbreit auseinandergestellt sind. Wenn Sie auf eine Weise sitzen, bei der die Energie blockiert wird, werden Sie keinen resonanten Ton hervorbringen. Die soeben erwähnten Körperstellungen werden für jedes Chanten und jedes Mantra empfohlen.

Sie brauchen sich nicht darauf zu konzentrieren, daß die Töne in den jeweiligen Chakras aktiviert werden, denn dieser Prozeß läuft automatisch ab. Die Töne selbst reinigen die Chakras; Sie brauchen nur Ihre Gefühle zu beobachten, Ihre inneren Bilder und etwaige, durch Hellhörigkeit empfangene Botschaften, die ganz spontan entstehen.

LAM	1. Chakra
WOM (offenes O)	2. Chakra
RAM	3. Chakra
HUM/IJAM	4. Chakra
AH/HUM	5. Chakra
OM (geschlosses O)	6. Chakra
STILLE	7. Chakra

1. Chakra *(leichtes Vibrato)*

2. Chakra

3. Chakra

4. Chakra

5. Chakra

6. Chakra

7. Chakra

(Stille)

Beachten Sie, daß es für das vierte und fünfte Chakra zwei Töne gibt. Die tibetischen Buddhisten haben die Körperchakras eins bis drei meistens ignoriert.

Ihr bekanntes Chakra-Mantra OM AH HUM ist in einer Reihe längerer Gesänge enthalten, wird aber auch für sich allein gesungen. Es eignet sich ausgezeichnet dazu, das vierte mit dem sechsten Chakra zu verbinden. Beim Unterricht in westlichen Ländern hat sich herausgestellt, daß die Töne HUM und AH den Teilnehmern eine deutlich verbesserte innere Klarheit verschaffen als die traditionelleren Sanskritlaute. Die Keimlaute IJAM für das Herzchakra und HUM für das Halschakra wurden hier für den Fall mit aufgeführt, daß Sie besser mit der hinduistischen Form zurechtkommen und es vorziehen sollten, während der Chakrareinigung diese zu singen.

Jeder Ton wird neunmal gesungen, wobei vor jeder Wiederholung eine Pause von einem vollen Atemzug eingelegt wird. Zwischen den Keimlauten zweier Chakras ruhen wir uns aus, indem wir eine volle Minute lang ein- und ausatmen. Singen Sie in einer beliebigen Tonhöhe die Ihnen liegt. Versuchen Sie nicht, die Tonhöhe zu beherrschen oder zu verhindern, daß Sie die Tonlage verlieren. Diese mag immer höher werden, je klarer das Chakra wird, oder sie fällt auch um Oktaven, während sie tieferliegende, weniger leicht zugängliche Teile dieses Energiezentrums reinigt. Singen Sie das Mantra nur neunmal. Sollte sich ein Chakra immer noch etwas unausgewogen anfühlen, nachdem Sie alle bearbeitet haben, so nehmen Sie sich dieses Zentrum noch einmal vor und chanten die Silbe volle neun Male. Für das siebte Chakra – darin sind sich alle Mystiker und Religionen einig – ist das Schweigen der richtige Ton. Wir können es zwar nicht verhindern, daß unten auf der Straße die Wagen hupen oder der Nachbar die Toilettenspülung betätigt, dennoch sollten wir unser eigenes Schweigen solange beibehalten, wie das Intonieren des Tons für ein Chakra gedauert hat.

Um die gesamte Intonation vollständig durchzuführen, brauchen Sie zwischen zwölf und dreißig Minuten, je nachdem, wie lange Sie jeden Ton halten und wie lange die Ruhepausen dazwischen sind. Sie können auch im Auto singen; das funktioniert recht gut, weil Sie dort ja allein sind. Natürlich dürfen Sie beim Fahren nicht die Augen schließen, egal was Sie gerade singen. Die Chakra-Tonmeditation wird Sie kaum jemals schläfrig machen; statt dessen erzielen Sie damit völlige Aufmerksamkeit und Klarheit.

Ein weiterer, die Chakras reinigender Chant ist AH-E-I-O-U. AH ist für das Halschakra, E für das Kraftchakra, I für das Wurzelchakra, O für das Sakralchakra und U für das Herzchakra. Diese Vokale besitzen zwar einen Takt, aber keine vorgeschriebene Melodie. Man singt sie, ohne zwischendurch eine Atempause einzulegen. Zwischen dem letzten und dem ersten Ton gibt es also keine Pause. Es handelt sich dabei um ein Kontinuum, das Sie solange chanten können, wie Sie wollen. Wenn Sie damit fertig sind, ruhen Sie sich aus und denken Sie nach.

Das Mantra der Tara hilft Ihnen dabei, für alle Wesen, denen Sie begegnen, Mitgefühl zu entwickeln und dieses auch auszustrahlen, egal welche Stellung diese im Leben einnehmen. Dieses Mantra, das 108mal gesungen wird, macht dem Leiden im Leben des Singenden ein Ende.

Es folgt nun ein wunderschöner, aufbauender Gesang, den man verschiedenen Ursprungskulturen zugeschrieben hat. Menschen, die ihn gesungen haben, laden auf diese Weise ihre Batterien wieder auf und sind danach von Freude erfüllt. Für Männer, die es gewöhnt sind, daß Gesangstexte immer in ihrem eigenen Geschlecht formuliert werden, wird es sich am Anfang ein wenig seltsam anhören. Es ist geeignet, um aus erster Hand zu erfahren, was sprachliche Diskriminierung im Kopf anrichten kann. Da unsere Psyche stets maskuline und feminine Bestandteile hat, wird dadurch auch die meistens viel zu wenig beachtete, mächtige, konstruktive Frau in unserem Inneren geehrt. Männer wie Frauen berichten, daß dieser Gesang für sie gleichermaßen wirkungsvoll ist.

Singen Sie die ersten beiden Verse jeder Strophe zweimal. Es folgen nun Titel und Text des Lieds:

We are the daughters of the earth.
Born from the place where the sun comes up. (repeat)
Chorus: She is calling to us. Grandmother is calling to us.

We are the daughters of the sky.
Born from the place where the eagles fly. (repeat)
Chorus: She is calling to us. Grandmother is calling to us.

We are the daughters of the land.
Born from the place where the tall corn stands. (repeat)
Chorus: She is calling to us. Grandmother is calling to us.

We are the daughters of the night.
Born from the place where the moon shines bright. (repeat)
Chorus: She is calling to us. Grandmother is calling to us.

We are the daughters of the sea.
Born from the strength that will always be. (repeat)
Chorus: She is calling to us. Grandmother is calling to us.

We are the daughters of peace.
Born from the love that will never cease. (repeat)
Chorus: She is calling to us. Grandmother is calling to us.

We are the daughters of the earth.
Born from the place where the sun comes up. (repeat)
Chorus: She is calling to us. Grandmother is calling to us.

Übersetzung: *Wir sind die Töchter der Erde. / Geboren am Ort, da die Sonne aufsteigt.* (wiederhole) / *Refrain: Sie ruft uns. Großmutter ruft uns.*
Wir sind die Töchter des Himmels. / Geboren am Ort, da die Adler fliegen. (wiederhole) / *Refrain: Sie ruft uns. Großmutter ruft uns.*
Wir sind die Töchter des Landes. / Geboren am Ort, wo der hohe Mais steht. (wiederhole) / *Refrain: Sie ruft uns. Großmutter ruft uns.*
Wir sind die Töchter der Nacht. / Geboren am Ort, da der Mond hell scheint. (wiederhole) / *Refrain: Sie ruft uns. Großmutter ruft uns.*
Wir sind die Töchter der See. / Geboren aus der Kraft, die immer sein wird. (wiederhole) / *Refrain: Sie ruft uns. Großmutter ruft uns.*
Wir sind die Töchter des Friedens. / Geboren aus der Liebe, die niemals endet. (wiederhole) / *Refrain: Sie ruft uns. Großmutter ruft uns.*
Wir sind die Töchter der Erde. / Geboren am Ort, da die Sonne aufsteigt. (wiederhole) / *Refrain: Sie ruft uns. Großmutter ruft uns.*

Um Harmonie mit höherem Bewußtsein zu verbinden, kann man auch folgendes moderne, von Shekhinah Mountainwater geschriebene Mantra singen.

(Übersetzung: *Wir sind die Flut, wir sind die Ebbe/Wir sind die Weber, wir sind das Gewebe*)

Viele Familien singen Mantras über den Mahlzeiten, manchmal zwei- oder dreistimmig, um die zubereiteten Speisen zu reinigen und dem Schöpfer für die gewährte Wohltätigkeit zu danken. Ein einfaches Mantra, das vor dem Essen beliebig oft wiederholt werden kann, ist *Chimes Grace*, das nach der Melodie des stündlichen Glockenschlags des Big Ben in London gesungen wird. Die letzte Rezitation kann dann mit einem »Amen« beendet werden.

(Übersetzung: *Horche auf die Glocken, komm' und beug' dein Haupt, wir danken Dir, Herr, für dieses gute Mahl.*)

Ein Mantra wird als poetische Hymne definiert, als Gebet, als Gesang und als Äußerung heiliger Laute. Mantras sind ein wesentlicher Bestandteil jeder religiösen oder spirituellen Zeremonie und jedes Rituals. Im Westen bezeichnen wir unsere Mantras meistens als Hymnen. Die Psalmen des Alten Testaments sind Mantras, ebenso wie einige berühmte, unvertonte Gebete, die von gläubigen Katholiken rezitiert werden. Der Rosenkranz, eine Kette aus fünfzig kleinen und vier großen Perlen (immer zehn kleine, gefolgt von einer großen), wird dazu verwendet, um fünfzig *Ave Maria* aufzusagen, wobei jeweils eine kleine Perle zwischen die Finger genommen wird. Das *Vaterunser*, ein anderes Mantra, wird jeweils aufgesagt, wenn man eine große Perle zwischen den Fingern hält. Die meisten protestantischen Gemeinden singen beim Gottesdienst mehrere Hymnen. Der Chor ist ein wichtiger Bestandteil der christlichen Liturgie. Das Judentum hat eine Vielzahl von Mantras, von denen jedes mit *Baruch Atah Adonai, Eloheynu, Melech Ha'olam* beginnt, was mit »Gesegnet seiest du, der Ewige, unser Gott, Herrscher des Universums« übersetzt wird. Diese Segnungen werden gechantet, um ihre Wirksamkeit zu erhöhen. Werden sie laut gesungen, wirken sie unmittelbar auf das Herzchakra ein.

Das Judentum kennt außerdem besondere *Nussachim* (Gebetsweisen) oder tonale Mantras, die zu den jeweiligen religiösen Jahreszeiten gesungen werden. Zu Jedem *Nussach* gehört eine Melodie, die dem Vorsänger bekannt sein muß. Während mehr als der Hälfte des Gottesdienstes singt der Vorsänger auf Hebräisch und die Gemeinde antwortet. Wer dieses Ritual in all seiner Intensität miterlebt, dem berührt es Geist und Herz. Verschiedene Passagen aus den Gebetbüchern (aus verschiedenen Teilen des Alten Testaments zusammengesucht; einige davon stammen von hervorragenden hebräischen Gelehrten wie Maimonides) haben je nach Vorsänger unterschiedliche Vertonungen. Jede Passage enthält Psalmen, Gebete und Lobpreisungen Gottes, doch bleibt die Melodie stets vorherrschend.

Im orthodoxen Judentum wird die tonale Qualität stärker betont als in konservativen oder liberalen Synagogen.

Die *Nussachim* folgen den Jahreszeiten. Im Frühling wird um Regen gebetet, im Herbst werden daraus Wehklagen vor den Hauptfeiertagen, wenn praktizierende Juden ihre Sünden vor Gott bereuen, und eine andere Melodie wird während des ganzen Jahres bei Feiertagen verwendet. Der Sabbatgottesdienst ändert sich jeden Monat und hat ebenfalls seine speziellen *Nussachim*.

Obwohl oft geglaubt wird, es sei segensreicher, Mantras laut auszusprechen, können sie auch schweigend rezitiert werden. Viele Menschen sagen ihr Mantra in der Öffentlichkeit auf, ohne dabei die Lippen zu bewegen. In jener Zeit, da Nonnen noch ihren Habit trugen, konnte man sie in öffentlichen Verkehrsmitteln beobachten, wie sie die Perlen des Rosenkranzes drehten, ohne daß sich dabei ein einziger Muskel ihres Gesichts veränderte oder anzeigte, daß sie das Ave Maria aufsagten.

In einem weitverbreiteten Buch einer halbsäkularen östlichen Religionsbewegung wird behauptet, daß man stets dasselbe Mantra verwenden sollte. Wenn man nichts anderes vorhat, als seine Sinne einzuschläfern, so stimmt das auch. Es ist jedoch besser, ein Mantra zu singen, das einem gefällt und das einem zum Zeitpunkt des Singens als das richtige vorkommt.

Einige Mantras sind schon sehr lange im Gerbrauch und seit Tausenden von Jahren hoch geehrt, so daß sie schon dadurch wirken, daß Millionen von Stimmen sie gesungen und ihre guten Schwingungen hineingegeben haben. Diese Mantras wurden in gegenwärtige Religionen integriert, welche die früheren abgelöst haben.

Ein besonderes Mantra, das schon seit Jahrtausenden verwendet wird, besitzt die Fähigkeit, körperliche Gefahr abzuwenden. Wenn wir es für jemanden singen, der von Schwierigkeiten bedroht wird, kann dies seine Lage stabilisieren:

Mit Gefühl/zweimal wiederholen

Singen Sie das Mantra erst zweimal hintereinander, dann singen Sie die zweite Zeile zweimal, dann wieder die erste. Danach wird der Gesang wiederholt, indem die beiden Zeilen gemeinsam jeweils einmal gesungen werden, dann die zweite Zeile zweimal, dann wieder der erste Vers und so weiter, bis Sie fertig sind. Sie können es zehn Minuten oder auch eine dreiviertel Stunde ununterbrochen singen.

Das Mantra, das am wirkungsvollsten Depressionen vertreibt, ist folgendes melodisches Gebet:

Singen Sie es in folgender Reihenfolge: Devakinanda Gopala, Devakinanda Gopala, Gopala, Gopala Devakinanda Gopala. Wiederholen Sie es von Anfang an. Die Melodie ist sehr lebendig und erbaut den Geist.

Sufi-Mantras, die sich in beide Richtungen lesen lassen, bewirken einen Zustand der Freude.

Der folgende Gesang wird in einer Gruppe von einem Kreistanz begleitet, immer vier Schritte nach links, vier Schritte nach rechts, dann machen alle vier Schritte in die Mitte, mit erhobenen Armen, danach wieder vier Schritte zurück, um den Tanz im Kreis wieder mit vier Schritten nach links zu beginnen. Das bringt Leben in Körper und Seele. Und doch ist das Mantra ebenso machtvoll, wenn wir es allein singen. Es bedeutet: Friede sei mit dir, sei du mit dem Frieden.

Mantra-Verrücktheiten

Kaufen Sie niemals ein Mantra von einem Menschen oder einer Organisation. Es gibt eine berühmte Geschichte über eine einstmals sehr populäre spirituelle Gruppe, die Mantras für eine Einweihungsgebühr von DM 500,– verkaufte. Im Laufe der Jahre stieg diese Gebühr durch die Inflation immer mehr, bis manche Leute sogar einige Tausend DM für ihr geheimes Mantra bezahlten. Bei einer Party, die von einer Gruppe dieser Sekte veranstaltet wurde, brachen einige Mitglieder ihr Schweigen und entdeckten zu ihrer großen Verlegenheit, daß jeder von ihnen ein und dasselbe »private«, »speziell für ihn entwickelte« Mantra erhalten hatte.

Diese Enthüllung machte schnell die Runde von einer Stadt zur anderen, bis sich schließlich erwies, daß insgesamt nur zehn

»geheime« Mantras verkauft worden waren. Die nächste Frage lautete daraufhin: »Wieviel hast du denn für dein Mantra bezahlt?« Als der Betrug ans Licht kam, war dies der Untergang der Sekte; seitdem baut sie langsam wieder auf der nächsten Generation Suchender auf, von denen jeder für sein eigenes »geheimes« Kraftmantra bezahlen muß.

Die Meditation über das persönliche Kraftmantra

Von der Meditation über das persönliche Kraftmantra und den damit verbundenen Geschichten erzählte mir Jeanne Etter, die Begründerin von Open Adoption Resources. Die Worte oder Laute, die man dabei empfängt, gehören einem allein und können aus einer beliebigen, bekannten Sprache stammen oder aber auch aus einer spirituellen, die nicht der irdischen Ebene angehört. Ihr Mantra gehört tatsächlich nur Ihnen allein. Kein Geld muß erst den Besitzer wechseln, damit man es Ihnen ins Ohr flüstern kann. Sie bitten einfach das Universum darum, Ihnen die Worte und die Melodie, falls es eine gibt, zu offenbaren, was Ihre spirituelle Weiterentwicklung beschleunigen und fördern wird.

Das eigentliche Vorgehen besteht schlicht darin, daß Sie sich in erwartungsvoller Meditation niedersetzen und still auf den Empfang Ihres Mantras warten. Die ersten Worte, die Sie nun hören, sind Ihr Mantra. Jeanne war ein wenig irritiert, als sie ein persönliches Mantra empfing, das sich wie ein Gericht auf einer chinesischen Speisekarte anhörte. Ein anderer Mann, ein Quäker, setzte sich wochenlang immer wieder hin und wartete geduldig, ohne Erfolg zu haben. An einem Sonntagmorgen im Versammlungshaus der Quäker meditierte er gerade über sein Kraftmantra, als er die Stimme eines Kindes hörte, das im Garten »Mami!« rief. Er lauschte und hörte es wieder. »Das kann doch nicht mein Mantra sein«, dachte er und schob es beiseite. Schließlich versuchte er es aber doch damit – und siehe da, es war sein Mantra.

Angesichts solcher Geschichten stellte ich keine allzu hohen Erwartungen an das Mantra, das mir vom Universum beschert werden würde. Da ich mit längerer Wartezeit rechnete, sagte ich stumm ein Mantra, das ich bereits kannte, wie Jeanne es mir zur Vorbereitung empfohlen hatte. Plötzlich befand ich mich in einem dreifarbigen Gesichtsfeld mit symbolischen Bildern, von denen jedes einzelne eine für mich klar erkennbare, persönliche Bedeutung hatte. Die Stimme, die mir das Mantra offenbarte, war tief und männlich, gewiß nicht das, womit ich gerechnet hatte. Mit gütigen Worten und in sanftem Ton vermittelte Er völlige Billigung und Akzeptanz. Das einzelne Wort, das Er mir gab, ist einer der geheimsten Namen Gottes. Ich war so vom Universalen Licht durchflutet, daß ich sofort in einen Zustand von Glückseligkeit geriet, der sieben Monate andauerte und den ich täglich erneuerte, indem ich das Mantra immer und immer wieder chantete. So erwies sich die Mantra-Meditation als eine der machtvollsten Erfahrungen meines Lebens. Der Ton führt mich an den Ort des Nicht-Handelns, wo sich alles in einem vollkommenen Zustand universaler Liebe befindet.

Andere Menschen, denen ich diese Methode erklärt habe, sind zwar nicht auf solch dramatische Weise mit ihrem Mantra vertraut gemacht worden, doch haben alle, die es regelmäßig chanten, außergewöhnliche Veränderungen und Erfolge im Leben erzielt. Das persönliche Mantra verleiht dem Menschen den Mut, ein geistiger Kämpfer zu sein.

Ajapa

Ajapa ist eine stumme, unwillkürliche Form der Mantrameditation. Sie geschieht mit jedem Atemzug. Manche Swamis behaupten, daß der Ton *Ham* (einatmen) *Sa* (ausatmen) ist: Hamsa. Andere meinen, es sei umgekehrt und lassen ihre Anhänger *Soham* rezitieren, während sie sich aktiv mit Allem Was Ist vereinen. Die meisten Hindumeister lehren es, damit die Gläubigen erkennen können, daß sie Teil des Schöpfers sind und der Schöpfer wiederum Teil von ihnen ist. Die genaue

Übersetzung lautet: »Ich bin Das, Das bin ich.« Die Chinesen nennen es *Hangsa*. Wenn Sie hören, wie jemand dieses Mantra nachts laut intoniert, denken Sie vielleicht, daß er schnarcht. Hören Sie genauer hin, dann werden Sie in all diesem Lärm die Worte HANG . . . SA vernehmen.

Um dieses Mantra bewußt anzuwenden sagen wir beim Einatmen *So* und beim Ausatmen *Ham*, oder umgekehrt. Egal wofür Sie sich entscheiden, bleiben Sie auf jeden Fall dabei. Wechseln Sie also nicht hin und her von Hangsa zu Soham und Hamsa. Sie werden noch reichlich Gelegenheit haben, die verschiedenen Formen in späteren Mantrameditationen auszuprobieren. So einfach es erscheinen mag, verlangt *Ajapa* doch nach intensiver Wachsamkeit. Man muß sich des eigenen Atems, der mal unregelmäßig, mal wieder regelmäßig sein wird, ständig bewußt sein. Das Ein- und Ausatmen kann unterschiedlich lange dauern, nicht immer folgt das Einatmen sofort auf das Ausatmen, und es wird Phasen geben, in denen der Atem ausbleibt.

Wir sind nicht die einzigen Lebewesen, die unwillkürliche Mantras von sich geben. »Das Schnurren einer Katze ist wie ein Mantra. Sie benutzt es, um sich zu beruhigen, wenn sie aufgeregt ist, oder um ihre Freude kundzutun, wenn wir sie streicheln. Sie singt es auch, wenn sie neben einer weiteren Katze steht, die gerade gepflegt wird, oder wenn sie sich bequem hinlegt«, meint D. Michael Fox, Veterinär und Autor. Jeder, der einmal eine Katze hatte, wird dem beipflichten.

In jedem Workshop bitten Schüler um ein Mantra, mit dessen Hilfe sie destruktive Gedanken beseitigen können, die andere ihnen geschickt haben. Dieses Mantra besteht aus tibetanischen Keimsilben, die schon seit altersher dazu verwendet werden, um Negativität zu verbannen und sie zurück zur Urquelle zu schicken, wo sie auf positive Weise wiederverwertet werden. Der Laut *phat* [fat] wird besonders betont: laut und abgehackt. Das Mantra wird zehnmal vorwärts und einmal rückwärts aufgesagt. Dabei brauchen Sie nicht an irgend jemanden zu denken, dem Sie die böse Energie schicken wollen. Diesmal wird sich das Universum darum kümmern.

Ah Ka Sa Ma Ra Za Sha Da Ra Sa Ma Ra Ya PHAT! zehnmal
PHAT *Ya Ra Ma Sa Ra Da Sha Za Ra Ma Sa Ka Ah!* einmal

Wenn Sie sich mit dem inneren Wissen um das allerhöchste Gute verbinden wollen, singen Sie die nächsten Verse immer und immer wieder, bis Ihr Geist jenseits der fünf Sinne und der Alltagsrealität weilt.

Release your mind, see what you find,
Bring it all home to your people.

Übersetzung: *Laß los den Geist, schau, was du findest, Bring alles heim zu deinem Volke.*

Das folgende romantische, schöne, poetische Lied singen wir Babys und Kleinkindern vor, weshalb es auch jene Erwachsenen zu trösten vermag, die es als Kinder vernahmen. Es wird von Müttern in vielen Ländern und vielen Sprachen gesungen.

Singen Sie sich das Wiegenlied von Brahms so oft vor, wie Sie wollen. Lehnen Sie sich zurück und genießen Sie das friedvolle Gefühl, wohlgeliebt zu sein.

(Übersetzung: *Guten Abend, gut' Nacht, mit Rosen bedacht, mit Näglein besteckt, schlüpf unter die Deck': Morgen früh, wenn Gott will, wirst du wieder geweckt. Morgen früh, wenn Gott will, wirst du wieder geweckt.*)

7

UNBEWUSST WAHRGENOMMENE TÖNE

In unserer Zeit ist die Industrieverschmutzung in Form von Lärm so akut, daß man selbst noch auf dem höchsten Berg in einer abgelegenen Gegend das Dröhnen der Flugzeuge über sich hört. Wir bleiben selten jemals von der Lärmverschmutzung verschont. Dies ist einer der beunruhigendsten Faktoren unserer Zivilisation.

In unserem jetzigen Leben müssen wir uns mit der Lärmverschmutzung befassen, unabhängig von unserer Auffassung, daß die Ruhe und die Stille ein wichtiger Heilmechanismus ist. Menschen, die in der Nähe von Flughäfen leben, weisen eine Erkrankungsrate auf, die über zwanzig Prozent höher liegt als die vergleichbarer Bevölkerungsschichten, deren Zuhause sich nicht in unmittelbarer Nähe ständigen Flugverkehrs befindet. Und doch dehnen sich die Flughäfen immer weiter in Wohngebiete hinein aus. Zwar mögen die Luftgesellschaften ihre Flugpläne ein wenig ändern, doch trägt dies nur wenig dazu bei, die Lärmemissionen zu senken.

Andere Industrien sind gleichzeitig imstande, die Probleme der Lärmverschmutzung völlig zu ignorieren, wie sie uns ja auch sonst gesundheitlichen Risiken aussetzen, indem sie Wasser und Luft verschmutzen. Eines Tages werden unsere fossilen Brennstoffe am Ende sein und wir werden uns auf andere Energiequellen stützen müssen. Vielleicht werden Wissenschaftler und Mystiker zusammen an diesem Projekt arbeiten, so daß wir erfolgreich die Kunst meistern, uns mit Hilfe der leisen Energie fortzubewegen und zu wärmen, die von Quarzkristallen erzeugt wird, ganz ähnlich jenen, wie sie in Uhren und Computern Verwendung finden.

Alle Menschen erleben die Lärmverschmutzung, doch nur wenige wagen es, viel dagegen zu unternehmen. Gelegentlich bitten wir vielleicht den Nachbarn, das Radio etwas leiser zu stellen oder den Gebrauch jenes irritierendsten aller Gartengeräte zu verschieben, nämlich des Rasenmähers. In den USA hat das Nationale Institut für Sicherheit und Gesundheit am Arbeitsplatz Statistiken zusammengestellt, die belegen, daß eine fortgesetzte Konfrontation mit Lärm über 85 Dezibel zu bleibendem Gehörverlust führen kann. Kurze Phasen desselben Lärms können aus einer Entfernung von 1,5 Metern das Gehör vorübergehend beeinträchtigen.

Im folgenden finden Sie einige typische laute Geräusche und ihre Dezibelwerte:

Start eines Jets	140
Handfeuerwaffe	125
Preßluftbohrer	116
Rockgruppe	110
Sirene	105

Wir haben einmal bei Schweizer Freunden gewohnt, neben deren Haus Eisenbahntransformatoren standen, die durch Stromspannung ständig summten. Obwohl wir fröhlich und ausgeruht ankamen, waren wir am nächsten Tag, nachdem wir dieses Geräusch im Schlaf mitangehört hatten, verspannt und unruhig. Am zweiten Tag bemerkten wir dann, daß unsere Konzentration während des Yoga darunter litt. Weniger deutlich zu vernehmen, doch ebenso strapaziös war der Lärm des Straßenverkehrs, der nur wenige Meter vom Haus entfernt verlief. Das Geräusch der Wagen und Laster ließ nach der Stoßzeit nach und war nach Einbruch der Dunkelheit kaum noch zu hören. Das Dröhnen der Hochspannungsleitungen jedoch durchdrang sogar die Doppelglasfenster und die Läden, mit denen sie nachts verschlossen wurden. Unsere Freundin litt unter sehr schwerwiegenden Familienproblemen. Das beeinträchtigte die Schulausbildung ihrer Kinder und trug zur allgemeinen Nervosität aller Hausbewohner bei. Als Kind in New York City bemerkte ich dieselbe mißtönende Energie in den Wohnungen von Nachbarn, die neben Hochbahnen wohnten.

Elektrische Transformatoren an Masten in der Nähe von Wohnhäusern bringen die normale menschliche Frequenz durcheinander, machen die Bewohner krank und verursachen bei ihnen Kopfschmerzen und andere nervöse Leiden. Während der warmen Jahreszeit pflegen Krähen in Seattle ihre Schnäbel absichtlich gegen laut summende Transformatoren zu schlagen, bis sie einen Stromstoß erhalten und krepieren, wodurch es zu Kurzschlüssen im lokalen Stromnetz kommt. Diese Krähen sterben, um uns mitzuteilen, daß wir die Leitungen vergraben sollen, die die Landschaft verschandeln und seelischen wie körperlichen Schaden anrichten.

Es fällt leicht, die verschiedenen Formen irritierenden und schädlichen Lärms zu benennen, denen wir ausgesetzt sind, in Häusern und im Freien, in der Stadt wie auf dem Land. Laut dröhnen Kühlschränke vor sich hin und saugen den Angehörigen des Haushalts die kreative Energie ab. Die Schweizer Firma Sibir stellt leise Kühlschränke her, und es gibt eigentlich keinen Grund, weshalb amerikanische Fabrikanten sich nicht ebenso um die Gesundheit ihrer Kunden sorgen sollten. Staubsauger kreischen und zerren jedem, der in Hörweite ist, an den Nerven. Straßenreinigungswagen wirken äußerst destruktiv auf das Schwingungsfeld, das unsere Zellen zusammenhält, und dies auch noch über mehrere Häuserblocks hinweg. Hubschrauber senden ihren Lärm über viele Kilometer aus. Preßlufthämmer, Straßenverkehr, Dieselmotoren, Sirenen, Pfeifen und Summer erzeugen eine Kakophonie, die uns unseres Gehörs beraubt, in unsere Privatsphäre eindringt und unser Gleichgewicht wie unsere Gesundheit vernichtet.

Wenn wir unseren Gehörsinn abschalten, um unsere geistige Gesundheit zu schützen, vergessen wir häufig, ihn später wieder anzuschalten. Mit der Zeit geht dann die Fähigkeit verloren, in diesem Frequenzbereich überhaupt noch etwas zu hören. Wenn Stadtbewohner, die sich an die elektronischen und mechanischen Geräusche ihrer Umwelt gewöhnt haben, plötzlich aufs Land kommen, bekommen sie häufig Schlafstörungen, weil die relative Stille dort so überwältigend ist. Zugleich werden sie aber von unvertrauten Tierschreien der Eulen und Kojoten, dem Zirpen von Grillen und Heuschrecken oder auch vom Quacken der Frösche gereizt.

In anderen Ländern gibt es Bemühungen, das Bedürfnis nach friedlicher Umgebung mit dem Lärm des modernen Lebens zu versöhnen. Der japanische Garten mit seinem Wasserfall oder Springbrunnen ist eine Methode eines sehr übervölkerten Landes, mit der Lärmverschmutzung zurechtzukommen. Viele europäische Heime besitzen Doppelverglasung, die als Isolierung gegen extreme Kälte dient; zugleich aber fungiert sie auch als Schalldämmer gegen Straßenlärm und beschert den Menschen auf diese Weise Ungestörtheit und – etwas ganz Seltenes – Stille.

Albert Einstein war ein erstaunlich kreatives Medium. Nach seinem Tod wurde sein Gehirn seziert und man stellte fest, daß es etwas kleiner war als das eines durchschnittlichen männlichen Erwachsenen. Einstein war jedoch in der Lage, jener stillen, leisen, inneren Stimme zu lauschen, die mit allem Wissen des Universums verbunden ist. Das Gehirn hat überhaupt nichts mit dieser Form des Wissens zu tun; es ist der Geist, der die Urquelle anzapft. Einstein hat seine einmalige geistige Verbindung zum Kosmos dazu benutzt, um sich in die naturwissenschaftlichen Gesetze des Universums einzuschwingen. Es ist äußerst zweifelhaft, ob irgend jemand inmitten des lärmenden Durcheinanders, wie es den heutigen Haushalt kennzeichnet, etwas Ähnliches vollbringen könnte.

Das Radio mit seinem sinnlosen Durcheinander aus Werbesendungen und sich immer wiederholender Musik tötet bei jungen Menschen jeden kreativen Geist, besonders bei den ganz jungen. Die ständigen Werbeunterbrechungen und die plötzlichen Themenwechsel unterbinden die natürliche Entwicklung länger anhaltender Aufmerksamkeit und stören für später die Fähigkeit zur Meditation.

Viele Menschen werden abhängig vom Discjockey und von Fernsehpersönlichkeiten, was ihnen als Ersatz für zwischenmenschlichen Kontakt dient. Weil sie die Stille fürchten, greifen sie nach äußerem Lärm. Obwohl sie sich vielleicht spirituell weiterentwickeln wollen, sind sie doch unwillig, das Kassettendeck aus ihrem Auto hinauszuwerfen. Zudem schalten sie morgens als erstes das Radio oder den Fernseher ein, wodurch sie jegliche Traumzeitverbindung vernichten, die sie mit ihrem höheren Selbst gehabt haben mögen, und zudem die gesunde Kommunikation zu den Menschen verhindern, mit denen sie zusammenleben.

Ein Teil des Problems des suchtartigen Radiohörens und Fernsehens liegt darin, daß die Sendungen derart niveaulos sind. Norman Corwin, Autor des Buchs *Trivializing America: The Triumph of Mediocrity* (Lyle Stewart 1986), meinte: »In der Unterhaltungsindustrie und in der Literatur zielt man ganz bewußt auf ein bestimmtes Publikum. Ein Publikum mit mäßigem Geschmack, mit passiven bis voyeuristischen Tendenzen, das nach Aufregung, nach Nervenkitzel hungert. Das erklärt den Erfolg des Strickmusterromans und auch vieler Fernsehprogramme und Filme.«

Doch die Inhalte der Programme und Werbesendungen stellen nur eine Dimension des Problems dar. Das größte negative Element ist die Frequenz der kaum hörbaren Schwankungen in der visuellen Übertragung, gegen die man überhaupt nichts unternehmen kann, außer seine wöchentliche Fernsehzeit auf weniger als sieben Stunden zu beschränken, weil unser System kaum mehr verarbeiten kann, ohne Schaden zu leiden.

Sie sollten einmal den Versuch machen, für sechs Monate das Fernsehen aus ihrem Heim zu verbannen. Stellen Sie es in den Schrank oder schieben Sie es in eine Hinterecke, mit herausgezogenem Stecker. Schauen Sie auch nicht bei Freunden oder an öffentlichen Orten fern. Danach schauen Sie sich zur Belohnung ein bestimmtes, ausgesuchtes Programm an. Es ist sehr wahrscheinlich, daß Sie ein bis zwei Tage danach noch Nervosität, Schlaflosigkeit oder unerklärliche Unruhe bei sich beobachten werden. Die Frequenzen, die von der Bildröhre abgestrahlt werden, sind die Ursache Ihres Leidens, weil sie weder mit der emotionalen und geistigen Harmonie noch mit einer gesunden spirituellen Entwicklung in Einklang zu bringen sind.

Was den Schwingungsfaktor betrifft, so ist das europäische Fernsehen dem amerikanischen und kanadischen vorzuziehen. Das europäische PAL-System erzeugt 625 Zeilen pro Bild, was dem menschlichen Körper/Geist weniger zusetzt als das Doppelbild von ungefähr 250 Zeilen pro Bild. Die amerikanischen Fernsehgeräte können je nach Marke und Modell bestenfalls 400–450 Zeilen verarbeiten. Den Rest muß unser Geist ausgleichen. Und es gibt noch einen weiteren Faktor, durch welchen das europäische Fernsehen die Psyche weniger belastet: Werbesendungen sind auf festgelegte Vorprogrammzeiten beschränkt. Daher werden die eigentlichen Sendungen nicht zerstückelt, auch Filme werden nicht ständig für unwesentliche Mitteilungen des Sponsors unterbrochen.

Bevor sie sieben Jahre alt geworden sind, können Kinder wichtige Zugänge zum inneren Licht kultivieren. Ist ein solcher Zugang erst einmal geschaffen, so wird auch die Suche nach Konformismus und Akzeptanz im Teenageralter ihn nicht mehr zerstören können. Im ruhigeren Umfeld der menschlichen Stimme, guter Musik aller Art und der in der freien Natur oder in großen, offenen Parks verbrachten Zeit wird der Zugang zur Urquelle gepflegt.

Eltern müssen das Radio- und Stereoanlagenhören einschränken und auf niedrigen Lautstärken und dem Gebrauch von Kopfhörern bestehen; zudem sollten sie jede elektronische Aktivität während der Essenszeiten verbieten. Wenn junge Kinder überhaupt fernsehen müssen, sollten sie täglich allerhöchstens eine Stunde lang sorgfältig ausgesuchte, gewaltfreie Programme sehen dürfen. Die Beschränkungen selbst müssen ebenfalls beschränkt bleiben, da es das beste ist, unseren Kindern und ihren Freunden eine wohnliche Atmosphäre zu bereiten. Doch wenn sie älter werden, können Sie ihnen auch geradeheraus sagen, daß laute, lärmende Geräusche die Fähigkeit des Bewußtseins zerstören, Zugang zum Unterbewußten zu finden, um von diesem Informationen, Erkenntnisse oder auch Prophezeiungen zu erhalten.

Sie selbst können auch Ihr drittes Chakra schützen – jenes Chakra, das durch städtischen und vorstädtischen Lärm am wahrscheinlichsten aus dem Gleichgewicht geraten dürfte. Eine Möglichkeit, dies zu erreichen, besteht darin, eine seidene Abschirmung zu tragen.

Kaufen Sie mehrere Meter Seide in einer Farbe, auf die Sie gut reagieren (Weitere Hinweise auf passende Farben finden Sie in *Geisthelfer*, Kapitel 2 und 12, Goldmann Tb 11811). Wickeln Sie die Seide mehrere Male um Taille und Bauch und befestigen Sie sie. Eine solche Seidenschärpe wird Ihnen sehr viel Schutz vor Lärm und subtilen Schwingungseinflüssen bieten. Während seiner Assistenzarztzeit als Chirurg pflegte ein Freund von mir eine besondere Schärpe aus weißer Seide am Körper zu tragen, solange er sich im Krankenhaus aufhielt. Er fütterte die Schärpe in der Mitte mit Watte und trug die Seide auf der Haut sowie außen auf der Hemdseite. Die Schärpe war dreißig Zentimeter breit und lang genug, um seinen Rumpf zu umspannen und befestigt zu werden (siehe die Abbildung).

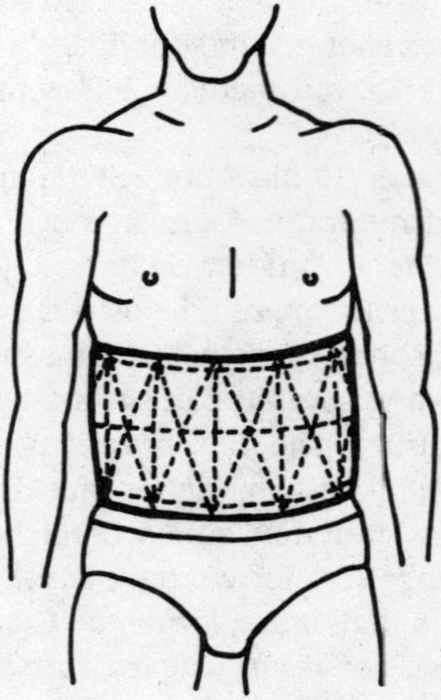

Wie der Geruch hat auch der Klang die Fähigkeit, lebhafte Erinnerungen an das wachzurufen, was wir in unserer Jugend gehört oder gefühlt haben oder an einen besonderen Ort. Es gibt sowohl persönliche Erinnerungen, die mit bestimmten Tönen und Geräuschen verbunden sind, als auch allgemeine. Vertraute Klänge und solche, die uns irgendwie inspiriert oder beeinflußt haben, nehmen einen Teil von uns mit sich, wenn sie aus unserem Leben verschwinden. In meiner frühen Kindheit lebte ich einen Block entfernt von den Hochbahnen, weit genug, um nicht vom elektrischen Summen der Transformatoren gestört zu werden. Nachdem der Lärm des Alltags verklungen war, tröstete und beruhigte mich das Surren der Bahnen nachts im Bett.

Ein Geräusch, das aus dem modernen Leben fast verschwunden ist, ist das der Dampflokomotive. Tonaufnahmen von Dampflokomotiven, die sich ihren Weg durch die Berge bahnen, mit gespenstisch dröhnenden Pfeifen, haben die Fähigkeit, uns zu jenem Augenblick zurückzuführen, da unsere Ohren zum ersten Mal den klagenden Freiheitsruf einer Eisenbahn vernahmen, die über das Land ratterte. In Basel habe ich einmal vor einer großen Gruppe von Menschen, deren Alter von Anfang zwanzig bis Mitte sechzig reichte, Geräusche vorgespielt, die in der freien Natur aufgenommen worden waren. Nordamerikanische Vögel, die gegen Abend kontrapunktisch singen, waren ihnen unvertraut und erzeugten kaum eine andere Reaktion als Neugier. Doch ein Geräusch erfüllte die Herzen all jener, die über vierzig waren, mit Freude. Obwohl die europäischen Eisenbahnen nicht so ratterten wie die amerikanischen, ließ das Tuten und das bezaubernde Pfeifen der Dampflokomotive glückliche Erinnerungen emporsteigen, woraufhin die Spannung in den Gesichtern einem verklärten, verzückten Ausdruck wich. Zweifellos gingen diese Menschen in der Zeit dahin zurück, als sie noch jung waren und die Dampflokomotiven das Reisen prägten. Die jüngeren Zuhörer, die demselben Geräusch lauschten, äußerten lediglich Interesse und ein wenig Verwunderung darüber, was die älteren wohl so sehr bewegt haben mochte.

Töne und Geräusche rufen für uns vergessene Zeiten wach oder solche, die in unserem Bewußtsein verlorengegangen sind. Wir alle haben Erinnerungen an Geräusche, die heute nicht mehr zu hören sind. Die Pferdewagen unten auf der Straße, die Glocke, mit der der Eismann der Nachbarschaft seine Ankunft mitteilte, das Klimpern des Eiscremewagens, während Sie und Ihre Freunde sich in die Schlange einreihten, das Kleingeld in der Hand, um an einem heißen Sommertag eine Waffel oder einen Becher zu kaufen, das Klimpern der Flaschen, wenn der Milchmann von Haus zu Haus ging, das scharrende Rauschen der Kohle, die durch den Schacht in den Keller geschüttet wurde, und das Kratzen der überdimensionalen Schaufel auf Zement, mit der die letzte Kohle vom Gehsteig beseitigt wurde, der Lumpenhändler mit seinem Ruf: »Lumpen! Alteisen!«, wie er mit seinem von einem Pferd gezogenen Wagen vorbeifuhr. Andere beschwörende Geräusche, die wir noch heute kennen sind die Turmuhr, die Zwölf schlägt, das Heulen der Feuerwehrautos, die Polizeisirenen, Schulklingeln, Kirchenglocken, die ihre Gemeinde mit einer bestimmten Melodie zum Gottesdienst rufen, die aufgeregten Kinderstimmen in der Pause oder nach der Schule, die Pfiffe oder Buhrufe beim Ballspiel, im Sandkasten, das Widerhallen der Unterhaltung von Erwachsenen von den schluchtartigen Mauern der Stadt, das Kind nebenan, das gerade Tuba lernt.

Es gibt Geräusche, die negative Reaktionen auslösen: Katzen, die durch ihr Geschrei am Zaun hinter dem Haus ihr Revier absichern, Schreie des Schmerzes oder der Qual, das Gebrüll bei einem Familienkrach, das Kreischen von Bremsen, gefolgt vom Geräusch zerberstenden Glases, das Aufheulen einer Kettensäge, die bösartig einem Baum zusetzt, und das laute, dumpfe Aufprallen eines Baums auf dem Waldboden. Motorräder erzeugen ein angenehmes Geräusch für ihre Fans und einen entsetzlichen Lärm für Nichtmotorradfahrer. Manche Leute weinen, wenn sie Marschmusik hören! Feuerwerkskörper lassen die einen nervös zusammenzucken, während sie bei anderen Gelächter auslösen. Es gibt Menschen, die sich aufgeregt auf eine schöne Zeit freuen, wenn sie die Vielzahl von Geräuschen wahrnehmen, die einen Karneval ausmachen. Andere fühlen sich durch denselben akustischen Reiz nur irritiert. Dieses breite Spektrum an Reaktionen, auch wenn ein Geräusch laut oder grell ist, hängt mit der Qualität der Erinnerung zusammen.

Unbewußte Töne

Die Welt, in der wir leben, ist eine einzige, ausgedehnte Schwingung, die aus der Stille hervorkommt. Alle belebten Gegenstände und Dinge in der Natur, Pflanzen, Steine und Lebewesen, strahlen eine ihrer Art charakteristische Schwingung aus. Eine Muschel schwingt mit einer Frequenz, die ihren Räubern mitteilt, daß es sich bei ihr um eine Muschel handelt. Sie hat keine Methode entwickelt, um dem Erkanntwerden zu entgehen. Um seinen Feinden zu entkommen, schwimmt der Biber ganz leise unter Wasser auf sein Nest zu. Er verhält sich still und unterdrückt seinen normalen elektromagnetischen Ausstoß. Soldaten und Kriminelle tun dasselbe, um dem Entdecktwerden zu entgehen.

In Menschenmengen machen wir uns selbst häufig unsichtbar, indem wir unsere energetische Abstrahlung verändern. Das ist eine Fähigkeit, die jeder bewußt vervollkommnen kann. Unsere Energiewellen so zu verändern, daß andere uns nicht identifizieren können erreichen wir, indem wir unser Denken verändern. Zunächst müssen wir die Verbindungen zu unserer Persönlichkeit abschneiden. Dadurch scheinen wir ein anderer Mensch als sonst zu sein. Wenn Sie etwas Verkleidung brauchen, tragen Sie eine Perücke zu Ihrer gewöhnlichen Kleidung oder kleiden Sie sich in Farben, an die Sie nicht gewöhnt sind. Tragen Sie eine Brille, wenn Sie klarsichtig sind, und Kontaktlinsen, wenn Sie normalerweise Brillen tragen. Jeder einzelne dieser Faktoren oder eine Kombination derselben wird innere Mechanismen in Gang setzen, die Ihre Schwingung verändern. Falls jemand Sie so anschaut, als würde er Sie kennen, blicken

Sie an ihm vorbei; eine Bekanntschaft nicht zu bestätigen oder anzuerkennen, ist ein weiteres Mittel der Tarnung.

Andere Menschen erkennen uns nicht an unserem Aussehen. Vor zwanzig Jahren hat die alte deutsche Mutter einer Freundin uns in ihrem Heim in Hanau bewirtet. Es fehlte ihr oft an Gesellschaft, und so war sie froh, uns an viele Orte begleiten zu können. Bei einem solchen Ausflug besuchten wir eine einige Kilometer entfernte Stadt, wo es eine berühmte Kunstgalerie gab. Wir beiden waren gerade völlig in die Betrachtung eines Bildes vertieft, als sie aus ihren Augenwinkeln ihre Schullehrerin erblickte, die sie seit ihrer Mädchenzeit vor über sechzig Jahren nicht mehr gesehen hatte. Eine Weile lang beobachtete sie sie und überlegte, ob dies nun ihre ehemalige Lehrerin sein könnte oder nicht. Schließlich löste sie sich von meiner Seite und ging zaghaft auf sie zu. So wurde ich Zeugin einer überraschten und fröhlichen Wiedervereinigung.

Ganz bestimmt hat meine Freundin ihre Lehrerin nicht optisch wiedererkannt. Es sind nicht unsere strahlend weißen Zähne, unsere Haarfarbe oder unser forscher Gang, die bis ins hohe Alter bestehenbleiben, noch ist es unser Körperbau oder unser Gewicht. Alle diese Aspekte verändern sich ebenso wie unser Gesicht. Was jedoch das ganze Leben über gleichbleibt, wenn wir nicht gerade geistesgestört oder zu Tode erkrankt sind, ist unsere energetische Schwingungsrate.

Haare

Als Studentin auf der High School pflegte ich mich jeden Morgen vor dem Schulgang über die Wanne zu beugen und mein hüftlanges Haar zu waschen. Nach diesem Ritual war ich sauber, klar und ausgeglichen, bereit für den neuen Tag. Es ist das innere Wissen gewesen, das mir dies eingegeben hat.

Heute bestätigen die Wissenschaftler, daß jede Haarsträhne Schwingungen in sich trägt. Haare speichern die Erinnerungen einer ganzen Lebenserfahrung. Wenn Menschen sich die Haare schneiden, so merzen sie damit die intensive Schwingungserinnerung an jenen Teil ihres Lebens aus. Haar, das 45 cm lang ist, trägt sehr viel mehr mit sich als sechs Zentimeter langes Haar. Wer sich eine Vollglatze rasiert oder, wie es gerade Mode ist, einen Teil seines Kopfes, versucht damit, auf radikale Weise den größten Teil seiner Erinnerungen zu vertreiben, um in der Gegenwart aufs neue zu beginnen.

Das Militär und einige religiöse Gruppen erzwingen Glatzköpfigkeit, um die individuelle Identität und den sensorischen Mechanismus zu verringern, den Haare uns bieten. Andere Religionen wiederum wollen, daß ihre Mitglieder möglichst langes Haar tragen, denn Haare sind nicht nur ein Erinnerungsspeicher, sie sind auch ein Spürgerät, über das wir telepathische und präkognitive Informationen erhalten. Erinnern Sie sich noch an die Geschichte von Samson und Dalila? Er hatte seine Kraft im Haar.

Damit langes Haar frei von unerwünschtem energetischem Datenmaterial bleibt, waschen sie es häufig, vor allem nachdem Sie sich in Menschenmengen, Flugzeugen oder Krankenhäusern aufgehalten haben oder wenn Sie Zeuge oder Beteiligter eines Streitgesprächs geworden sind.

Ultraschall

Energiewellen, die unterhalb des Hörbereichs des menschlichen Ohrs liegen, werden als Infraschall bezeichnet, diejenigen die oberhalb unseres Hörbereichs liegen, nennt man Ultraschall. Der Ultraschall wird für eine ganze Reihe industrieller Anwendungen genutzt, beispielsweise dazu, Fehler in Werkstoffen und festen Materialien aufzuspüren. Im Bereich der Medizin wird er zur Vernichtung von Mikroorganismen verwendet. Das Sonar, ein Unterwasser-Ultraschallgerät, dient dazu, Größe und Position von Gegenständen unter Wasser zu bestimmen.

Der Ultraschall hat der Chirurgie gewaltige Fortschritte beschert, wodurch die aggressiven Techniken des Schneidens und Nähens obsolet wurden. Bei der Zerstörung von Grauem Star,

Nierensteinen, Gallensteinen und manchen Tumorarten bietet er eine hervorragende Alternative zum Trauma des chirurgischen Eingriffs und der durch diesen obligaten Rekonvaleszenz.

Wenn er jedoch auf gesunde, nichtsahnende Foeten angewandt wird, kann er sehr schädlich und gefährlich sein. Annemiek Cuppen, eine international anerkannte holländische Hebamme, berichtet, daß eine Minute der Diagnose mit dem Dopplerstethoskop ebenso gefährlich ist wie eine halbe Stunde Sonarbehandlung. Das Sonar sendet einen unterbrochenen Ton aus, während der Fetodoppler einen ununterbrochenen Ton emittiert. Die meisten Energieformen sind zwar expansiver Natur, doch der Fetodoppler wirkt energetisch abtötend und zusammenziehend. »Babys«, bemerkt sie, »versuchen, dem Ton auszuweichen.« Sie hat gespürt, wie einige von ihnen regelrecht zusammenzuckten, als sie den Ton des Instruments vernahmen. Um besser verstehen zu können, was der Foetus dabei empfindet, müssen wir uns einmal plötzliche Taubheit vorstellen.

Nan Koehler, eine praktizierende kalifornische Hebamme meint: »Routine-Ultraschalluntersuchungen in der Frühschwangerschaft zeigen sehr viel mehr Zwillinge auf, als man gemeinhin annimmt. Die meisten von ihnen erreichen nicht das Reifestadium und werden vom Körper der Mutter vor der Geburt wieder aufgenommen.« Nan Koehler verwendet den Fetodoppler ganz kurz in der neunten oder zehnten Woche der Schwangersachaft, weil dies der Mutter hilft, eine innere Beziehung mit dem sich entwickelnden Baby aufzunehmen. Sie benutzt ihn auch einige wenige Sekunden während der zweiten Wehen, wenn das Baby sich hinter dem Schambein befindet und sie mit einem normalen Stethoskop den Herzschlag nicht hören kann. Doch auch sie bestätigt, daß Babys versuchen, sich von dem Hochfrequenzton abzuwenden. Daher zieht sie es vor, ihn möglichst sparsam zu verwenden.

In Westeuropa haben sich Hebammen zusammengeschlossen, um Elternpaare, die ein Kind erwarten, und jene, die eines Tages eins bekommen wollen, über die Gefahren des Ultraschalls aufzuklären. Heute ist es jedoch so, daß sich deutsche Versicherungen weigern, für die Krankenhaus- und Arztkosten aufzukommen, wenn eine Schwangere nicht in der vierzehnten Woche und noch einmal kurz vor der Entbindung ein Sonargramm durchführen läßt. Dabei ist beides für eine gesunde werdende Mutter unter fünfunddreißig völlig unnötig. Der Grund für die erste Untersuchung ist nämlich festzustellen, ob die Mutter tatsächlich schwanger ist, wie sie behauptet, und dient lediglich dazu, die Neugier des Arztes zu befriedigen. Weil wir noch sehr wenig über die negativen Auswirkungen des Ultraschalls auf die Entwicklung des ungeborenen Lebens wissen, sollte seine Anwendung vermieden werden.

Die Geburts- und Schwangerschaftsmedizin ist noch immer sehr primitiv. Frauen, die vor vierzig Jahren entbunden haben, hat man nicht vor den Schäden gewarnt, die Zigarettenrauch für die Lungenentwicklung und das Körpergewicht ihrer Kinder hat. Vor zwanzig Jahren beharrten Ärzte darauf, daß mäßiger Alkoholkonsum für ein ungeborenes Kind kein Problem darstelle; heute dagegen wissen wir, daß Alkohol zu Mißbildungen führen kann. Annemiek Cuppen erinnert uns daran, daß es vor fünfundsiebzig Jahren noch üblich war, schwangere Frauen regelmäßig zu röntgen, aus denselben Gründen, aus denen Ärzte heute Ultraschalluntersuchungen vornehmen. Erst als erwachsene Männer und Frauen in großer Zahl an Leukämie zu sterben begannen, entdeckte man nachträglich, daß das Röntgen eines Foetus potentiell tödliche Spätfolgen haben kann. Noch heute führen Ärzte künstlich Wehen herbei und entscheiden sich aus den fadenscheinigsten Gründen für einen Kaiserschnitt, obwohl doch Menschen, deren Geburt erzwungen wurde, diese psychische Belastung die ganze Kindheit über bis in ihr Erwachsenenalter hinein offenbart haben. Erst jetzt werden diese kalten, in die Natur eingreifenden Methoden von Eltern, Psychologen und Vertretern einer natürlichen Geburt einer neuen Bewertung unterzogen.

Technische Tricks sind kein Ersatz für hinreichende Erfahrung, Engagement für natürliche Geburt und ausgeprägte Intuition. Unmittelbar vor einer Geburt kann ein spirituell gut ausgebildeter Mensch mental in den Uterus hineingelangen und Zustand und Lage des Kindes erkennen. Ultraschalldoppler, die während der Entbindung unentwegt aktiviert bleiben, verstärken nur das Geburtstrauma. In vielen Fällen haben sie dem Kind hinreichend Schwierigkeiten bereitet, bis ein chirurgischer Eingriff »erforderlich« wurde – als Folge des Einsatzes dieser Geräte selbst!

Die inneren Töne oder Nadas

Noch vor wenigen Jahren hätte jeder Wissenschaftler, der etwas auf sich hielt, entschieden geleugnet, daß das Ohr Peiltöne aussendet. Man glaubte, daß dies nur als pathologische Störung, genannt Ohrensausen, auftrete, bei der der Betroffene Summen, Musik, Glockengeläut, Motorenlärm und andere störende, hörbare Rumpelgeräusche in seinem Kopf oder im Ohr vernimmt. Diese Geräusche erscheinen dem Leidenden sehr laut, und wenn ein anderer sein Ohr an das Opfer des Ohrensausens legt, kann auch er ein Pfeifen hören. Jahrelang haben medizinische Forscher nicht einmal daran gedacht, auf etwaige Geräusche zu lauschen, die von normal hörenden Personen ausgestrahlt werden. Einige britische Forscher jedoch entschlossen sich dazu, Mikrophone im Gehörgang anzubringen, und stellten fest, daß Töne aus dem Inneren des Ohres austreten.

Während medizinische Forscher sich noch darüber streiten, ob diese Geräusche von der Schnecke oder von den Härchen der sensorischen Zellen produziert werden, stehen sie zusätzlich vor dem Rätsel, worum es sich dabei handelt und warum sie auftreten. In vielen Geheimbünden und im Hinduismus, wie er allgemein praktiziert wird, wissen die Mystiker jedoch schon seit Urzeiten, daß es sich dabei um Botschaften des höheren Selbst handelt, die einen Entwicklungsstand anzeigen, dem der Mensch Beachtung schenken sollte. Die Sanskritbezeichnung für dieses Phänomen lautet *nada* oder »innerer Ton«. Yogaausübende und Meditierende streben danach, diesen inneren Ton zu vernehmen und ihm zu lauschen, um damit ihre spirituelle Disziplin zu fördern.

Es gibt mehrere Methoden, um dies zu erreichen. Eine spirituelle Gruppe, die mit Hilfe von Fernkursen unterrichtet, verkauft ihren Mitgliedern ein besonderes Resonanzbrett, mit dem die *nadas* verstärkt werden sollen. Das Brett wird über die Knie gelegt, dann stemmt man die Ellenbogen darauf und drückt mit den Fingern gegen beide Ohren. Die üblichere Methode besteht darin, sich bequem hinzulegen oder zu setzen und mit dem Zeigefinger das kleine Hautläppchen vor dem Gehörgang niederzudrücken, bis es die Ohröffnung gänzlich verschließt. Drükken Sie recht fest mit dem Zeigefinger gegen Ihre Ohren. Zunächst werden Sie Ihr Blut pumpen hören. Nachdem dieses Geräusch verstummt ist, wird der wahre innere Ton auftreten. Es kann sein, daß er lauter oder leiser wird oder auch sein Tempo verändert. Versuchen Sie nicht, ihn in einer besonders angenehmen Form festzuhalten, lauschen Sie ihm einfach, wie er anschwillt und strömt oder pocht, achten Sie auf Rhythmus und Melodie. Häufig wird ein Ton abrupt abbrechen und ein neuer setzt ein. Gestatten Sie es sich, diesen Ton ohne jedes Vorurteil voll und ganz zu hören. Gelegentlich wechseln die Töne sich auch gegenseitig ab, manchmal überlagern sie einander. Manche Menschen hören ihr ganzes Leben nur einen einzigen Ton.

Die *nadas* stehen mit den Chakras in Bezug, und ob Sie ein Summen hören, den Wind oder einen Engelschor, hängt von der

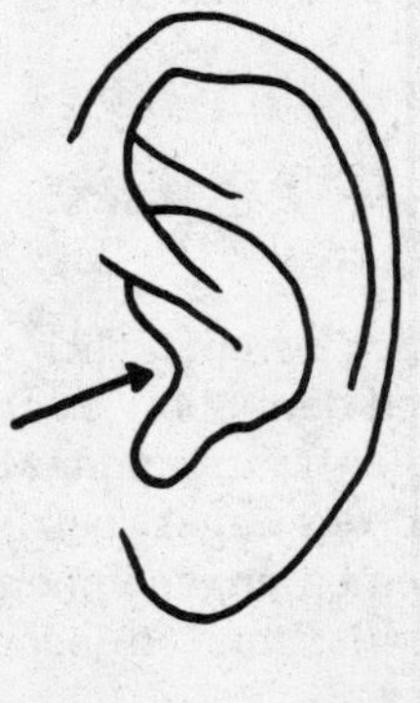

Energie ab, die Sie gerade zu beherrschen lernen. Dies ist ihr *nada*, und Sie teilen es mit niemandem sonst, obwohl andere auch den Ozean als inneren Ton hören mögen. Intensität, Lautstärke, Tonlage, Kadenz und Frequenz sind völlig wesenseigen. Nadas sind ein Anzeichen für eine erwachte Kundalinienergie, die von einem kreisenden Energierad zum anderen emporsteigt, entlang den sieben Hauptchakras des Körpers. Die Töne und die Chakras, welche von ihnen angezeigt werden, sind hier aufgelistet:

Motoren, Insekten, und anderes Summen, Grillenzirpen, elektronische Geräusche	Wurzelchakra
Ohrenklingeln, rauschendes oder strömendes Wasser oder ein Wasserfall	Sakralchakra
Flötentöne	Solarchakra
Gesang, Glocken, Muschelrauschen, Engelschöre, Horn	Herzchakra
Wind, Ozean	Kehlkopfchakra
AUM, das aus dem Herzen kommt	Brauenchakra (drittes Auge)
Stille	Scheitelchakra Kronenchakra

Das *nada*-Hören sollte am besten täglich geübt werden. Besonders ergiebig ist es nach dem Sport, nach der Meditation oder nach anderen spirituellen Disziplinen. Manchmal werden Sie für kurze Zeit während des Tages ganz spontan das *nada* zu hören beginnen. Wer einen angenehmen Ton empfängt, wird dadurch selten gestört. Ist Ihr Ton jedoch unangenehm und kommt er ungewollt, so legen Sie sich nach Möglichkeit auf Ihr eigenes Bett oder dorthin, wo Sie über längere Zeit entspannt bleiben können, schließen Sie die Augen und bedecken Sie die Ohren genauso, wie Sie es während einer *nada*-Meditation täten. Rücken Sie Ihre Decken so zurecht, daß Sie es wirklich bequem haben, liegen Sie dann still und lassen Sie sich von dem Ton überfluten. Ist es ein Motorengeräusch, ein Klingeln oder ein Summen, so wird es nach und nach immer leiser werden, bis Sie es überhaupt nicht mehr hören. Lassen Sie sich dabei Zeit. Es kann manchmal eine ganze Stunde dauern, bis ein solcher innerer Ton wieder verschwindet, aber dafür wird er möglicherweise auch für lange Zeit nicht wiederkehren. Ist der Ton verstummt, ruhen Sie sich noch einige Minuten aus und entspannen Sie sich völlig. Danach werden Sie sich wie neugeboren fühlen und dazu fähig, alles in Angriff zu nehmen.

Ein weiteres Mittel gegen Ohrensausen sind die Übungen mit den Tönen MMM und NNN, wie in Kapitel 5 dieses Buchs beschrieben. Wenn Sie beide Methoden regelmäßig miteinander verbinden, wird dies das ungewollte Eindringen ständiger *nada*-Töne in ihren Hörbereich dämpfen.

Manchmal steht ein Ton, der in unser Bewußtsein eindringt, in Beziehung zu dem Chakra, das wir gerade erforschen, dann ist das *nada* ein Segen. Fernes Glockengeläut oder ferner Gesang lassen viele Leute zum Zahnarzt gehen, um festzustellen, ob ihre Zähne möglicherweise Radioprogramme weiterleiten. Obwohl so etwas durchaus passieren kann, sollten Sie erst einmal dem Ton sorgfältig lauschen und hören, was er Ihnen zu bieten hat, bevor Sie Geld für eine äußere Behandlung ausgeben. Möglicherweise genügt es schon, dem Ton eine Viertelstunde am Tag zu lauschen, um den spirituellen Aspekt des *nada* zu erkennen. Und danach werden Sie ihn vielleicht nur noch dann hören, wenn Sie dies bewußt wollen.

Eine Frau kam zu mir, die unter Ohrensausen litt, Sie fürchtete, das laute Summen kein Jahr mehr ertragen zu können, das immer nur in einem Ohr auftrat. Ihr Arzt meinte, es durch Abtrennen der Nerven beheben zu können, was sie allerdings einseitig taub gemacht hätte. Sie entschied sich gegen eine solche Behandlung. Geduldig saß ich da, während sie mir ihre Lebensgeschichte erzählte. Obwohl ihre Kinder inzwischen erwachsen und verheiratet waren, verließen sie sich doch in allem auf sie. Ihre Eltern taten das gleiche. Weil sie schon so alt waren, kochte sie für sie und arrangierte alle ihre Ausflüge. Sie war eine hingebungsvolle Tochter. Das Fatale daran war, daß sie zornig auf ihre Eltern war und sich ihnen zugleich verpflichtet fühlte. Sie mochte sie weder als Menschen, noch liebte sie sie als Eltern. Dazu hatte sie auch noch einen außerordentlich egozentrischen Ehemann, mit dem sie auch geschäftlich verbunden war. Sie arbeitete den ganzen Tag und verbrachte sämtliche Pausen und Abende damit, für ihre Familie zu sorgen. Ich sagte ihr, daß das Summen in ihrem Ohr eine Warnung sei, etwas kürzer zu treten. Leider war sie so sehr von Schuldgefühlen getrieben, daß sie einfach nicht damit aufhören konnte, ständig für andere zu sorgen, anstatt sich auch auf ihre eigene Gesundheit zu konzentrieren. Kurz darauf wurde sie wegen Erschöpfung ins Krankenhaus eingewiesen, was alle ihre Aktivitäten unterband und ihre Sorge darüber, ihre Familie im Stich lassen zu müssen, noch verstärkte. Ihre Verspanntheit und die Schuldgefühle sorgten dafür, daß das *nada* des zweiten Chakras hörbar blieb. Und doch war dies zugleich das Signal einer emporsteigenden Kundalinienergie, die auch positiv hätte genutzt werden können, um ihre eigene Stärke und ihre Lebenskraft zu mehren.

Ein Unternehmer, der sich häufig überarbeitete, wurde plötzlich von Ohrensausen heimgesucht. Er stellte fest, daß der unwillkommene Motorenlärm in seinem Kopf völlig verschwand, wenn er seiner Sekretärin auftrug, für eine halbe Stunde alle Telefongespräche zu unterbinden, und er dann den Kopf auf den Schreibtisch legte, um sich zu entspannen. Danach machte ihm das Ohrensausen den Rest des Tages nicht mehr zu schaffen. Ignorierte er das Warnsignal jedoch, plagte es ihn bis in die Nacht hinein und raubte ihm den Schlaf.

Ohrenklingeln kann eine Nachricht des Höheren Selbst sein, das sich verzweifelt bemerkbar machen will. Halten Sie dann inne und lassen Sie es kommen, indem Sie den Ton nicht etwa verdrängen, sondern vielmehr langsam und richtig atmen, bis

Sie die gewünschte Information empfangen haben. Meistens handelt es sich dabei um den Rat, etwas sanfter mit sich selbst umzugehen. Der Streß des späten 20. Jahrhunderts läßt uns nur wenig Zeit für uns selbst, und die geschäftliche Alltagshetze raubt uns jede Möglichkeit, auf die ruhige, leise Stimme in unserem Inneren zu lauschen, auf unseren direkten Kontakt mit dem Schöpfer.

8

GESPRÄCH MIT DEM TONPIONIER DON HUNTER

Don Hunter ist stark berührt von den natürlichen und den von Menschen geschaffenen Tönen in unserer Umwelt. Schon seit jener Zeit, als man dafür noch schwere Plattenaufnahmegeräte benötigte, hat er natürliche und Industriegeräusche aufgenommen. Die Ausrüstung mußte damals absolut waagerecht stehen, und ihr mechanischer Aufbau war äußerst kompliziert. Hunter, emeritierter Professor für audiovisuelle Wissenschaften an der Universität Oregon, besitzt eine umfangreiche Privatsammlung primitiver Schallplatten, von denen einige von innen nach außen abgespielt werden müssen. Er ist auch im Besitz riesiger Schallplatten, mit denen Filmgesellschaften zu Beginn des Tonfilms Kinos auszustatten pflegten. In seinem Archiv befinden sich große Schallplatten, die man für Radiosendungen verwendete, und auch gläserne, die im Zweiten Weltkrieg die Aluminiumplatten ersetzen mußten. Dazu gehört auch eine Glasplatte, die er für einen weltweit tätigen Radio- und Fernsehevangelisten anfertigte, der sein Predigeramt in Eugene, Oregon, begann, wo Hunter geboren wurde und noch heute lebt. Wenn der Evangelist seine Sendungen vorab aufnehmen mußte, pflegte er sich an Don Hunter zu wenden. Glas war zwar ein ausgezeichnetes Aufnahmemedium, dafür war seine Transportfähigkeit aber sehr beschränkt.

Vor einigen Jahren wollten die Predigerkollegen des Evangelisten diesem zum fünfzigsten Jubiläum ihrer Zusammenarbeit etwas schenken, das an die frühen Jahre erinnern sollte. Erfolglos durchstöberten sie Hunters Kellerräume. Da dachte Don plötzlich an das ursprünglich professionelle Plattenaufnahmegerät, das inzwischen völlig veraltet war und mit dem er die

Programme aufgenommen hatte. Er bot es dem Komitee für dieselbe Summe an, die er benötigte, um ein neuentwickeltes Vielspurgerät davon zu kaufen. Dies ermöglichte ihm, getrennte, synchronisierte Spuren mit Geräuschen, Musik und Text anzulegen, die zum Schluß zu einer einzigen Stereospur zusammengemischt wurden.

Die Pensionierung hat Don Hunter kein geruhsames Leben gebracht. Er ist vielbegehrt als öffentlicher Redner, der seine Naturfotografien vorführt und die Geräusche vorspielt, die er im Laufe der Jahrzehnte im Freien aufgenommen hat. Er ist ein audiovisuelles Genie, das niemals versucht, von der Wahrheit der Umwelt abzuweichen. Wenn er in einer Herbstnacht unmittelbar oberhalb der Stadt Grillen aufnimmt, so ist auch das Hintergrundsummen der Stadt zu hören. Das ist es, was wir tatsächlich hören, wenn wir in einer solchen Umgebung sind, und es kann uns an einen Zeitpunkt und an einen Ort zurückführen, da wir draußen vor unserem eigenen Heim Nachtgeräusche vernahmen. Er bemerkte, daß Grillen langsamer zirpen, wenn es kälter ist. In der Sommerhitze zirpen sie wie wild mit ihren Gefährten. In der freien Natur sind sie so laut, daß sie andere Nachtgeräusche völlig übertönen können.

Er hat Vögel aufgenommen, Frösche, Gewitter und den Wind, wie er durch die Kabel wispert. »Wind«, erklärt er, »ist ein schlimmer Gegner der Mikrophone, aber ich stelle meinen Wagen mit der Breitseite gegen den Wind und öffne nur ein Fenster, damit er nicht durch den Wagen durchbläst. So erhalte ich ein nach außen offenes Druckgebiet und bekomme nur wenig Wind ins Mikrophon.« So hat er am Kolumbustag 1962 in Oregon ganz spontan einen heftigen Sturm aufgenommen.

»Das Schwierige daran, Grillen oder Frösche oder Vögel aufzunehmen«, meint Hunter, »besteht nicht darin, sie ausfindig zu machen, sondern von den Geräuschen unserer industriellen Umwelt wegzukommen. Man muß sich sehr weit von einer Stadt, sehr weit von Autobahnen entfernen, um sie nicht mehr zu hören. Obwohl diese Tiere sich in der Natur recht laut anhören, sind sie in Wirklichkeit gar nicht so laut. Man muß eine recht hohe Lautstärke einstellen, damit man sie vor dem Hintergrundgeräusch des Bands oder der Aufnahme selbst überhaupt hört. Oft mußte ich die ganze Nacht aufbleiben, um rauschfreie Aufnahmen zu erhalten.

Einmal habe ich eine Nacht damit verbracht, zu Hause das Geräusch von Donner aufzunehmen, weil ich nicht die Zeit hatte, um hinauszugehen. Ich dachte, daß er gleich aufhören würde. Er kam aber immer wieder, also nahm ich auch immer weiter auf. Inzwischen war es schon zwischen zwei und drei Uhr morgens, und in der Stadt war nicht mehr viel Lärm. So habe ich einige wunderschöne Donnergeräusche bei mir zu Hause aufnehmen können, doch das ist eine Ausnahme.«

Sein Hobby ist es, Geräusche aufzunehmen, die aus der amerikanischen Geräuschkulisse allmählich verschwinden. Um die Gerichtsuhr aufzunehmen, bevor sie abgerissen wurde, begab er sich um Mitternacht in die Innenstadt. »Es war eine bewölkte Nacht, es nieselte. Ich stellte mich an der Südostkante des Parkplatzes auf und wartete darauf, daß die Uhr schlug. Man kann noch hören, wie die Regentropfen auf das Mikrophon fallen. Es ist interessant gewesen, im Laufe der Jahre Geräusche zu sammeln. Manchmal ist es auch eine richtige Herausforderung, hinauszugehen und ein Geräusch aufzunehmen. Es ist viel leichter, am Kamin zu sitzen und nur darüber nachzudenken. Doch inzwischen könnten die echten Geräusche verschwinden.«

LMG: Mir ist aufgefallen, wie schwierig es ist, auf eigene Faust das Meer aufzunehmen.

DH: Ja, wenn man nicht gerade eine sehr gute Ausrüstung hat, wird sich das nur wie Bandrauschen anhören. Mit einem billigen Mikrophon kann man das nicht machen. Tatsächlich ist es auch schon sehr schwierig, mit einem einzigen Hochqualitätsmikrophon das Meer oder Wassergeräusche aufzunehmen. Stereoaufnahmen sind sehr viel naturgetreuer. Das Aufstellen der Mikrophone sowie die Akustik der Umgebung sind ebenfalls wichtig. Ich lausche zunächst sorgfältig, wie das Geräusch sich in seiner eigenen Umgebung umherbewegt, bis ich die richtigen akustischen Widerspiegelungen und die richtige Perspektive finde. Dort, wo das Geräusch richtig widerhallt, stelle ich das

Mikro auf. In letzter Zeit benutze ich auch Kopfhörer beim Aufnehmen, um genau zu hören, was ich empfange, während ich aufnehme.

LMG: Ihre Kopfhörer sind aus Österreich; es sind 240er mit einem Widerstand von 400–600 Ohm. Sie haben den Effekt, daß es sich anhört, als wäre man in der Mitte des Geräuschs und als würde es gerade stattfinden. Diesen vollen Klang haben Sie auf einem professionellen Walkman-Bandaufnahmegerät aufgenommen.

DH: Das ist der Unterschied zwischen Stereoaufnahmen und Kunstkopfstereo. Benutzt man Stereo, erhält man die dimensionalen Effekte. Geht man einen Schritt weiter zum Kunstkopfstereo, bei dem die Mikrophone so weit auseinanderliegen, wie die Ohren am Kopf, so empfängt man die Geräusche mit ihrer tatsächlichen Phasendifferenz, mit Lautstärkeunterschieden und mit Frequenzdifferenzen, wie sie das Ohr wahrnimmt. Das hilft uns dabei, das Hören auszurichten. So wissen wir, daß dieses Geräusch von links drüben kommt, weil es sich eben so anhört. Wenn Sie jedoch einen Finger auf ein Ohr legen, so daß Sie nur noch mit dem anderen hören, gerät alles durcheinander. Versuchen Sie es einmal.

LMG: Ja, das tut es. Ich habe Leute wegen Teiltaubheit behandelt, besonders Langstreckenschwimmer und Menschen, die an sehr lauten Arbeitsplätzen auf einem Ohr das Gehör verloren haben. Die Gehörverluste waren recht unterschiedlich, das größte Problem ist die Verwirrung darüber, aus welcher Richtung die Geräusche kommen, sowie die fehlenden Teile von Unterhaltungen.

DH: Beim stereophonischen Hören kann man sich auf jemanden konzentrieren, der links redet, während man das Geplapper aller anderen Leute ausschaltet. Ohne stereophonisches Hören geht das nicht. Dann kann man bestimmte Geräusche nicht ausschalten, weil alle gleich stark kommen.

LMG: Unsere Ohren können auch manche Dinge ausschalten, beispielsweise Verkehrs- und Industrielärm im Hintergrund, vor allem dann, wenn man umgeben von diesem Lärm wohnen oder arbeiten muß. Doch wird ein Besucher davon überwältigt sein.

DH: Das stimmt. Es liegt wahrscheinlich daran, daß diese Menschen gelernt haben, ihr Gehör selektiv auszurichten und die Frequenzen zu ignorieren, die den Lärm erzeugen. Wenn sie nur ein Ohr besäßen, könnten sie das nicht so erfolgreich tun. Deshalb trage ich auch zwei Hörgeräte und nicht nur eins. Denn ich möchte nicht das Stereophonische an den Geräuschen missen, die ich höre. Aus diesem Grund habe ich auch Gehörgangsgeräte und keine, die man über dem Ohr anbringt. Die sind zwar nicht so stark wie die anderen, aber ich möchte, daß meine Ohrmuscheln das Bündeln und die zeitliche Abstimmung übernehmen, was schließlich ihre Aufgabe ist. Es ist zwar nicht allzu erfolgreich, aber es hilft.

Ich darf vielleicht hinzufügen für jene Menschen, die zum ersten Mal Hörhilfen tragen, daß neue Hörgeräte, und seien sie noch so gut eingestellt, verzerrend und irritierend klingen mögen. Nach ein paar Wochen jedoch gleichen sie sich dem normalen Gehör an. Das liegt daran, daß das Gehirn die Fähigkeit entwickelt, Mängel und überhöhte Wiedergabe der Geräte auszugleichen. Das gilt auch für Lautsprecher. Wenn man sich zu Hause erst einmal an einen Satz Lautsprecher gewöhnt hat, kann es zum Trauma werden, auf andere überzuwechseln; selbst dann, wenn es bessere sind, weil unser Gehirn nach wie vor die einzigartigen Wiedergabekurven der alten Lautsprecher kompensiert. So ist es mir ergangen, als ich die Kontrolllautsprecher in meinem Studio auswechselte, mit denen ich alle anderen Geräusche überprüfe, mit denen ich zu tun habe.

LMG: Ich habe recht häufig mit Taubheit zu tun und arbeite meistens mit den Organen, die das Gehör beherrschen, um sie wiederzubeleben, und dabei heile ich viele Formen von Gehörschäden. Das Gehör wird hauptsächlich von den Nieren und der Milz beeinflußt, und oft reagieren diese Organe auf Kräuter und andere natürliche Heilmethoden. Aber wenn ein Mensch Alkohol trinkt und/oder Weißmehl, Zucker und kohlehydratreiche Speisen zu sich nimmt, so können Altersgehörschäden schon häufig allein durch eine Ernährungsumstellung gelindert werden.

Ich bin froh, daß Sie über Ihre Hörprobleme gesprochen haben, denn siebzehn Prozent aller Erwachsenen leiden in der einen oder anderen Form unter Gehörverlust, und es ist wichtig für die Menschen zu erfahren, daß dies noch lange nicht bedeuten muß, daß alle Aktivitäten nun ein Ende hätten. Sie sind dennoch in der Lage, Aufnahmen zu machen und Ihre Programme vorzuführen, und Sie sind pausenlos beschäftigt. Sie haben sich davon nicht bremsen und schon gar nicht abhalten lassen, Ihre lebenslangen Interessen auf dem Gebiet der Tonaufnahmen weiterzuverfolgen oder sich mit dem modernsten technischen Fortschritt auf diesem Sektor zu beschäftigen. Sie besitzen zu Hause ein Aufnahmestudio und Stereogeräte, um die Sie manch ein Profi beneiden würde.

Hunter lachte, dann spielte er ein Band mit Dudelsackmusik vor, das er mit Trommelwirbeln in voller Lautstärke aufgenommen hatte. Die Dudelsäcke wurden immer lauter, je näher sie seinem Mikrophon kamen, um schließlich wieder leiser zu werden, als die Spieler die Aufnahmegeräte passiert hatten. Zu seiner Sammlung gehören auch Aufnahmen alter Polizeisirenen, die noch auf mechanischer Grundlage funktionierten und nicht, wie heute, auf elektronischer. Und wenngleich mir aufgefallen war, wie sich die Polizeisirenen verändert hatten, war ich doch nie auf den Gedanken gekommen, daß jene, die ich in meiner Kindheit gehört hatte, von Motoren oder gar von Hand angetrieben worden waren. Dies ist ein Beispiel dafür, wie Tonarchive Industriegeschichte erhalten. Eine weitere Sirene, die er aufnahm, war eine dampfgetriebene Luftalarmsirene, wie sie oft Anfang der sechziger Jahre getestet wurden, als der Kalte Krieg immer heißer wurde. »Ich habe mich weit genug entfernt aufgestellt, um einen widerhallenden Effekt zu erhalten, der sich mit dem Ton selbst vermischt, was ein interessantes Ergebnis erbrachte. Ich schätze, daß da mehr als nur eine Sirene in Betrieb war, und als eine von ihnen immer schneller wurde, hat ein Wellenlager blockiert, so daß sie wieder abflaute, was ein ganz wildes, furchterregendes Geräusch erzeugte«, erklärte Hunter, bevor er dieses irritierendste aller Geräusche vorspielte, das wir zum Glück nicht mehr sehr oft hören.

Er nimmt nicht nur regionale Geräusche auf, sondern reist auch sehr weit, um lohnenswerte Geräusche, die im Zuge neuer Entwicklungen aus unserem Leben verschwinden, aufzunehmen. In Sheboygan, Wisconsin, entdeckte er bei einem Pferdewagentreffen Geräusche von Pferden und Wagen, die heute kaum noch anzutreffen sind, und nahm sie auf. Und auch die Autos, die er aufgenommen hat, wie sie rumpelnd und scheppernd die Straßen der meisten amerikanischen Städte entlangfuhren, existieren inzwischen nicht mehr.

Wenn man im Freien etwas aufnimmt, erhält man mehr als ein Geräusch. So vermischen sich die klatschenden Wellen mit den Nebelhörnern und Bootspfeifen, die einander antworten, um eine Sinfonie des Augenblicks zu erschaffen, die unsere Herzen bewegt und wehmütige Romantik auslöst.

DH: Geräusche und Töne sind ähnlich wie Düfte; wenn man den Geruch von Veilchen riecht, denkt man an das erste Mal zurück, als einem dieser Duft ganz bewußt wurde. In meiner Kindheit hatten wir einen Hinterhof, und ich pflegte dort zu spielen und die Veilchen dort zu riechen. Immer, wenn ich Veilchen rieche, muß ich an diesen Hof denken. Das gilt auch für Margeriten. Ich glaube, wir sind uns alle dessen bewußt, daß Düfte Erinnerungen wachrufen. Darauf beruht auch die ganze Parfumindustrie. Das gleiche gilt für Töne. Es ist absolut nostalgisch, wenn sie frühe Erinnerungen in uns wecken.

LMG: Meinen Sie, daß die meisten Menschen mit Tönen, Klängen und Geräuschen so verbunden sind?

DH: Geräusche als Medium für sich sind allgemein nicht so bekannt oder anerkannt. Unser ganzes Leben über sind wir von ihnen umgeben und nehmen sie einfach als selbstverständlich hin. Das ist auch der Grund, weshalb sie nicht als Medium der Kommunikation und der totalen Erinnerung verbreitet sind, außer in der Akustik natürlich. Die Musik dient allein der

Freude, und ein großer Teil der Freude besteht darin, etwas wiederzuhören, das man schon einmal gehört hat, um die mit diesem Stück verbundenen Erinnerungen wachzurufen. Geräusche tun das gleiche, und auch wenn sie dafür nicht so bekannt sind, glaube ich, sind sie ebenso wirkungsvoll.

LMG: Haben Sie das Gefühl, daß Menschen Ihrer Altersgruppe (Rentner) sehr fröhlich auf Musik reagieren, die in ihrer Jugend beliebt war?
DH: Oh ja, ganz bestimmt. Die Kinder von heute sind so vielen Geräuschen aus Filmen, Fernsehen, Radio, Autostereoanlagen, dem Walkman ausgesetzt, daß es für sie möglicherweise anders sein wird. Die nehmen das alles als selbstverständlich hin.

LMG: Konnten Sie feststellen, daß das Publikum auf gewisse Geräusche reagiert, wenn Sie im Laufe eines Programms etwas spielten?
DH: Ja, bei älteren Leuten erweist sich das als sehr wirkungsvoll. Ich weiß nicht, wie jüngere Leute reagieren. Ich weiß sehr wohl, daß viele Leute glauben, die jungen Menschen interessierten sich nur für Rockmusik und reagierten nicht auf melodischere Musik, bei der der Rhythmus nicht so vorherrscht. Mein Vortrag »Oregon Spectacular« wird von eher melodischer Musik begleitet, und da bekomme ich ständig Kommentare von einigen Leuten, und zwar eher über die Musik als über die Dias. Bei dieser Vorführung spielt die Musik eine sehr große Rolle, eben weil ich sie so eingesetzt habe. Zeitweise begleitet die Musik die Bilder, zeitweise wiederum begleiten die Bilder die Musik. Wenn ich das gleiche Programm jugendlichen Schülern von der Grundschule bis zur High School vorführe, staunen die Lehrer immer wieder darüber, wie aufmerksam die Schüler zuhören und diese melodische Musik genießen. Danach kommen die Lehrer kopfschüttelnd zu mir. Es ist ihnen gar nicht klar gewesen, daß die Schüler gute Musik schätzen könnten, sogar klassische. Oft hat ein Lehrer mein Programm schon vorher bei einem staatlichen Lehrerkongreß kennengelernt und damit gerechnet, daß die Kinder ungehalten reagieren würden.

Nachdem ich mir seine Klangbibliothek angehört und mir von Don Hunter einiges davon für meine Workshops über heilende Klänge habe aufnehmen lassen, fragte ich ihn, wie er überhaupt zu diesem einzigartigen und lebendigen Hobby gekommen sei. Er hat daraus zudem auch noch einige Berufe gemacht, die sein ganzes Leben durchzogen haben.

DH: Meinen ersten Phonographen habe ich in meinem letzten Jahr an der Junior High School gebaut; da begann ich auch Schallplatten zu sammeln. Weil ich so tonbewußt war, übertrug man mir in meinem letzten Jahr an der High School die Aufsicht über das von der Schule gerade angeschaffte Plattenaufnahmegerät, und ich stellte einige Platten für ein paar Musikstudenten her. Es dauerte nicht lange, da tat ich das gleiche zu Hause für mich selbst. Ich benützte Abspielgeräte, drehte den Vorgang für die Aufnahme einfach um. Schon bald nahm ich die Geräusche um mich herum auf, ebenso wie Gespräche oder Musik im Radio. Um das Jahr 1934 herum stellte ich zwei Mikrophone auf, es waren eigentlich Telefontransmitter, Rücken an Rücken, genau wie Ihre Ohren. Ich stellte Schallplatten in meiner Werkstatt hinter dem Haus her. Ich legte zwei Leitungen in meine Werkstatt, schloß ein Mikrophon an jeden der beiden Kopfhörer an und ließ meinen Bruder auf dem Weg an den Mikrophonen vorbeigehen. Ohne ihn zu sehen, konnte ich genau feststellen, wo er war, denn das war keine Stereoaufnahme, es war Kunstkopf. Die Mikrophone waren ein Ersatz für meine Ohren, und es war ganz so, als stünde ich selbst draußen neben dem Weg. Das beeindruckte mich sehr, und ich begann die Möglichkeiten von Klang und Geräusch zu sehen.

Ich begann bellende Hunde und miauende Katzen aufzunehmen und viele Vogelarten, und baute mir so eine Tonbibliothek auf. Als ich ein Hörspiel für andere Leute aufnahm, verwendete ich Geräuscheffekte aus meiner Audiothek, um die Produktion realistischer zu machen. Ich begriff, daß Geräusche die Szene bestimmen, sie verändern das Bild. Es ist aufregend, genau das richtige Geräusch zu finden, um die Stimmung oder den Effekt zu erzeugen, den man will. Ich entdeckte aber auch, daß die

Geräusche sehr gut aufgenommen werden mußten, in hoher Qualität, sonst hört es sich so an, als käme es aus einem Lautsprecher und klingt nicht wie ein richtiges Geräusch.

Da ich mich dafür interessierte, Stimmungen mit Geräuschen zu erzeugen, und mit dem Aufbau meiner Geräuschbibliothek begann, lange bevor ich anfing, Photos und Dias zu machen, dachte ich immer daran, daß ich Umweltgeräusche aufnehmen könnte, die sich auch kommerziell vermarkten ließen. Nun ja, heute gibt es solche Schallplatten. Ich war immer so sehr mit anderen Dingen beschäftigt, daß ich nie dazu kam. Immerhin habe ich aber experimentiert und besitze noch ein Tonband, das ich im Jahre 1947 aufgenommen habe, denn damals kam gerade das Tonband auf. Auf diesem Band befinden sich Geräusche, die ich schon seit der Zeit vor dem Zweiten Weltkrieg in meiner Audiothek hatte. Da war keine Musik dabei, keine Worte, nur Geräusche. Ich habe es »Soldatentraum von der Heimat« genannt. Es war ungefähr sieben Minuten lang. Ich habe mehrere Kopien davon angefertigt und verteilt und die Leute gefragt, was sie davon hielten, und ihre Reaktionen ermunterten mich, noch weitere »Klanggemälde« herzustellen.

LMG: Damals hatten Sie wirklich primitive Maschinen, nicht die hochentwickelte Ausrüstung, die Sie jetzt verwenden. Ich nehme an, in zwanzig Jahren wird dies alles wie Kinderspielzeug aussehen. Ich habe es aufgegeben, mir Schallplatten zuzulegen, wegen der Kratzer und anderer Probleme, denn ich stellte fest, daß eine Bandbibliothek viel besser ist. Ursprünglich sagte man, daß die Bänder ausleiern würden, aber ich stellte fest, daß das genaue Gegenteil der Fall ist. Heute kaufe ich Digitalbänder.
DH: Haben Sie schon einmal eine von den neuen Compact Discs gehört? Ich hätte überhaupt nicht geglaubt, wie sehr man das, was wir bereits für recht gut hielten, noch verbessern könnte. CDs führen uns mitten in eine Situation hinein. Ihr Vorteil ist eine extrem große Klangtreue, eine extrem große Klangqualität, und die Dynamik ist voll da, weil sie nicht, wie auf einer normalen Schallplatte, komprimiert werden muß. Die ruhigen Passagen sind ruhig und die lauten laut, wenn sie es sein sollen.

Eine andere gute Eigenschaft ist das geringe Hintergrundrauschen. Es ist so niedrig, daß man es überhaupt nicht hört. Die Aufnahme erfolgt digital und nicht etwa analog, wie bei der aktuellen Klangwellenaufnahme – wo wellenförmige Rillen auch wellenförmige Klangwellen darstellen. Die Digitalaufnahme besteht aus kleinen Punkten, die ganz eng beieinander liegen und von denen manche stärker sind als andere. Es gibt schwache und starke, und gemeinsam übertragen sie die Klangwelle. Man hat nur diese Punkte. Die erzeugen kein Rauschen, denn entweder hat man einen Punkt oder den Raum zwischen zwei Punkten. Es gibt nur An oder Aus. Wenn etwas An oder Aus ist, so geschieht das unabhängig von Hintergrundrauschen oder sonst etwas. CDs bestehen aus diesen kleinen Punkten. Beim Ablesen berührt keine Nadel die Rille, statt dessen führt man einen Laserstrahl hindurch. Das Licht trifft auf die Scheibe, wird reflektiert und als kleine An- und Aus-Punkte empfangen. Diese Platten sind praktisch unzerstörbar, sie zerkratzen nicht. Sie werden beim Abspielen von nichts berührt. Sie drehen sich sehr schnell, und die Rillen auf den Platten liegen so eng beieinander, daß man auf einer Seite fünfundvierzig Minuten oder noch mehr aufnehmen kann, in Stereo, mit vier oder sogar mit sechs Spuren, wenn man ein entsprechendes Gerät hat.

LMG: Don, Sie haben mir eine ganze Reihe industrieller Geräusche vorgespielt, und ich weiß, daß Sie sich auf Eisenbahnen spezialisiert haben, aber was hat im Laufe der Jahre Ihre Aufmerksamkeit sonst noch stärker in Anspruch genommen?

DH: Ich habe eine Menge von Sägewerksgeräuschen aufgenommen. Ich reiste nach Springfield, als das Booth Kelley Sägewerk noch lief, um eine Vielzahl von Geräuschen aufzunehmen. Um noch andere Geräusche aufzunehmen, habe ich auch ein kleineres Sägewerk aufgesucht. Beim Besuch eines anderen Werkes in Sheldon, Washington, war ich eigentlich nicht gekommen, um die Säge aufzunehmen, aber das Geräusch bot sich einfach an, also bin ich losgeflitzt und habe mein Bandgerät geholt, um das Transportband aufzunehmen, das die Holzabfälle in kleinen Stücken zum Brenner führte. Es quietschte und klapperte vor sich hin. Ich habe all diese verschiedenen Tonhöhen und Geräusche aufgenommen, weil ich vorhatte, eine Sägewerksinfonie zusammenzustellen. Doch erkannte ich bald, daß die Sache noch einen anderen Sinn hat, denn einige dieser Geräusche um uns herum verschwinden nun langsam, und wir werden sie nie wieder hören. Wenn sie eine Weile verschwunden sind und man sie dann wieder hört, rufen sie tatsächlich Erinnerungen wach.

In früherer Zeit trockneten die Leute ihr Feuerholz in Scheiten, die vier Fuß lang waren. Sie bezogen es als Bretter vom Sägewerk. Wenn es dann im Herbst trocken war, riefen sie den Holzsägemann, der dann meistens mit einem Pferdewagen kam, seine Fairbanks-Morse-Maschine anwarf und das Holz zersägte. Ich erinnere mich noch, wie ich an Samstagen morgens aufwachte und irgendwo in der Nachbarschaft eine Säge hörte, und wie ich es kaum erwarten konnte, mein Frühstück zu beenden, um hinauszulaufen und mir das aufregende Ereignis anzuschauen.

Er beschrieb mir die ganze Atmosphäre, bevor er das Geräusch auf meine nichtsahnenden Ohren losließ. Es war so wirklich, daß ich beinahe das frischgeschnittene Holz riechen konnte. Die alte Einzylindermaschine gibt ein trommelähnliches Klatschen von sich mit einem metallischen, surrenden Klingen, wenn das Holz an die Säge herangeführt wird.

Ich fragte Don Hunter, ob Geräusche, die uns beruhigt oder erregt haben und nun aus unserem Leben verschwinden, eine psychologische Auswirkung haben.

DH: Ich denke schon. Gewiß trifft das für mich zu. Wahrscheinlich haben wir alle das Gefühl des Verlustes, bewußt oder unbewußt. Damit ist ein Teil unseres Lebensreichtums verschwunden.

LMG: Don, Sie sind wirklich ein unverbesserlicher, hingebungsvoller Eisenbahnliebhaber.

DH: Ja, an meinem siebzigsten Geburtstag war ich in Alpine, Texas, auf einem ganz besonderen Dampflokzug. Man hatte mich als Archivar angeheuert, um die Dampflok »Daylight« aufzunehmen und zu photographieren, die 1984 von New Orleans nach Portland fuhr.

Die meisten Urlaube mit meiner Frau und drei Söhnen verbrachten wir damit, die letzten Dampflokomotiven aufzuspüren. Heute ist es wahrscheinlich unmöglich, Dampflokomotiven zu finden, die noch genauso eingesetzt werden wie früher in diesem Land, indem sie auf regelmäßiger, kommerzieller Basis Passagiere oder Fracht transportieren. Statt dessen müssen wir uns mit Liebhaberfahrten, Touristenfahrten oder mit Museumsveranstaltungen begnügen. Stellen Sie sich einmal unsere Aufregung vor, als mein Sohn Gary und ich in Washington D. C., wo wir Verwandte besuchten, plötzlich erfuhren, daß in West Virginia ein einmonatiger Probelauf durchgeführt wurde, bei dem man feststellen wollte, ob man die alten dampfbetriebenen Züge wieder als Frachtzüge einsetzen könnte. Das war im Februar 1985, der Boden war schneebedeckt, es war ungewöhnlich kalt, und einige hundert Meilen auf unbekannten Straßen entfernt. Wir hatten nur einen einzigen Tag zur Verfügung, um dieses Relikt der Vergangenheit aufzunehmen und zu photographieren. Aber eine derart seltene Gelegenheit konnten wir uns nicht entgehen lassen.

Nach einer Fahrt über eisige, kurvige Straßen kamen wir am späten Nachmittag in Hinton, West Virginia, an. Dort erfuhren wir, daß die Lokomotive sich im anderen Bahnhof befand, sie sollte am Morgen Kohle bringen. Also fuhren wir weiter, kamen eine ganze Zeit nach Einbruch der Dunkelheit in Huntington an, müde, durchgefroren, hungrig und sehnsüchtig nach einem Motel Ausschau haltend. Als wir in dieser uns unvertrauten Stadt über eine Hochstraße fuhren, entdeckten wir in der Ferne eine Dampfwolke. Das mußte die Lokomotive sein! Plötzlich waren Müdigkeit und Hunger vergessen, während wir nach Straßen suchten, die uns zur Dampflokomotive führen würden.

Kurz vor unserem Ziel endeten die Straßen, also parkten wir, luden Stereoaufnahmegerät, Kameras und Filme ab und schleppten alles über ein Feld, das mit 20 cm gefrorenem Schnee bedeckt war, zu den Gleisen. Wir gingen um eine Reihe Frachtwaggons herum und da sahen wir die mit einem Scheinwerfer beleuchtete Lokomotive, wie sie sich massiv aus der kalten Dunkelheit erhob. An hundert Stellen entwich der Dampf und wurde vom Wind verweht, es schien, als würde die Maschine auf ihre morgige Fahrt vorbereitet. Ein Schaufelkran war damit beschäftigt, den Tender mit Kohle zu beladen. Es war ein Anblick und ein Geräusch, wie keiner von uns es jemals vergessen wird. Und am nächsten Tag hatten wir noch eine erinnerungswürdige Fahrt, als wir den Zug durch das schneebedeckte Land von West Virginia verfolgten.

Da so viele Geräusche aus dem amerikanischen Leben verschwinden, begann ich damit, mich auf sie zu konzentrieren, bevor sie endgültig nicht mehr zu hören sind. Ich wollte sie auch gar nicht wiederherstellen, wie man es heutzutage bei Dampflokfahrten für Touristen tut. Ich will sie aufnehmen, weil es heute nichts Vergleichbares mehr gibt. Mein wirkliches Interesse jedoch gilt dem Aufspüren von Eisenbahnlinien, die noch immer täglich Fracht mit Dampfloks befördern. Mit anderen Worten, sie sind immer noch dabei, den Westen mit dieser Ausrüstung aufzubauen. Das sind die Geräusche, die ich wirklich schätze. Wann immer etwas los war, nahm ich Urlaub oder opferte dafür die Wochenenden; wenn ich weg konnte, suchten wir die Eisenbahnen auf, die noch mit unterschiedlichen Lokomotiven arbeiteten. Und wenn diese ihren Betrieb einstellten, reiste ich noch weiter. Die ersten habe ich hier in Oregon gefunden. Zum Schluß mußte ich bis nach Vancouver Island, nur um noch etwas aufzutreiben, das täglich und schon seit Jahren mit Dampf arbeitete.

LMG: Interessieren Sie sich ausschließlich für Dampfeisenbahnen?

DH: Überhaupt nicht. Ich habe auch viele andere Eisenbahngeräusche. Darunter sind auch Aufnahmen von der Milwaukee

Railroad, als sie mit elektrischen Lokomotiven über die Cascade Mountains fuhr. Auch in den Rocky Mountains hat man elektrische Loks verwendet. Heute hat man nicht nur die Elektroloks aufgegeben, im westlichen Teil des Landes gibt es überhaupt keine Eisenbahnen mehr. Diese Aufnahmen sind unersetzbar. Diejenige, die ich Ihnen gleich vorspielen werde, ist die »Extra« mit ihrer Dampfpfeife. Verglichen mit den Dieselmotoren ist das Geräusch der Lokomotive recht leise. Sie hat vier Wagenkästen mit verzahnten Rädern, die man im Vorbeifahren heulen hört.

Dann spielte er mir vor, wie der Zug losfuhr und um eine Kurve kam. Er nennt das Geräusch ein »warmes Knurren«. Unterschwellig hörte man das vertraute *klicketi-klack*, aber es hat eine sehr angenehme Klangqualität. Die Dampfpfeife klingt nicht stechend, sie ist sanfter als die meisten Eisenbahnpfeifen, doch sehr ausgeprägt.

LMG: Sie haben nicht nur die Geräusche arbeitender Maschinen aufgestöbert, Sie kennen auch deren technische Daten. Um Geräusche aufzunehmen, haben Sie zudem manchmal die verrücktesten Dinge mit ihrem eigenen Körper zu den unmöglichsten Uhrzeiten angestellt, einschließlich einer außerordentlich komischen Geschichte über die Aufnahme einer Transformatorstation, die Sie mir einmal erzählt haben.

DH: Oh ja, bei dieser Reise habe ich mich ins Vorgebirge der Cascade Mountains zu einer Transformatorstation begeben. Dort wird der übliche Wechselstrom in den 3000-Volt-Gleichstrom umgewandelt, den man für die Lokomotiven braucht. Der Strom wird von dort aus zum Leitkabel geführt. Es war um zwei oder drei Uhr morgens, als ich zu dem Ziegelbau hinaufging, in dem sich die Transformatorstation befand. Nirgendwo war ein Lebenszeichen zu erkennen, also baute ich meine Anlage auf. Ich hatte ein Bandgerät, das über die Autobatterie lief, und ein weiteres tragbares Batteriegerät bei mir. Durch die schmierigen, mit Spinnweben überdeckten Fenster blickte ich ins matt erleuchtete Innere, wo die großen Generatoren standen, das Schaltpult und die Bedienungselemente. Es war gespenstisch.

Ich wußte nicht, wann die Anlage angeschaltet wurde, wußte aber, daß es ziemlich bald geschehen mußte, weil der Zug kam. Also baute ich alles sehr schnell auf, da ich diesen Transformator von Anfang an aufnehmen wollte. Ich wußte nicht, ob er sich automatisch einschalten würde, oder ob der Bursche, den ich schließlich am Schreibtisch schlafend wahrnahm, ihn manuell starten würde. Es war dunkel und kalt und begann neblig zu werden. Alles an mir war beinahe taub, weil ich etwa eine Stunde lang an der Hausecke gestanden hatte, um ein bißchen aus dem Nebel herauszukommen, wobei ich einem gurgelnden Bach in der Nähe lauschte. Und plötzlich – *wumm!* Das Ding startete, es machte ein fürchterliches Geräusch. Als dieser Schalter betätigt wurde, habe ich einen solchen Schrecken bekommen, daß ich nicht einmal mein tragbares Bandgerät einschaltete. Zum Glück lief aber das andere Gerät im Wagen, sonst hätte ich eines der aufregendsten Geräuschmuster meiner ganzen Laufbahn verpaßt. Ich war so klamm und taub, daß ich gar nicht wußte, was ich auf Band hatte. Erst nachdem ich wieder zu Hause war, hörte ich es ab.

Er spielte es vor, und plötzlich hörte man das überwältigende schrille Grummeln und Wimmern eines Generators immer lauter werden, bis es den Bach und den ganzen Nachtfrieden übertönte. Hunter erklärte, daß diese Motoren einen Rotor enthalten, weshalb sie auch schrill beginnen, solange sich der Rotor noch nicht schnell bewegt. Je schneller er wird, um so mehr nähert er sich derselben Frequenz, so daß die Tonhöhe sich senkt, während die des Rotors anschwillt; dadurch entsteht gleichzeitig eine ansteigende und eine absteigende Tonhöhe.

DH: Gestern hat mich jemand angerufen, der ein Videoband über die Milwaukee Electric Railroad produziert und mich gefragt, ob ich das Geräusch des Unterstationstransformators gespeichert hätte. Das habe ich, wie Sie gerade gehört haben, und jetzt verhandle ich mit ihm, damit er es verwenden kann und ich dafür Tantiemen erhalte.

LMG: Die Leute glauben irrtümlicherweise, daß die Studios in Hollywood alle diese Geräusche parat hätten, aber das stimmt gar nicht. Die wenden sich nämlich an Spezialisten wie Sie. Haben auch schon andere Firmen Ihr Archiv in Anspruch genommen?

DH: Im letzten Herbst riefen mich die Disney Studios an, um mich zu fragen, ob ich das Geräusch der Royal Hudson besäße, die oben in Kanada fährt. Sie teilten mir mit, daß sie einen historischen Film mit der Royal Hudson vorhätten. Also schickte ich ihnen zwei Bänder, Stereoaufnahmen mit einer Geschwindigkeit von fünfzehn Zoll pro Sekunde, auf der diese Lokomotive gespeichert war, und sie bezahlten mich dafür. Das war für das Natty Gan-Projekt, was mir damals überhaupt nichts sagte. Als ich den Film dann sah, konnte ich meine Geräuschaufnahmen wieder genießen.

9

KRISTALLE

Kristalle

Die alten Zivilisationen Amerikas haben Kristalle so sehr geachtet, daß nur Eingeweihte sie mit sich trugen und benutzten. Überall auf der Erde finden sich in Höhlen und auf Bergen Kristalle verschiedener mineralischer Formationen. Der Quarz, der bekannteste, ist sechsseitig und variiert von klarer Transparenz über milchig, violett, rauchig bis dunkelgelb. Andere natürlich heilende Mineralien sind Smaragd, Turmalin, Fluorit, Saphir, Topas, Aquamarin, Herkimer Diamant und Rubin. Die berühmten keltischen Heiler ließen sich aus der Schweiz Morion bringen, einen dunkelbraunen, rauchigen Bergkristall, obwohl der Rauchquarz, den man in den Cairngorm Mountains findet, für Heilungen ebenso gut geeignet ist. Die Tibeter schätzten den himmelblauen Türkis aus Persien mehr als ihren eigenen blaugrünen.

Heutige Heiler prahlen mit ihren brasilianischen Bergkristallen und behaupten, daß sie reiner und besser seien als die ausgezeichneten Arkansas-Kristalle, wie sie jahrhundertelang von indianischen Medizinleuten verwendet wurden. Was aus dem Ausland kommt, wird eben mehr geschätzt.

Bis in die Mitte des 19. Jahrhunderts hinein glaubte man, daß Edelsteine großen Einfluß auf die Menschheit hätten. Es entstanden Legenden, die sie mit der Astrologie, mit Heilen, mit Magie und spirituellen Praktiken in Verbindung brachten. Könige, Päpste und andere religiöse Führer trugen Rubine, Saphire und Smaragde in ihren Kronen, um ihre persönliche Macht und magnetische Kraft zu verstärken; obwohl die Steine oft zu facettenlosen Cabochons poliert wurden, strahlten sie noch immer die Eigenschaften aus, die ihnen eigen waren.

Es oblag den Medizinleuten, Sehern und Schamanen, die richtigen Steine miteinander zu verbinden, um ihrem Träger eine optimale charismatische Ausstrahlung zu geben. Jeder wurde einem bestimmten Wochentag oder Planeten zugeschrieben, und man sprach allen Varianten verschiedenster Kristalle und Steine bestimmte Eigenschaften zu. Erstaunlicherweise gibt es viele Übereinstimmungen zwischen unterschiedlichen Zivilisationen darüber, welche besonderen Eigenschaften jeder Edelstein aufweist. Doch ist die Debatte darüber, welche astrologischen Bezüge jeder Stein besitzt, bis heute nicht abgeschlossen. Die Heilenergien und der kraftvolle Zauber, den jeder Stein in sich birgt, lassen sich weitaus leichter von jenen Menschen demonstrieren oder widerlegen, die sich mit Heilung beschäftigen und dabei die Einflüsse der Edelsteine für den persönlichen und den gemeinschaftlichen Nutzen einsetzen.

Natürlich werden facettierte Steine häufig wegen ihrer Form, Farbe und Klarheit geschätzt, die sie direkt aus der Erde mitbringen. Da das Interesse sogar an Halbedelsteinen immer mehr wächst, werden diese häufig von Zwischenhändlern geschliffen und geschnitten, bevor sie auf den Markt kommen. Abgebrochene Kristalle werden neu geschliffen und erhalten plötzlich makellose Spitzen; gewöhnliche Steine werden zu Doppelendern (zugespitzt an beiden Enden) geschliffen; sechseckige werden entlang ihrer Kanten quadratisch geschliffen mit einer Pyramide an jedem Ende. Alle diese Leute, die so der Natur ins Handwerk pfuschen, behaupten, daß ihre Arbeit die Heilkraft der Steine erhöhen würde. Bestimmt läßt sie die Preise hochschnellen. Doch ein Stein guter Qualität, den Sie mögen, wird ebensogut funktionieren, ohne dabei gleich Ihre Brieftasche völlig zu leeren. Obwohl die Kristallheilung meistens mit Steinen aus der Familie der Quarze in Beziehung gebracht werden, kann jeder der hier genannten Steine für Heilungen verwendet werden. Bei allen handelt es sich um kristalline Formationen, auch wenn sie sich von ihrer Form, Färbung und von ihren mineralischen Bestandteilen her sehr unterscheiden.

Einige natürlich facettierte Steine, die wegen ihrer großartigen Heilkraft, ihrer schützenden und anziehenden Qualitäten verwendet werden, finden Sie unten in der Liste.

Natürlich facettierte Steine

Stein	Farbe	Funktion
Aquamarin	*aquamarin-blau*	hilft bei spirituellen Zielen und Praktiken
Diamant	*schwarz, blau, gelb, rosa, klar, blaugrün*	wirken alle schützend
Fluorit	*violett, gelb, weiß, klar, aquamarin-blau*	hält Strahlung ab; plazieren Sie ihn zwischen sich und dem Fernseher oder Computerbildschirm
Granat	*rot, grün, rosa, rotbraun, rotviolett, schwarz, orange, dunkelgelb*	schützt, harmonisiert das zweite Chakra und die Sexualorgane, warnt seinen Träger vor Gefahren, wehrt Gewalt ab
Herkimer Diamant	*klar oder klar mit schwarzen o. gelben Phantomeinschlüssen*	bewirkt prophetische Träume und solche, die die Selbsterkenntnis fördern
Quarz	*klar (Bergkristall), gelb (Citrin), violett (Amethyst), whisky (Cairngorm), schwarz (Morion), rauchig, rosa (spitzes Hexagon ist außerordentlich selten)*	heilt verschiedene Bereiche von Körper/Geist und Seele; der Citrin unterstützt die Meditation

Stein	Farbe	Funktion
Rubin	*rot, grün*	harmonisiert Sexualenergien und Selbstwertgefühl: zweites Chakra
Saphir	*blau*	heilt Geist und Seele, fördert die Intuition: Stein des sechsten Chakras
Smaragd	*grün*	heilt die Augen und viele andere Krankheiten
Topas	*gelb, blau, gold-orange, rot, weiß, rosa*	harmonisiert das Nervensystem, erhöht die Energie, reduziert Streß, harmonisiert das dritte Chakra
Turmalin	*rosa, grün, rosa und grün (Wassermelone), blau, rosa und blau, braun, magenta (rotviolett), honiggelb, limone, rot, schwarz (Schörl)*	mit Ausnahme des schwarzen, der seinen Träger vor negativen Einflüssen schützt, wirken alle Turmaline auf verschiedene Bereiche des Herzchakras
Zirkon	*wasserklar, rötlich-braun, grün, gelb, blau (nur wenn mit Hitze behandelt)*	der rötlich-braune heilt die Leber, die anderen fördern die Intuition

Eigenschaften der Steine

Kristalle wachsen in sehr unterschiedlichen Formen. Doch wird jede Kategorie von Stein die für seine Art charakteristische Gestalt annehmen. Quarz ist sechseckig, obwohl Länge, Breite, Größe, Art der Spitze, innere Farbe, Einschlüsse und Phantome von Exemplar zu Exemplar unterschiedlich sind und sich auch je nach Fundstelle unterscheiden. Zirkone besitzen zwei gleichlange Achsen und eine dritte, ungleichlange. Alle Facetten befinden sich im rechten Winkel zueinander. Turmaline sind drei- bis neunseitige Nadeln, die zusammenwachsen wie ein Stengel; die Spitze ist dreieckig. Der Topas hat eine rhombische Form. Der Fluorit hat zwei charakteristische Formen, die auffälligere ist die Doppelpyramide zuweilen mit zwei flachen Enden von unterschiedlicher Größe, wobei jede eine Basis bildet, auf der der Kristall stehen kann.

Kristalle sind der Schnittpunkt zwischen zwei der wichtigsten Kräfte im Heilen: Licht und Ton. Jeder Kristall enthält seinen eigenen Gesang oder seine eigene Note; er strahlt auch das Licht auf individuelle Weise aus und reflektiert es. Kristalle müssen nicht unbedingt automatisch alles Gute und Heilende vermitteln; Sie müssen mit unserer eigenen Schwingungsqualität genau übereinstimmen, um die richtige Heil- oder Energetisierungskraft hervorzubringen. Der Ton, den jeder Kristall enthält, ist Teil des Schwingungsfelds, das seinem Träger entweder zusagt oder nicht. Oft erben Menschen Steine und haben ein besseres Gefühl, nachdem sie sie neu haben fassen lassen, nur um den betreffenden Stein dann in seiner neuen Fassung im Tresor unbenutzt liegenzulassen. So etwas geschieht, wenn der Stein für die Weiterentwicklung seines neuen Besitzers nicht erforderlich ist, oder wenn dieser es versäumt hat, ihn zur Reinigung ins Sonnenlicht zu legen, damit die weniger wünschenswerten Schwingungen seines vorigen Besitzers verschwinden.

Wie man einen Kristall auswählt

Die einzelnen Steine besitzen eine eigene Schwingungsrate, die im Frequenzbereich ihrer jeweiligen Mineralklasse liegt. Oft sind diese Töne so hoch, daß wir sie mit dem Ohr nicht wahrnehmen können. Es kann sich aber auch um einen Akkord innerhalb unserer Hörfrequenz handeln oder um eine einzelne Note in verschiedenen Oktaven. Die Töne, die ein einzelner Stein hervorbringt, müssen unserer eigenen harmonischen Schwingung entsprechen, sonst nützt er uns nur wenig. So kann es sein, daß ein Mensch einen Stein erblickt und ihn wirklich haben möchte, während ein anderer ihn ohne die geringste emotionale Rührung aufnimmt. Bestimmte Steine können einen Ton hervorbringen, auf den eine ganze Kultur oder Nation eingestimmt ist, was sie sehr begehrt macht. Menschen, die in diesem betreffenden Land fremd sind, werden den Stein anschauen und dabei nichts empfinden. Andere wollen ihn möglicherweise deshalb haben, weil die Mehrheit nach ihm verlangt und benutzen ihn nur, um eben dazuzugehören und zu besitzen, was begehrt ist. Dennoch wird diese Steinart sie nicht glücklich machen, weil sie nichts für sie tun kann, um ihr Leben mit neuem Schwung zu erfüllen oder sie zu begeistern.

Wenn Sie sich einen Kristall für den persönlichen Gebrauch oder als Heilwerkzeug aussuchen, ist es sehr wichtig, daß er genau zu Ihrem Energiefeld paßt.

Ein Bekannter von mir, ein reisender Mineralienhändler, lebt in einem Wohnwagen, umgeben von Tausenden von Kristallen, die er nach Größe und Farbe, chemischer Zusammensetzung und geologischem Ursprung geordnet hat. In diesem Wohnwagen fühlt man eine sehr friedliche Atmosphäre. Trotzdem fällt es schwer, dort nicht aufgeregt zu werden angesichts der Verheißung, so viele Kristalle berühren und anschauen zu dürfen. Diesmal suchte ich nach einem relativ großen Kristall, der über ein Kilo schwer sein sollte und für mein Heilungszimmer gedacht war. Ich wollte ein Exemplar haben, das die zahlreichen negativen Energien reinigen würde, die während Heil- und Beratungssitzungen freigesetzt werden. Es gab ungefähr zwei Dutzend klare Bergkristalle in der richtigen Größe. Ich sortierte all jene aus, die mir nicht zusagten. Ich habe eine Schwäche für schaufelförmige Gebilde, die auf einer Seite eine kurze und auf der gegenüberliegenden eine lange, flache Facette besitzen. Ebenso gefallen mir Steine mit regelmäßiger Spitze. Dies geschieht, wenn alle Flächen ungefähr dieselbe Länge haben. Schließlich gelangten nur noch drei Kristalle in die engere Auswahl. Als ich einen wunderschönen Kristall in der Hand hielt, aus dessen Innerem Regenbögen aus Licht hervorfunkelten, entzückte dies zwar meine Augen, Hände und Herz jedoch sagten mir, daß dieser Kristall zu kühl und schwingungsmäßig zu still für mich war. Er wurde in meinen Händen nicht schnell genug heiß. Der nächste fühlte sich so an, als würde er in meiner Gegenwart nicht sein eigenes wahres Selbst entfalten können. Ich legte ihn beiseite und nahm den dritten auf, der sehr schnell warm wurde. Im Inneren erschienen wunderschöne Phantome, jede Facette schien ihre eigene Geschichte zu erzählen. Ich fühlte mich zu diesem Kristall sehr hingezogen und entschloß mich sofort, ihn zu nehmen, anstatt auf einen mit Regenbogenfarben zu warten. Obwohl ich etwas enttäuscht darüber war, daß der Kristall, der meinem eigenen Schwingungsfeld am besten entsprach, keine strahlenden Regenbögen hatte, erwies sich derjenige, den ich erwarb, im Laufe der Zeit doch als mächtiges Reinigungswerkzeug und als friedenstiftender Freund.

Es ist recht schwierig, für eine andere Person einen Kristall auszusuchen, es sei denn, daß man in ihr Schwingungsfeld eintreten kann. Ein Stein, der sehr schön ist, hat vielleicht keine Verbindung zum Empfänger. Es genügt nicht, daß Ihnen selbst der Kristall gefällt und Sie seine Wärme und Schönheit bewundern. Wenn Sie sich lediglich auf einen Bergkristall konzentrieren, ist die Aussicht, daß Sie den richtigen Stein für die richtige Situation und die richtige Person finden, beschränkt. Werden Sie sich dem Bereich ihrer Bedürftigkeit gewahr: Schaut sie vielleicht zuviel Fernsehen oder arbeitet sie an einem Computerterminal? Dann sollte sie zwischen sich und die Maschine einen Fluorit von zweihundert Gramm Gewicht plazieren. Ein kleineres Exemplar kann man sich auch während der Arbeit um den Hals hängen. Hat die zu beschenkende Person vielleicht Schwierigkeiten, ihr Herz für andere zu öffnen, oder leidet sie darunter, daß sie zu offen ist? Dann ist ein Turmalin das beste Geschenk. Der Turmalin ist der Stein unseres Zeitalters, da er der Wächter des Herzchakras ist, es beschützt und harmonisiert.

Haben Menschen sexuelle Probleme oder sind sie das Ziel von Gewalttätigkeit geworden, so kann ein Granat ihnen Schutz bieten. Der Amethyst ist der Stein, der jenen Menschen hilft, die geistige Angriffe abwehren wollen. Citrin unterstützt die Meditation, indem er die mentalen und spirituellen Aspekte unseres Seins verbindet. Ein gut ausgewählter Bergkristall schwingt mit seinem Träger mit und heilt alle Ebenen seines Lebens, von der physischen bis zur astralen. Bei Knochenbrüchen kann ein Rauchquarz die Heilung beschleunigen, wenn man ihn am Gipsverband befestigt. Der gleiche Stein lindert auch chronische Krankheiten. Legt man ihn über Nacht unter das Kopfkissen, so läutert er die mentalen Strukturen, die Schäden und Erkrankungen nähren.

Saphire heilen den Geist und die Seele, indem sie unseren Sinn für Proportionen wiederherstellen. Der Rubin ist ein guter Stein für Menschen, die unter Bluterkrankungen leiden. Seine geistigen und emotionalen Qualitäten machen uns mutiger und helfen uns dabei, unsere eigene Kraft wirkungsvoller einzusetzen.

Menschen, die sich zu Aquamarinen hingezogen fühlen, suchen oft nach universalen Wahrheiten, sie interessieren sich für die mystischen Aspekte des Lebens. Wenn Sie sich mit solchen Dingen nicht befassen, wird er für Sie nur ein hübscher, farbiger Stein sein. Doch selbst wenn Sie sich weigern sollten zu lernen, was der Aquamarin Ihnen anzubieten hat, wird er Ihnen diese Dinge doch nahebringen, und wenn Sie ihn dann weiterhin tragen, werden Sie ständig spirituelle und mystische Ereignisse erfahren, die Sie für die verborgenen Reiche öffnen. Schließlich wird Ihr höheres Selbst Ihnen das Geheimnis des Edelsteins offenbaren, und dann werden Sie entweder aufhören, ihn zu tragen, oder Sie werden selbst zu einem Sucher geistiger Wahrheit.

Einen Herkimer Diamanten kann man unter das Kopfkissen legen, damit man die eigenen Träume besser behält und auch, um unsere nächtlichen Ausflüge in andere Reiche zu beflügeln. Andere Kristalle lassen sich ebensogut dazu verwenden, das mentale/emotionale/physische/spirituelle Ungleichgewicht zu heilen. Smaragde sind bekannt dafür, daß sie das Augenlicht unterstützen, und können die Augen heilen, wenn wir sie nächtens unter das Kopfkissen legen. An einer Halskette getragen, fördern sie die Wiederherstellung des Gewebes im ganzen Körper.

Der Topas ist ein wunderbares Hilfsmittel für die Zentrierung. Ich habe einmal einem Mädchen einen solchen Stein gegeben, das ihn so nötig hatte, daß sie ihn zerbrach. Steine absorbieren die negativen Energien für uns und nehmen eine Verletzung oder eine Krankheit, die uns sonst zugestoßen wäre, in sich selbst auf. Der Topas ist auch eine große Hilfe für Menschen mit Schlafstörungen und beschert uns Schlaf und Erholung. Zudem wird er bei der Behandlung von Kieferhöhlen- und Bronchialerkrankungen verwendet.

Kristalle und andere Edelsteine wandern unentwegt durch meine Hände. Ich erhalte sie als Geschenke, und wenn ein Klient oder Freund einen davon zu brauchen scheint, gebe ich ihn weiter.

Wie Sie Ihre Kristalle schützen

Kristalle brechen. Es ist empfehlenswert, sie in einem dicken Lederbeutel aufzubewahren. Jeder Kristall braucht sein eigenes Behältnis. Denn wenn sie gegeneinanderschlagen, bekommen sie Sprünge und/oder verlieren kleine Partikel. Gelegentlich wird ein vielgebrauchter Stein in der Nähe der Spitze Risse entwickeln. Das liegt an der vielen Energie, die er während Heilungssitzungen oder zur Abwehr von Verletzungen seines Besitzers aufnimmt. Um Ihre Steine zu erhalten, blasen Sie sie nach einer Heilung wieder rein oder legen sie in periodischen Abständen für vierundzwanzig Stunden in Salzwasser. Eine weitere bewährte Methode, Kristalle zu revitalisieren, besteht darin, sie ins Sonnenlicht zu legen. Legen Sie sie einfach für ein paar Tage auf ein sonnenbeschienenes Fenstersims, oder bewahren Sie sie nach jeder Heilung dort auf. Viele Menschen berichten, daß sie gute Ergebnisse erzielen, indem sie Steine ins Licht des Vollmonds legen. Mondlicht, so lehrte mich meine Mentorin, nimmt Krankheiten fort.

Als meine Tochter zehn Jahre alt war, kaufte sie mir zu Weihnachten einen handgroßen, milchigen, Doppelender-Kristall mit einem wasserklaren Flecken an seiner wohlgeformten oberen Spitze. Die untere Spitze war teilweise abgebrochen. Sie hatte einen Dollar dafür bezahlt. Ich habe ihn hauptsächlich deswegen behalten, weil er ein Geschenk von ihr war, und legte ihn einige Jahre lang auf meinem Frisiertisch ins Sonnenlicht. Ich war der Meinung, daß ein beschädigter Kristall für die Heilung nicht taugen würde. Von Zeit zu Zeit pflegte ich ihn mit meinem Atem zu reinigen, indem ich seine Spitze gegen meinen Mund richtete und den ganzen Kristall abblies. An einem eisigkalten Wintertag hatte ich eine Eingebung und nahm ihn auf. Vor dem Fenster hielt ich ihn zwischen Daumen und Zeigefinger und blies auf jede einzelne Facette, während ich ihn mit der anderen Hand gegen den Uhrzeigersinn drehte, sechs Seiten und eine Wiederholung, sechs Seiten und eine Wiederholung. Nach einem halben Dutzend Gesamtdrehungen hatte sich die klare Stelle über die gesamte Kristallspitze ausgedehnt. An den Seiten stiegen milchige Dämpfe empor, unter denen Regenbogen sichtbar wurden. Es folgten noch mehrere dieser Reinigungen, bis der Kern der milchigen Färbung sich nur noch am abgebrochenen Ende befand. Seitdem haben mir die Leute immer wieder gesagt, was für ein prachtvoller Kristall dies doch sei. Derselbe Kristall hat mir als Lehrerin schon mannigfache Dienste geleistet, auch um vorzuführen, wie die Kraft der Kristalle funktioniert. Obwohl ich ihn inzwischen hoch verehre, war dies nicht immer so, zumindest nicht bis zu dem Ereignis, das ich im folgenden schildern möchte.

Ich teilte mit mehreren anderen Heilern einen Stand auf einem jährlichen Festival, bei dem alle elektronischen Geräte verboten sind. Tragbare Radios, batteriebetriebene Apparate und andere Gegenstände werden dort stets beschlagnahmt, um eine vorindustrielle Atmosphäre aufrechtzuerhalten. Einer meiner Klienten, der für gewöhnlich einen Gehstock benutzt, hatte seinen regelmäßigen Termin nicht wahrgenommen und kam daher, um mich bei der Oregon Country Fair zu treffen. Die Heilsitzung dauerte sehr lange. In einem kritischen Augenblick reizte es mich, den inzwischen klargewordenen Kristall zu benutzen, den ich mitgenommen hatte, um ihn zusammen mit anderen Heilgegenständen auszustellen. Als ich den Kristall über eine Reihe von gelähmten Muskeln im Oberschenkel des Mannes hielt, fing er so heftig zu vibrieren an, daß meine Hand kräftig pulsierte und ich nicht einmal den Arm stillhalten konnte. Während ich damit fortfuhr, den Kristall über die betroffene Stelle zu bewegen, wurde er in meiner Hand brennend heiß, und die Schwingung wurde sogar noch stärker. Völlig überraschend hörte ich plötzlich ein schrilles Geräusch, das dem Ton aus einem elektronischen Apparat glich. Ich wußte aber, daß es der Kristall war. Dennoch blickte ich mich um, obwohl ich wußte, daß in der Nähe keine Kinder oder sonstigen Leute waren, die mir einen Streich hätten spielen können. Ich begriff, daß der Kristall zerspringen konnte. Andere Heiler haben mir Geschichten darüber erzählt, wie sie auf solche Weise einen Kristall verloren. Um das zu verhindern, drehte ich den Kristall zum Himmel empor, seine Schwingung verstärkte sich noch. Ein unglaublich ohrenbetäubender, schriller Klang ertönte, der durch den ganzen Körper meines Klienten und durch meinen eigenen hallte. Der Klient blickte erschrocken auf, und ich bemerkte wie nebenbei, obwohl ich im Halbschockzustand war, weil ich den Kristall sein Lied hatte singen hören: »Ich denke, der Kristall funktioniert.« Später teilte mir der Klient mit, daß er, als die Töne zu hören gewesen waren, in den Längsmuskeln seines Oberschenkels plötzlich ein Gefühl hatte, obwohl sie seit dreißig Jahren taub und gebrauchsunfähig waren.

Hat ein Kristall einem Menschen seine eigene Lebenskraft gegeben, zerbricht er; er vernichtet sich also dabei. So etwas geschieht nicht oft. Mir ist es noch nie widerfahren. Mir haben Menschen davon erzählt, wie sie einen unberührten Kristall an seinem gewöhnlichen Aufbewahrungsort plötzlich zu Pulver und Splittern zerborsten vorfanden. Heiler haben auch davon berichtet, wie ein Kristall während einer anstrengenden und erfolgreichen Heilung zerstört wurde. Und obwohl ich schon seit

Jahren mit Kristallen arbeite, habe ich keine Vorstellung davon, was es sein kann, das sie über ihren Bruchpunkt hinaus treibt.

Wenn Sie einen Kristall hören wollen, halten Sie ihn einige Augenblicke neben Ihr Ohr. Dann vernehmen Sie möglicherweise ein oder zwei sanfte, melodische Töne. Tun Sie dies in periodischen Abständen, bis Sie den Quarz sein Lied haben singen hören. Wenn Ihnen der Kristall gehört, bewahren Sie ihn neben dem Bett auf, entweder auf gleicher Höhe mit Ihrem Kopf oder darüber. Tun Sie dies einige Nächte lang und bitten Sie ihn, Ihnen seinen Ton in Ihren Träumen zu offenbaren.

Oralee Stiles ist eine liebe Freundin von mir. Eines Tages, als ich in Portland eine Signierstunde in dem Laden gab, der ihr und ihrer Schwester Marzenda McComb gehört, zeigte sie mir eine Reihe von Kristallen, die man lose in einer brasilianischen Mine gefunden hatte. Sie war fasziniert von den Informationen, die die Menschen durch diese Kristalle erhielten. Sie reichte mir ein relativ großes Exemplar mit der Bitte, es festzuhalten, und dann erzählte sie mir von ihrem jüngsten Forschungsprojekt, das mit diesen Steinen zu tun hatte. Ich stand im Hinterzimmer und hörte ein Pomo-Lied der in die Schlacht ziehenden Krieger, das ich schon fünfzehn Jahre lang nicht mehr vernommen hatte. Oralee fragte mich beiläufig, ob ich irgend etwas empfände, während ich den Kristall hielt, weil ein sehr gutes Medium ihr einmal mitgeteilt hatte, daß dieser Kristall Lieder zu singen pflege. Sofort abonnierte ich Oralees Starseed Crystal Caretaker Program und nahm diesen Kristall mit. Seitdem hat er vielen Schülern Heil- und Lebenslieder beschert, die Schwierigkeiten dabei hatten, ihre Lieder auf die übliche Weise zu finden.

Die Mehrzahl der Kristalle hat nichts mit musikalischer Hilfestellung zu tun. Die meisten von ihnen öffnen die Intuition des Suchenden für spezifische Informationen. Manche funktionieren nur für bestimmte Individuen. Die meisten Kristalle sind von milchiger Farbe, viele haben Einschlüsse oder Phantome.[1]

[1] Weitere Informationen über das Starseed Crystal Caretaker Program erhalten Sie über: Stiles for Relaxation, 4505 NE Tillamook, Portland, Oregon 97213, USA

Die Autorin Joy Gardener aus Nelson, British Columbia, mit der ich eine lebhafte Korrespondenz unterhalte, trifft sich ungefähr einmal im Jahr mit mir, damit wir unsere Entdeckungen austauschen können. Sie ist Autorin von *Healing Yourself During Pregnancy* und *Healing Yourself*, jenem kleinen gelben Buch, das sich in über einhunderttausend Haushalten als nützliches Nachschlagewerk findet. Ihr jüngstes Buch ist *A Difficult Decision: A Compassionate Book About Abortion*. Alle Titel wurden 1986 bei Crossing Press erneut aufgelegt.

Joy hat sich mit großer Begeisterung der Erforschung früherer Leben gewidmet und auf diese Weise auch geheime Praktiken wiederentdeckt. Sie hat besonders darum gebeten, nach Atlantis geführt zu werden, um mehr über Kristalle zu erfahren. In einer Reinkarnationstrance sah sie, wie sie in den Körper einer jungen Frau eintrat, das jüngste Mitglied einer spirituellen Gemeinschaft, deren Aufgabe es war, sich in Kristallhöhlen zu begeben und neben einem Kristall niederzusetzen, bis er ihr sein Lied offenbarte. Dann pflegte sie sein Lied zu singen, worauf der Kristall sich von der Wand löste und sich ihr unbeschädigt in die Hand legte. Wenn ein Kristall weiterwachsen oder dort verbleiben wollte, wo er gerade war, konnte er sein Lied verweigern.

Was für ein Unterschied zu der heutigen Praktik, Kristalle mit Bulldozern achtlos aus Höhlenwänden und -böden zu reißen und sie zu zertrümmern. Durch diese habgierige, respektlose Art des Schürfens werden sie milchig und ziehen sich innere Verletzungen zu.

Joy Gardener berichtete: »Die Atlanter haben die Kristalle wie Radiosender verwendet, um damit ihre Ideen zu verbreiten. Die alten Frauen pflegten die Kristalle auf den Marktplatz mitzunehmen, wo sie als Glücksbringer verkauft wurden – ähnlich wie wir früher Hasenpfoten zu verwenden pflegten. Doch das war nur zur Tarnung, als Vorwand, um die Leute dazu zu bewegen, sie zu nehmen und in ihrer Nähe zu behalten, wo die Kristalle das Denken und die Schwingungen jener, die sie berührten, beeinflussen konnten.«

Es gibt Möglichkeiten, Kristalle voneinander zu trennen, indem wir sie einfach in der Hand halten und unseren Wunsch in sie hineinprojizieren. Dies läßt sich wohl am besten von jemandem vorführen, der weiß, wie er sein Bewußtsein mit dem Steinbündel verschmelzen kann. Wenn Sie aber bereit sind, sich zu konzentrieren und auf eigene Faust zu üben, werden Sie vielleicht Erfolg haben. Benutzen Sie dabei keinen physischen Druck. Streicheln Sie die Steine vielmehr sanft, als wollten Sie sie tätscheln, während Sie nur jene einbeziehen, die Sie in Ihren Händen haben wollen.

Kristall-Exzentrizitäten

Kristalle verschwinden.

Eine junge Mutter erzählte in einem meiner Kurse von folgender Erfahrung, die sie mit einem verlorenen Kristall gemacht hatte:

»Eine ältere Frau schenkte mir einmal einen alten Anhänger mit einem großen, blau-violetten Stein, den ihr Vater ihr gegeben hatte. ›Sie werden so etwas wertschätzen, was Sie an Ihre eigenen Kinder weitergeben können‹, teilte sie mir mit. Damals hatte ich noch keine Kinder. Ich lebte in Crescent City, Kalifornien. Am Wochenende ging ich weg, und als ich den Stein dort suchte, wo ich ihn sicher aufbewahrt zu haben meinte, war er verschwunden. Kurz zuvor hatte ich ihn zu einem Edelsteinexperten gebracht, der mir mitteilte, daß es kein Amethyst sei. ›Ich habe zwar noch nie einen violetten Topas gesehen, aber dem Gewicht zufolge ist dies einer‹, erklärte er mir. Topas ist mein Geburtsstein. Ich kenne eigentlich nur die gelborangefarbene Sorte«, fuhr die Kursteilnehmerin fort. »Ein Nachbarskind war dagewesen, um die Katzen zu füttern, und so dachte ich, daß das kleine Mädchen den Stein entwendet hätte. Ich suchte überall. Der Verlust brach mir fast das Herz. Später zog ich nach Portland, wobei mir eine Freundin half, die das ganze Schlafzimmer einpackte. Beim Einräumen der neuen Wohnung öffnete ich eine Schachtel, von der ich wußte, daß der Stein nicht darin sein konnte, weil ich sie schon früher durchsucht hatte, und da lag er plötzlich. Erst nachdem ich ihn aufgegeben und den Verlust akzeptiert hatte, tauchte er wieder auf.«

Viele Klienten und Freunde haben mir ähnliche Geschichten erzählt, wie sie einen Kristall verloren und ihn an einem Ort wiederfanden, wo er noch nie zuvor gewesen war, beispielsweise in einem brandneuen Wagen oder in einer Handtasche, die sie schon seit Jahren nicht mehr benutzt hatten.

Mir ist es gelungen, Kristalle zu rematerialisieren, weil ich sie so gern zurückhaben wollte. Und wahrscheinlich können auch Sie das gleiche mit etwas Übung erreichen. Das Reisen und das Unterrichten sind schon eine ganze Weile mein Los. Nach einem Workshop über heilende Klänge in Vancouver, British Columbia, bat die Frau, bei der ich wohnte, um eine Heilung. Sie hatte Geschwüre in beiden Brüsten und fürchtete, daß sie krebsartig sein könnten. Ich hielt mich streng an meine Taktik, eine Krankheit nie beim Namen zu nennen, wich dieser Frage also aus und sagte, daß sie schon gesund werden würde, egal worum es sich bei den Knoten handelte. Sobald die Heilung begann, schienen die Gewächse unter dem kleinen, schlanken, wasserklaren, perfekten Bergkristall dahinzuschmelzen, den ich besonders gern habe. Nach fünfzehn Minuten wurde mir klar, daß der Stein nicht groß genug war, um die Tumore in der uns zur Verfügung stehenden Zeit gänzlich zu beseitigen. Daher legte ich den Kristall ins Regal der Frau, um in meiner Handtasche nach dem singenden Kristall zu suchen, von dem ich wußte, daß er die Heilung schon bald zum guten Ende bringen würde. Das tat er auch. Da ich in Eile war, mein nächstes Ziel zu erreichen, packte ich hastig meine Tasche wieder ein. Erst als ich wieder zu Hause war, stellte ich fest, daß der Beutel des kleinen Kristalls leer war. Jedesmal, wenn ich in den nächsten zwei Wochen an den Kristall dachte, verband ich mich mit ihm in Kanada, wie er dort verborgen im Regal meiner Klientin lag. Kaum war ich eine Stunde von einem weiteren Wochenendkurs zurück, mußte ich schon alles für einen einwöchigen Workshop zusammenpakken, während der Sohn einer Freundin auf mich wartete, um mich zum Bahnhof zu bringen. Dabei griff ich hinter das Schmuckkästchen, das mir zum Aufbewahren meiner Heilmittel dient. Dort, in einem kleinen Samtbeutel, der nie zu diesem Zweck verwendet worden war, befand sich der Kristall!

Wenn sie nicht zu uns gehören, werden Kristalle uns verlassen. Die Tule-Indianer sagen, daß man einem verlorenen Kristall nicht nachjagen soll. Wenn er uns gehört, wird er auch zu uns zurückkehren. Wenn nicht, so gehört er dem Finder, und man darf nicht um seine Rückgabe bitten. Wenn sie nicht für eine Heilung gedacht sind, die Sie gerade mit ihnen durchführen wollen, können Kristalle Ihnen regelrecht aus der Hand hüpfen. Und wenn sie für eine andere Person gedacht sind, werden sie Ihnen zu anderen Zeiten aus der Tasche oder aus der Hand fallen.

Heilen mit Kristallen

Das Heilen mit Kristallen kann man nicht nur durch Lesen oder durch Teilnahme an Seminaren lernen. Tatsächlich ist es so, daß sich die Informationen, die man erhält, um so mehr widersprechen, je häufiger man entsprechende Kurse besucht. Kristalle zu kennen ist eine Sache persönlicher Erfahrung. Man lernt es, indem man es tut. Jede Heilung eröffnet Sie für neue Möglichkeiten. Oft, wenn Sie erst einmal mit Kristallen arbeiten, werden Träume, Meditationen und plötzliche Eingebungen Ihnen neue Ideen und Einsichten bescheren.

Quarze bestehen hauptsächlich aus Silikondioxid – aus derselben Chemikalie, aus der der Mensch gemacht ist. Es liegt hier also eine energetische Ähnlichkeit vor, die möglicherweise erklärt, weshalb Quarze aller Art weltweit für die Heilung von Menschen verwendet werden.

Ein Zenmeister in London hatte eine Freundin mit einem ganz besonders ärgerlichen Problem. Jana war von ihrem Therapeuten verführt worden, einem weltbekannten Mann, der ihr die Ehe versprochen hatte. Zu diesem Zeitpunkt war ihr gemeinsames Kind schon achtzehn Monate alt, und sie war noch immer ledig. Als Ausländerin hatte sie Schwierigkeiten mit den Einwanderungsbehörden in Großbritannien. Obwohl sie ihren Liebhaber und früheren Therapeuten den entsprechenden Berufsorganisationen hätte melden können, weigerte sie sich, indem sie immer sagte: »Das Universum wird schon dafür sorgen.«

Darauf meinte der Zenmeister: »Sie erkennt nicht, daß sie Teil des Universums ist.«

Wenn Sie sich in einer bestimmten Situation befinden, dann sind Sie es auch, die sie meistern muß, sonst ist es nämlich sehr unwahrscheinlich, daß das Problem gelöst wird.

Jana kaufte einen großen, klaren Arkansas-Bergkristall, den sie auf den Nachttisch legte. Der Kristall fungierte als Empfangsgefäß für die emotionalen Ketten, mit der die Beziehung sie fesselte. In der Nacht klärten sich ihre Gedanken, und die Macht, die ihr Liebhaber über sie hatte, war zerbrochen. Innerhalb weniger Wochen drohte sie ihm mit öffentlicher Enthüllung; er heiratete sie und blieb lange genug mit ihr verheiratet, um ihr Kind zu legitimieren und ihr in England das Daueraufenthaltsrecht zu verschaffen. Zudem gewährte er ihr auch die finanzielle Unterstützung, die er während der Zeit verweigert hatte, als sie unfähig gewesen war, etwas gegen ihn zu unternehmen.

Wenn Sie nicht in Ihre eigene Schattenseite gehen, werden Sie auch nicht in Ihre heilige gelangen können. Es war notwendig, daß Jana ihre Macht einsetzte, doch sie hatte sich davor gefürchtet, ihren eigenen Schatten zu erblicken.

Eine extrovertierte Frau, die ich in der Friedensbewegung kennengelernt hatte, suchte mich eines Abends mit einem entsetzlichen Problem auf. Weil sie äußerst starke Menstrualblutungen hatte, die zudem um Tage länger dauerten als normal, und wegen ihrer entsetzlichen Krämpfe hatte sie einen anerkannten Gynäkologen aufgesucht, der als einzige Heilung eine Totaloperation vorzuschlagen wußte. Die Frau, eine ehemalige Alkoholikerin, der es nie gelungen war, ihre Abhängigkeit mit der traditionellen allopathischen Medizin abzuschütteln, hatte bei den Anonymen Alkoholikern schließlich ihre Sucht besiegt. Tapfer entschied sie sich, es mit einer anderen Methode zu versuchen, um ihr jüngstes Leiden zu kurieren. Sie stand im Begriff, zusammen mit ihrer Familie eine längere Urlaubsreise zu unternehmen, so daß wir nur wenig Zeit hatten, um zusammen zu arbeiten. Als erstes führte ich eine Heilung mit einer Vielzahl verschiedener Techniken durch. Jetzt kam es unbedingt darauf an, für sie eine Form der Selbsthilfe zu entwikkeln, die sie während ihrer Urlaubsreise anwenden konnte. Wenn sie sich täglich eine Stunde lang einen Kristall in die Scheide einführte, sollte das zwei gute, erfolgversprechende Ergebnisse auf einmal haben: Ruhe und Entspannung sowie Heilung durch die Schwingungen des Kristalls. »Ein solcher Kristall darf nicht größer sein als ein Tampon, den Sie bequem tragen können«, erklärte ich ihr. »Er darf keine scharfen Kanten an der stumpfen Seite haben, und die Spitze muß auf den Muttermund zeigen.« Man kann viele Steine mit abgerundeten Enden kaufen, oder Sie können einen gut geölten Schleifstein verwenden, um den abgebrochenen Teil geduldig glattzupolieren. Sorgfältig hielt sie Ausschau nach einem Stein, der ihr zusagte und den Anforderungen entsprach.

Die Frau befolgte nicht nur getreu meine Anweisungen während ihres Urlaubs, sie ergänzte den Prozeß auch durch eigene Bekräftigungen. Sieben Wochen später kehrte sie in meine Praxis zurück. Ihre letzte Menstruation war für sie vergleichsweise unbeschwert gewesen (auf Reisen war es meistens sehr viel schlimmer), und ihre Periode wurde jedes Mal kürzer. Sie verwendete weiterhin den Kristall. Sie verbannte Molkereiprodukte aus ihrem Essen, da diese eine Hauptursache für Menstruationsstörungen sind. Drei Monate nach ihrem ersten Besuch bei mir suchte sie wieder ihren Arzt auf, der sich weigerte zu glauben, daß es sich bei der Heilung um etwas anderes als um eine spontane Besserung handelte. Unverzagt schrieb sie daraufhin einen Artikel für eine Frauenzeitung, damit Frauen erfahren sollten, daß es viele andere Möglichkeiten gibt, um sich selbst zu heilen, als den eigenen Uterus aufzugeben.

Wenn Sie einen anderen Menschen heilen, halten Sie dabei den Kristall fest in der Hand, wobei eine seiner Seiten offen auf den Patienten zeigen muß. Wenn er zu wirken beginnt, wird der Kristall in Ihrer Hand heiß werden. Je nachdem, wie gut Sie Energie bündeln und welche Verbindung Sie mit dem Kristall haben, kann diese Hitze sofort eintreten oder sich langsam aufbauen. Während er heiß wird, spüren Sie vielleicht Prickeln und Nadelstiche in der Hand. Das Gefühl kann sich auch den Arm emporziehen. Das ist kein Anlaß zur Sorge. Sollte der Stein zudem in Schwingung geraten, ist dies ein Zeichen dafür, daß die Heilung schnelle Fortschritte macht. Dann empfängt die Person, mit der Sie arbeiten, das Licht und den Ton des Kristalls. Ein vibrierender Stein wird sich mit fortschreitender Heilung immer schneller bewegen. Dann müssen Sie ihn besonders gut festhalten. Ist der größte Teil der Heilung beendet, wird sich der Kristall in einem langsameren Tempo bewegen, bis er schließlich gänzlich aufhört.

Diese Phase setzt nach und nach ein, und nachdem die Bewegung aufgehört hat, sollten Sie den Kristall noch eine Weile vor den Patienten halten. Wenn Sie sich auf seine Reaktion einschwingen, werden Sie wissen, wann die Heilung zu Ende ist.

Nicht jedes Mal wird ein Kristall bei der Heilung wild vibrieren. Oft bewegt er sich überhaupt nicht. Doch wird man normalerweise ein Gefühl der Wärme oder des Energiestroms wahrnehmen.

Wenn Sie einen kleinen Amethysten besitzen, mit dem Sie eine Quetschung behandeln oder ein Blutgerinnsel auflösen wollen (nur der Amethyst kann Blutklumpen auflösen), so halten Sie ihn mit dem Daumen, dem Zeige- und dem Mittelfinger so, daß das Licht durch die Facetten strömen kann. Gleichgültig ob Sie einen kleinen oder einen großen Stein haben, das spitze Ende sollte stets nach oben zeigen.

Ein Kristall sollte auch nicht zu groß für Ihre Hand sein. Ein Stein, der gut mit Ihnen arbeiten wird, unabhängig von seiner

Art, wird so in Ihre Hand passen, als sei er speziell für Sie geschaffen. Wenn Sie verschiedene Edelsteine haben, die für unterschiedliche Situationen gut sind, so wird sich jeder davon gerade richtig anfühlen, wenn er in der Hand liegt, ob er leicht ist oder schwer.

Mit Kristallen zu heilen, ist echte Arbeit, und so können Sie danach sowohl Müdigkeit als auch Aktionsdrang verspüren. Jede Heilung ist eine Erfahrung für sich. Nach manchen ist man beschwingt, andere wirken wie Routine.

Bewegen Sie den Kristall langsam über der betroffenen Stelle. Wenn Sie nicht sicher sind, welcher Körperbereich betroffen ist, oder wenn Sie das Gefühl haben, daß die Ursachen für die Erkrankung im Psychischen liegen, haben Sie zwei Möglichkeiten:

Sie können den Kristall vor die eine Schläfe des aufrecht sitzenden Patienten und die andere Hand in einem Abstand von einigen Zentimetern neben die andere Hand halten, wobei die Handfläche gegen die Schläfe zeigt. Die Kristallhand bündelt die Energie, während die gegenüberliegende Hand die Aufnahme der Heilungsenergie unterstützt, indem sie sie im Kraftfeld des Patienten zurückhält. Bei der zweiten Methode arbeitet man über dem Herzchakra, wobei sich die Hände auf beiden Seiten des Körpers gegenüberliegen. Den Kristall können Sie zwischen den Schulterblättern des Patienten halten, oder vorn auf halber Höhe des Brustbeins. Die freie Hand gleicht die einströmenden Schwingungen die der Stein und die heilende Hand senden, aus.

Wie Sie auch verfahren mögen, der Kristall sollte den Patienten physisch nicht berühren. Er sollte zehn bis fünfzehn Zentimeter von der Person entfernt sein. Auf diese Weise wirkt er sowohl auf den Körper/Geist als auch auf das aurische Feld.

Es gibt andere Heilungssituationen und -bedingungen, bei denen es angebracht ist, Kristalle direkt auf den Körper des Patienten zu legen. Doch bedarf dies sehr viel Anleitung, was andere Autoren bereits gut abgehandelt haben. Derzeit gibt es auf dem Markt eine große Zahl von Büchern über die Heilung mit Edelsteinen und Kristallen. Einige davon seien hier empfohlen und kommentiert:

The Magic of Precious Stones ist ein hervorragend lesbares, ausgesprochen praktisches Buch der sehr bekannten niederländischen Autorin Mellie Uyldert. Die 1981 bei Turnstone Press in England veröffentlichte Übersetzung ist ebenso lebendig wie das Original. (Deutsch im Heinrich Hugendubel Verlag)

Healing With Crystals and Gemstones von Daya Sarai Chocron listet die Steine sorgfältig nach ihrer Farbe und ihrer Fähigkeit, spirituelle Transformationen zu unterstützen, auf. Darüber hinaus beschreibt die Autorin auch die Heilmöglichkeiten der Steine. Erschienen ist das Buch bei Samuel Weiser, Inc. 1986 (deutsch im Heinrich Hugendubel Verlag, 1984).

Healing Stoned von Julia La Russo und Joel Glick erfaßt alle Arten von Edelsteinen und -metallen. Ich empfehle es seit mehr als 10 Jahren. Veröffentlicht ist es bei Brotherhood of Life.

Gemstones in the Geological Museum von W. F. P. McLintock, CB, DSc., ist erschienen bei Her Majesty's Stationery Office, London 1983. Das Buch ist nicht über Heilen, bietet aber die vollständigsten Informationen über die Zusammensetzung von Edelsteinen, wo sie gefunden und wie sie geprüft werden können. Geschrieben für den nicht Fachkundigen, bietet es nützliche und wertvolle Hinweise für den Sammler. Allein die hervorragenden Farbabbildungen sind den Preis des Buches wert. Für £ 1,95 plus Versandkosten kann es vom Geological Museum, Exhibition Road, London SW72DE, Großbritannien, bezogen werden. Am besten vorher die Gesamtkosten erfragen und dann das Geld schicken, so daß das Buch gleich ausgeliefert werden kann.

Schluß

In diesem Buch wurden die Kristalle hauptsächlich deswegen behandelt, weil sie bei der Heilung ihre Schwingung und ihr inneres Lied benutzen. Ein einzelnes Kapitel über Kristallheilung ist kaum mehr als ein Anfang. Sehr viel Kristallwissen wird derzeit erst wiederentdeckt. Das wachsende Interesse an den prophetischen und heilenden Eigenschaften von Kristallen ist ein Signal dafür, daß die Menschen vielleicht doch noch zu jenen herrlichen Lichtwesen werden, wie es die Mystiker schon immer gesagt haben.

10

JOSKA SOOS: STADTSCHAMANE

Im Frühling des Jahres 1985 brachte mich mein Dolmetscher André Christiaan Cuppen zu seinem Lehrer Joska Soos, einem Schamanen, der mit Klängen arbeitet. Wir kamen in ein großes Appartement in einem eleganten alten Gebäude in Brüssel. Seine großzügigen Räume waren überfüllt von den Werkzeugen seiner Zunft. Wir sahen tibetanische Schalen, viele Trommeln, einen gigantischen Kristall, zahllose Edelsteine, einen Webteppich mit vielen seiner künstlerischen Entwürfe, seine Gemälde, Rasseln, Glocken und unter anderem auch einen Dolch. Es fällt schwer, sich an alle Einzelheiten dieser beeindruckenden Ausstellung zu erinnern. Zudem ist sein Appartement voll von seinen eigenen Gemälden und Zeichnungen. Einige davon sind zu großen Wandteppichen verarbeitet, die Titel tragen wie »Messager Sélénite« und »Ame du Papillon« (Kurier des Mondes, Schmetterlingsseele). Er betont, wie wichtig die Kunst als Ausdrucksmittel des schamanischen Wegs ist.

Joska Soos empfing mich sehr freundlich und lobte die Wirkung des Titelbilds meines Buches *Geisthelfer*, die dieses auf ihn gehabt hatte, da er auch fasziniert von dem multidimensionalen spirituellen Reservoir der Gonshe ist. Beide stützen wir uns auf dieses Symbol der Drei-in-Einem Einheit für visionäre und Heilungspraktiken.

Er spricht Deutsch, Französisch, Flämisch und Ungarisch. Mit seinem Gefährten konnte ich mich auf Spanisch unterhalten. Aber alle unsere Gespräche mußten von André gedolmetscht werden. Trotz der Sprachbarriere freuten wir uns über die Begegnung und bewunderten einander. Der Sprachunterschied hielt uns davon ab, ungehindert über Gebiete zu diskutieren, auf denen wir nicht einer Meinung sind; einige davon habe ich im Text erwähnt.

Ich habe dieses Interview eingefügt, damit Sie erkennen können, daß der Schamanismus überall dieselben Komponenten aufweist, ob der Schamane nun in einer städtischen, ländlichen oder wilden Umgebung lebt. Das Stammeselement fehlt den meisten Schamanen natürlich inzwischen, seit das politische Klima und der Angriff durch das Christentum die Stammesvölker dezimiert haben. Im Laufe der letzten fünfhundert Jahre wurden überall Ureinwohner von ihrem Land vertrieben, und ihre Religionen wurden unterdrückt. Das ist noch heute auf Neuguinea, in Afrika, in Südamerika und in den Vereinigten Staaten der Fall. Durch die politischen Ereignisse entwurzelt, hat Joska Soos es erstaunlicherweise doch geschafft, seine Integrität und seinen Sinn für Proportionen zu erhalten, während er zugleich zu einem Globetrotter und Stadtschamanen wurde.

Joska Soos ist ein ungarischer Schamane und Künstler, der 1921 geboren wurde. Damals war der Schamanismus, der eine anerkannte Form des Heilens und der mystischen Beziehung mit Gott ist, schon Tausende von Jahren alt. Er stellte die ursprüngliche Form des Heilens dar, wurde vom Schamanen an seinen Lehrling weitergegeben und in Ungarn auf dem Land sehr viel praktiziert. Von einem ländlichen Hufschmied, der auch Schamane war, lernte Joska, Klänge und Töne einzusetzen, um damit Menschen und Tieren dabei zu helfen, ihre eigene Harmonie wiederzufinden, wodurch er zugleich ihre körperlichen und geistigen Probleme heilte.

In seinem Buch *Ich heile nicht, ich repariere die Harmonie* (Karnak Verlag, Amsterdam, 1985) erzählt Joska folgendes über sein Verhältnis zu diesem Hufschmied: »Ich wohnte nicht bei ihm, verbrachte aber sehr viel Zeit mit ihm zusammen, wie mit einem Großvater, und dazu gehörten auch die Ferien und die Wochenenden. Auf dem Dorf war so etwas allgemein üblich, die Kinder waren praktisch überall zu Hause. Ich pflegte ihn zu begleiten, wenn er hinausging, um Menschen und Tiere zu behandeln, mit ihnen zu ›arbeiten‹ oder ihre Schmerzen durch

Handauflegen oder Singen zu lindern. Seine Lieder hatten keinen Text, er sang einfach nur die Töne selbst: OEOEOEOEOEOEOO-HOOHOOHOOHRAAGH. Er war der Meinung, daß Töne keine Worte brauchen, weil die Schwingung die Bedeutung übermittelt. Er nahm nicht den Weg über den rationalen Verstand, sondern stellte eine direkte, von Sprache unabhängige Verbindung zum geistigen Reich her. Dies geschieht in einer Art transzendentalem Zustand. Es funktioniert ebenso wie der Herzschlag oder unser Atem. Tatsächlich ist dies eine Primärfunktion, die wir aktivieren können. Das ist keine Magie. Oder man könnte sagen, daß alles Magie ist, denn es ist ja ebensosehr ein Mysterium, wie unser Herz schlägt oder unser Atem funktioniert.

Das hat er immer betont, und jetzt verstehe ich es wirklich. Man muß auf eine ganz besondere Weise offen sein, bedingungslos empfänglich, nicht kritisch. Die Kritik muß später kommen, nachdem man genug Informationen gesammelt hat. Man muß dazu in der Lage sein, in einem Zustand des Staunens zu leben, wie ein Kind zu sein. Das ist es, was dazu erforderlich ist: verwundbar zu sein.«

Während des Zweiten Weltkriegs war Joska Soos Kriegsgefangener und Zwangsarbeiter in Deutschland. Später begab er sich nach Belgien, wo er noch heute lebt. Die vergangenen zehn Jahre hat er dem Schamanismus und der Arbeit mit Tönen und Klängen gewidmet, vor allem mit der menschlichen Stimme. Er behandelt Menschen, die ihn aufsuchen, und veranstaltet Workshops darüber, wie man mit Tönen arbeiten und die Prinzipien des Schamanismus anwenden kann.

Er schenkte mir ein Glas Wasser ein, und wir setzten uns an einen großen Tisch in der Mitte des Zimmers. Seine warmherzigen, gesund aussehenden braunen Augen strahlten ein inneres Leuchten und der Zufriedenheit mit seinem Leben und der Hoffnung für die Zukunft aus.

JS: Fragen Sie mich, was Sie wollen, ich werde Ihnen antworten.

LMG: Joska, bei Ihrer Arbeit als Heiler ist der Ton das Wichtigste. Können Sie mir mehr über Klänge erzählen, über die verschiedenen Töne, die Sie gebrauchen?

JS: Es gibt eine unendliche Zahl von Tönen, aber man könnte sagen, daß es drei Tonsäulen gibt, und das sind die drei Säulen der gesamten mikro- und makrokosmischen Typen. Zuerst unterscheide ich den Urton, den man mit Hilfe dieser großen Muschel hier erzeugen kann. Das ist ein fortgesetzter Ton, der sich auch mit dem Mund oder mit einem Horn erzeugen läßt: OEOEOEOEOEOE. Der zweite Ton ist weiblich[2], ein webender Ton: WOEW WOEW WOEH WOEH WOEH WOEH. Der Rhythmus hat eine spontane Wirkung. Dann gibt es den männlichen Ton, das ist ein gebrochener Ton wie BRRRRRRRRRRRBRRRRRRRRRR. Kleine Kinder machen diesen Ton mit dem Mund. Weshalb? Weil sie dadurch Trockenheit und Wärme erzeugen. Das ist ein Feuerton.

Man kann diese drei Töne auch miteinander verbinden. Bei allen Lauten, die man vernimmt, ob es ein Flugzeug ist, eine Maus, ein Vogel oder ein Mensch, kann man sofort feststellen, welcher Urton ihnen zugrunde liegt oder woraus ihre Mischung besteht. Die Obertöne, über die man in letzter Zeit ja soviel hört, sind tatsächlich Teil eines jeden Tons, wie der Urton. Die Obertöne spürt man vor allem im Kopf. Das sind Dutzende von Tönen, die gemeinsam erklingen. Obertöne werden hauptsächlich mit dem oberen Gaumen gebildet, während Untertöne im Unterleib entstehen. Es gibt verschiedene Ebenen, auf denen Töne entstehen: Unterleib, Magen, Brust, Kehle, Mund, Lippen und Stirn. Die Araber singen hauptsächlich mit Kehle, Nase und Stirn.

[2] Wiewohl ich mit ihm einer Meinung darüber bin, welche Wirkungen diese Töne haben, ordne ich selbst den Tönen jedoch kein Geschlecht zu.

LMG: Sie haben den männlichen Ton als Feuerton bezeichnet. Ist denn jeder Ton mit einem bestimmten Element verbunden?

JS: Ganz gewiß! Der Urton beispielsweise enthält alle Elemente: Feuer, Luft, Erde und Wasser sowie den Geist, der das Leben erschafft. Der wogende weibliche Ton ist ein Wasserton. Der Feuerton verbindet sich mit dem Buchstaben R, um seinen abgehackten Charakter zu unterstreichen. Unterschiedliche Musikinstrumente erzeugen Töne spezieller Elemente. Holzinstrumente haben eine Verbindung zum Wasserelement, während Kupfer- und Metallinstrumente auf das Feuerelement hinweisen. Bei schamanischen Ritualen benutze ich eine Rassel für die Feuerenergie, eine Glocke für die Luft und die Trommel für die Erde. Die Art, wie man das Instrument spielt, bestimmt das Element das es audrückt. So hängt es beispielsweise davon ab, wie man eine Trommel schlägt, welches Element man damit erreicht. Der Schamane besitzt eine Trommel, mit der er alle drei Haupttöne hervorrufen kann. Natürlich tut das menschliche Instrument, die Stimme, das gleiche. Es gibt eine gegenseitige Beeinflussung zwischen der Stimme und dem Element und umgekehrt. Wenn ich beispielsweise dem Geräusch fallenden Wassers, etwa dem Regen lausche, dann verbinde ich mich mit diesem Ton und dadurch wiederum mit dem Element. Als Regenmacher singt der Schamane dann wie der Regen und schlägt die Trommel, wobei er dicke Regentropfen imitiert, wie sie schwer herabprasseln, plopp, plopp, plopp.

LMG: Sie haben auch den Rhythmus als wichtigen Faktor genannt.

JS: Ja, Ton ist Schwingung und Rhythmus. Der Rhythmus ist wie ein Behälter, und der Ton ist der Inhalt. Man kann also niemals einen Ton ohne Rhythmus hervorbringen, genausowenig wie man sprechen kann ohne Ton. Rhythmus kann nur existieren, wenn der Ton vorhanden ist.

LMG: Könnten Sie den Lesern einmal erläutern, wie der Einfluß der menschlichen Stimme vonstatten geht?

JS: Die vier Elemente stehen auch für die vier Temperamente, die Stimmungen der Menschen. Feuer ist das bösartige Temperament, Luft das melancholische, Erde steht für die blutleere Gefühllosigkeit und Wasser für das phlegmatische Temperament. Wie Sie wissen, sind die meisten Krankheiten psychosomatisch. Wenn ich heile, arbeite ich dabei mit dem jeweiligen Temperament, das für den Zustand verantwortlich ist, und verbinde es mit dem entsprechenden Tonelement. Der Ton ist von sich aus Ausdruck. Ton hat eine eigene Natur. Mit Tönen werden Stimmungen erschaffen. Mit dem richtigen Ton kann man den seelischen Zustand eines Menschen feststellen.

Ein klassisches Beispiel dafür finden wir in der Bibel. Als David für Saul Harfe spielte, versuchte er, Sauls Stimmung durch die Harfenmusik einzuschätzen. Das ist etwas, das Schamanen tun. Ich versuche also, eine Verbindung zu den Problemen eines Menschen herzustellen, indem ich mich auf der körperlichen, der psychologischen und der geistigen Ebene auf ihn einstimme. Probleme, Beschwerden sind Stimmungen. Ich versuche die aufgestaute Energie zu erfassen, und dann benutze ich denselben Rhythmus, den sie hat, und wende den Ton an. Tatsächlich ist das eine Homöopathie durch Klang.

LMG: Wie gehen Sie normalerweise vor, wenn jemand mit einem Problem zu Ihnen kommt?

JS: Ich lasse sie erklären, was das Problem zu sein scheint. Ich investiere keine Energie in den Versuch zu erraten, um was für ein Problem es sich handelt, obwohl ich durchaus spüren kann, wenn der Betreffende nicht ausgeglichen ist und ob das Problem psychisch-profaner, psychologisch-emotionaler oder paranormaler-spiritueller Natur ist. Die Menschen reagieren erleichtert, wenn sie die ihrem Problem zu Grunde liegende Ursache mitteilen können. Unsere heutige Gesellschaft leidet darunter, daß wir diese Sorgen nicht mehr miteinander teilen können. Oder vielmehr, daß wir es nicht wagen, weil uns Minderwertigkeits- oder Überlegenheitskomplexe im Weg stehen. Viele Menschen haben den Glauben an Gott verloren und glauben auch nicht mehr an den Menschen oder an die Politik. Das ist eine unmögliche Situation. Sie haben nichts, womit sie sich noch verbinden können. Oft mißverstehen Menschen ihr Problem völlig. Dann sage ich ihnen: ›Ja, aus Ihrer Perspektive ist das zwar richtig, aber tatsächlich sieht die Situation folgendermaßen aus ...‹

Ist das Problem erst einmal formuliert, beginne ich mit meiner schamanischen Transformation, unterstützt von Instrumenten, wozu auch eine ganze Reihe von tibetanischen Klangschalen gehört. Dabei sitzt der Patient mir gegenüber. Während ich trommle und Töne hervorbringe, konzentriere ich mich auf das Hauptproblem. Oft gibt es auch Nebenerscheinungen, die verschwinden, nachdem die Ursache behoben wurde. Wenn man ein Tonspektrum verwendet, das der Schwingung des Problems entspricht, erzeugt dies eine Resonanz, die dazu in der Lage ist, die Harmonie wiederherzustellen. Schamanisch betrachtet ist diese Technik Tausende von Jahren alt. Doch es gibt kein Problem ohne Lösung, keine Lösung, die nicht ein neues Problem schafft.

Wenn jemand an einem bestimmten Organ oder Körperteil erkrankt ist, so existiert der Prototyp der Gesundheit und der Harmonie noch immer in den Zellkernen. Selbst wenn jemand an Krebs leidet, bleibt der Gesundheitskern unberührt. Der Schamane sucht eine Verbindung zu dieser gesunden Mitte und visualisiert sie als Gonshe (ein kreisendes Rad mit drei Innenarmen) von drei Tönen, das er versucht, auf eine höhere Frequenzebene zu beschleunigen. Gelegentlich beobachte ich, daß die Bewegung des Gonshe sehr, sehr langsam ist oder daß sie in die falsche Richtung erfolgt oder an der Achse abgekippt ist. Dann muß ich diese Stellung berichtigen und mit Hilfe des Tons die Geschwindigkeit beschleunigen. Wenn ich das spüre, fordere ich den Klienten auf, das Mantra zu singen. Dann treten andere Töne hervor und bilden spontan einen einzigen Laut, den Urton. Die Harmonie ist damit wiederhergestellt.

LMG: Ist denn jeder Ton ein Mantra?
JS: Ja, tatsächlich ist alles, was existiert, ein Mantra für sich, ein Bündel aus Tönen. Ein wirkliches Mantra hängt nicht von Worten ab. Es ist ausschließlich Klang. Wenn man lacht, ist das ein spontanes Mantra. Wir haben keine Wörter, die für das Seufzen oder Weinen stehen. Das sind echte Mantras, die nicht mit Wörtern oder Bildern ausgedrückt werden können. Ein solches Mantra muß spontan auftreten in der jeweiligen Sprache, die sie brauchen: Hebräisch, Tibetisch, Ungarisch, Amerikanisch; jede Sprache ist heilig. Alle Sprachen besitzen Mantras, die gesungen und auswendig gelernt werden mit dem Ziel, einen bestimmten Punkt zu erreichen, ab dem keine Wörter mehr erforderlich sind, um Gefühle auszudrücken, beispielsweise ein Lächeln. Mit einem Mantra befreien wir uns vom Vermittelnden und erfahren nur noch das wahre Herz der Angelegenheit.

Im Schamanismus verwendet man viele verschiedene Aspekte eines Begriffs. Zunächst gibt es das Wort: Man betont ein Wort, um ihm eine bestimmte Bedeutung zu geben. Dann verstärkt man es durch Bilder, indem man ein Zeichen oder Symbol wie das Pentagramm oder die sogenannten magischen Runensymbole benutzt, oder indem man formende Bewegungen durchführt, beispielsweise wenn der Priester einen Segen erteilt oder Mudras verwendet. Ist dies nicht zufriedenstellend oder genügt es nicht, geht man zur nächsten Stufe über: zur Farbe, zur reinen Farbe. Die symbolischen Bedeutungen der Farben sind sehr wichtig, da wir über die Farbe zur höheren Schwingung des Lichts gelangen, die ins weiße Licht emporschwingt.

LMG: Bezieht sich das auf Töne?
JS: Wenn man einen Ton erlebt, und zwar nicht mehr durch das Singen, sondern wenn man in dem Ton ist, wörtlich im Ton drin, kommt er durch das Wort, die Bilder, die Farben und das Licht. Ton kann sich nicht ohne Bewegung ausdrücken, die Methode selbst ist Bewegung. Der Ton durchdringt alles, aber man kann nicht oben anfangen. Deshalb ist das Wort am Anfang auch so wichtig. Der Schamanismus lehnt das gesprochene Wort nicht

ab, aber man muß über das Wort hinauswachsen. Man muß danach streben, ins Innere des Tons zu gelangen. Dort erreicht der wahre Spiritualist oder Heiler das Gleichgewicht. Sein Geist ist inspirierend. Seine bloße Gegenwart genügt, sie wirkt sich segensreich aus. Er strahlt Harmonie aus, eine konzentrierte Schwingung, die andere Menschen ins Gleichgewicht bringt. Wenn ich im Ton bin, dann erfasse ich die Schwingung der mich umgebenden Dinge, ob dies nun auf der Straße ist oder in einer Eisenbahn. Ich beobachte auch die Schwingung meiner eigenen spirituellen Probleme; meine Inkarnation wird immer kürzer. Es ist möglich, meine Mission vollständig durch den Ton zu erfüllen. Es ist mein spirituelles Ziel, wie auch das Ziel aller anderen Spiritualisten, mit Hilfe des Tons zu den höheren, feineren Schwingungen zu gelangen und zugleich anderen Menschen zu helfen.

LMG: Wenn Sie mit dem Mantra arbeiten, das Sie den Menschen geben, was bedeutet dann die Zahl der Laute?
JS: Ich kenne zwar die symbolische Bedeutung von Zahlen, aber selbst wenn ich sie nicht kennen würde, wäre das nicht wichtig. Wichtig ist nur, daß ich den erforderlichen Ton gefunden habe. Man kann beispielsweise ein köstliches Mahl auch genießen, ohne um seinen Kalorienwert zu wissen. Man braucht nicht einmal zu wissen, wie es zubereitet wurde. Es genügt, den Ton zu erreichen. Man braucht nicht seine Bedeutung zu kennen. Andererseits sind wir rational denkende Wesen. Besonders die westlichen Menschen wollen immer alles zuerst wissen und erst später erproben, daher ist es wichtig, die Dinge zu erklären.

Es ist bekannt, daß wir, wenn wir etwas wissen und dieses Wissen anwenden können, damit eine erheblich stärkere Wirkung erzielen. Wenn ein Arzt Ihnen ein Rezept verschreibt, gehen Sie in die Apotheke und kaufen die Pillen in dem Glauben, daß sie gut für Sie sein werden. Doch hätte der Arzt Ihnen vorher erklärt, wie diese Medizin funktioniert, wäre die Wirkung stärker gewesen. Deshalb erkläre ich bei meinen Behandlungen auch die Bedeutung der Zahl der Laute. Nur selten übersteigt die Zahl einundzwanzig. Meistens liegt sie bei zwölf oder dreizehn.

Die natürliche Verbindung zwischen den Zahlen erklärt sich selbst. Die Numerologie hält etwas fest, das bereits existiert. Ich glaube, daß jedes archetypische Bild fünfzig einander ergänzende Bedeutungen hat. Der jüdischen Kabbala zufolge lassen sich neunundvierzig davon auf uns anwenden. Die Tibeter sprechen von vierundsechzig; allerdings arbeiten sie mit Nuancen. Wir brauchen gar nicht so weit zu gehen. Beginnen wir einfach am Anfang. Zunächst haben wir eine Mantra von sieben Tönen. Seit die Menschheit sich erinnern kann, und das gilt auch für heutige Naturvölker, ist die Zahl sieben eine mystische Zahl gewesen. Das sind die vier Elemente mit den drei Polaritäten: positiv, negativ und neutral. Oder die vier Charaktertypen mit den ergänzenden Polaritäten. Jede Zahl besitzt ihre eigene symbolische Bedeutung und sagt uns etwas über die Richtung aus, mit der wir arbeiten.

LMG: Gibt es noch andere Möglichkeiten, mit den Mantras zu arbeiten?

JS: Zunächst einmal gebe ich gar keine Mantras, die Menschen geben sich ihre Mantras selbst. Ich beobachte nur und gebe ihnen ein paar Ratschläge, damit sie mit dem Mantra arbeiten können. Beispielsweise können sie zweimal am Tag eine halbe Stunde eine Tonmeditation durchführen. Sie singen dasselbe, besondere Mantra, auch wenn der Rhythmus sich jedesmal verändern mag. Wenn sich die Zahl der Töne spontan verändert, folgt man dieser Veränderung. Während man das Mantra singt, sollte man die Probleme in Erinnerung behalten, mit denen man sich gerade beschäftigt. Der Übergang von einem Mantra zu einem kontinuierlichen Urton ist ein physiologisches Signal dafür, daß das Problem gelöst und die Harmonie wiederhergestellt wurde.

Hier sind ein paar Methoden, mit denen wir unsere Mantraübung ergänzen können. Wiederholen Sie vor dem Einschlafen das Mantra mehrere Male. Behalten Sie es in ihren Gedanken und schlafen Sie damit. Wenn Sie morgens aufstehen, wiederholen Sie es ein paarmal im Geist. Es ist nicht erforderlich, das Mantra hörbar zu singen. Man kann es in jeder beliebigen Situation singen, die nicht nach besonders viel Konzentration verlangt. Wenn man Geschirr wäscht, kann man das Mantra singen wie ein Wiegenlied. In öffentlichen Transportmitteln kann man es schweigend im Geiste singen. Aber man muß dabei auf das Problem oder die Person, mit der man arbeitet, konzentriert bleiben.

LMG: Während eines schamanischen Heilungsrituals lassen Sie den Klienten die Klangschale schmecken und fühlen. Wozu dient das?
JS: Das tun die Lamas in Tibet und der Mongolei auch. Die Klangschalen bestehen aus sieben verschiedenen Metallen. Es ist wichtig, damit vertraut zu sein, wenn man ihre Wirkung begreifen will. Symbolisch gesehen steht das Gold für die Sonne, Silber für den Mond, Quecksilber für Merkur, Kupfer für Venus, Eisen für Mars, Zinn für Jupiter und Blei für Saturn. Jedes dieser sieben Metalle hat jeweils sieben Töne. In jeder Klangschale sind also niemals weniger als neunundvierzig Töne enthalten, ob es eine große oder eine kleine Schale ist. Die Schwingung einer Klangschale kann man auch aus der Ferne noch hören. Man kann die Schwingung schmecken, indem man sie mit der Zunge berührt, um sie mit dem ganzen Körper zu erleben. Das verändert die Sensitivität. Später braucht man eine Klangschale nur noch anzuschauen, um den Ton zu hören. Wenn Sie sich weiterentwickeln, können Sie in den Ton eindringen, indem Sie nur noch an eine Klangschale denken.

Beim Singen spüre ich die Anwesenheit einer großen Schale. Das hilft mir dabei, mich in den Zustand eines Lautbeobachters zu versetzen. Die meisten Menschen werden sich ihres Körpers erst bewußt, wenn sie krank werden. Auf einer höheren Ebene kann man sich selbst als Tonwesen erfahren, als Quelle eines Tons, die sehr kraftvoll ist. Dieses Bewußtsein beschert mir mehr Verständnis für mich selbst, meine Mitlebewesen, für den Planeten und den Kosmos.

LMG: Wenn Sie also etwas erfahren, begegnen Sie auch dem Ton dieses Gegenstands?
JS: Ja, das stimmt. Zuerst erkennt der Geist die Schwingung. Das ist Inspiration. Alle materiellen Dinge, natürliche oder von Menschen erschaffene Erscheinungen, alles weist die drei Aspekte auf, woran man es erkennt. Es gibt die physische Ebene und den Wärme- oder Strahlungsaspekt, oft als Aura bezeichnet. Alle Lebewesen haben diesen Aspekt, den Steine und Metalle nicht besitzen. Der dritte Aspekt ist die Tonidentität. Wenn ich im Inneren eines Tons bin, sind mir alle drei Aspekte zugleich bewußt. Ich sehe einen Vogel fliegen, zugleich sehe ich auch seine dunkelblaue und weinrote Aura und erlebe seinen sehr hohen, schrillen Ton. Aber ich lebe nicht so, ich lebe wie alle anderen innerhalb eines dreidimensionalen Bewußtseins. Sonst könnte ich keine Verbindung mehr zu den Menschen aufrechterhalten.

LMG: In Ihrem Buch gibt es eine Seite mit Symbolen, die mich an Runen erinnern.
JS: Ja, das ist die ungarische Runenschrift. Die Ungarn besaßen ihre eigene Kultur, als sie sich dort im Jahre 896 n. Chr. ansiedelten. Ihre Runen besaßen zweiunddreißig bis sechsunddreißig Zeichen. In meiner Jugend habe ich Hirten dabei beobachtet, wie sie sie dazu verwendeten, um festzuhalten, wie viele Tiere die Landbesitzer besaßen. Sogar Thomas Bachi, mein Mentor, der Dorfschmied, hat einen Runenstab verwendet. Ich habe den Eindruck, daß Runen eine Gedächtnishilfe sind. Es hat mich immer wieder überrascht, wenn er jedesmal anders sang, obwohl er stets das gleiche las, so, als würden die Runen ihm als Quelle der Eingebung dienen, und ihn daran erinnern, sich auf tiefere Bewußtseinsebenen einzuschwingen.

Im Schamanismus arbeitet man mit verschiedenen Bewußtseinsebenen. Die persönliche Bewußtseinsebene reicht bis zur Zeugung zurück. Das genetische Bewußtsein reicht zurück bis zur Entstehung des Menschen, und ihm geht das amphibische Bewußtsein voran, dessen Sitz vor allem das Kleinhirn ist. Dem wiederum geht das Wasserbewußtsein der Wasserwesen voran, von den Fischen bis zu den Algen und den Protozoen, wo das menschliche Bewußtsein endet. Danach beginnt das Kristallbewußtsein. Als nächstes kommt das Luft- oder Photonenbewußtsein mit der Energie oder dem Lichtbewußtsein dahinter. Die siebte Ebene ist das Tonbewußtsein. Mit Hilfe der Runen als Gedächtnisstütze war Bachi dazu in der Lage, sich auf eine bestimmte Bewußtseinsstufe zu konzentrieren. Der Ton aktiviert die Verbindung zwischen den sieben Stufen menschlichen Bewußtseins.

LMG: Unsere gemeinsamen Schüler haben mir von Ihren Ansichten über die Aufnahme von Wasser berichtet, und mir fällt auf, daß Sie während dieses ganzen Interviews regelmäßig Wasser trinken.

JS: Im allgemeinen trinken die Menschen nicht genug Wasser. Dabei sollten sie sehr viel mehr Wasser trinken, um die giftigen Abfallprodukte aus ihrem Körper zu beseitigen. Die Menschen haben Probleme mit den Eingeweiden, mit der Leber oder den Nieren auf Grund von Blockaden, die fortgespült werden müssen. Es ist auch sehr wichtig, daß die Wassertemperatur der Körpertemperatur entspricht. Das ist für das Körperinnere entspannender, es wird durch einen ganz einfachen physiologischen Mechanismus auf diese Weise beruhigt. Unsere Körpertemperatur liegt zwischen 36 und 37 °C, und wir wissen, daß das Wasser meistens 12 bis 14 °C hat. Das ist ein sehr großer Temperaturunterschied. Wenn wir dieses Wasser trinken, gelangt es direkt in den Magen, also in ein wichtiges Nervenzentrum. Dort beginnen unsere wichtigsten Verdauungsprozesse. Kaltes Wasser zieht zusammen, es unterbindet den Fluß der Enzyme und bremst die Verdauung. Dann muß der Körper dieses Wasser aufheizen, damit er weiterhin funktionieren kann.

Wenn man angespannt ist, trinkt man etwas, um ein besseres Gleichgewicht zu erzeugen. Ist das Wasser warm, wird man davon nicht beeinträchtigt und kann sich besser konzentrieren und ganz im Moment bleiben. Wenn man sich mit spirituellen Dingen beschäftigt und nach der Essenz strebt, entsteht im

Inneren Wärme. Vor allem Künstler kennen das. Zunächst ist da die feuchte Wärme, man schwitzt. Dieser folgt eine trockene Wärme, und als nächstes kommt eine strahlende Wärme. Diese Strahlung fühlt sich an, als säße man auf Nadeln, sie läßt sich im ganzen Körper intensiv wahrnehmen. Tatsächlich ist dies unsere eigene Radioaktivität. Wenn wir spirituell arbeiten, ziehen wir mehr Radioaktivität an, kosmische und irdische Strahlung. Die muß gekühlt werden. Der Organismus wird mit solchen großen Dosen allein nicht fertig. Deshalb starben auch ziemlich viele spirituelle Menschen an Krebs; sie haben diese Tatsache nicht berücksichtigt. Mir ist das Trinken gar nicht mehr bewußt. Ich muß es einfach tun, sonst gerate ich durch meine konzentrierte Arbeit mit dem Ton auf eine viel zu hohe Schwingungsebene. Besonders der männliche Feuerton erzeugt sehr viel Hitze.

Ich bewahre auch Kristalle in meinem Trinkwasser auf. Diese Praktik ist so alt wie der Mensch. Schamanen und viele Religionen verwenden Kristalle, Edelsteine und Halbedelsteine am Körper oder nehmen sie ein, wie es die Chinesen taten, als Staub zermahlen zu medizinischen Zwecken. Wenn man Wasser trinkt, das von Kristallen durchwirkt ist, trinkt man homöopathisch Harmonie. Kristalle stimulieren unsere eigenen Abwehrmechanismen.

Es gibt noch etwas, wogegen Kristalle helfen. Die Großmächte führen unterirdische Atomtests durch. Sie behaupten zwar, daß die Kruste der Erde dick genug sei und sie die Strahlung mühelos aufnehme. Aber das stimmt überhaupt nicht. Nukleare Abfälle dringen durch, beeinflussen die Winde und andere Atome, die wiederum das Klima beeinflussen. Diese wichtigen Moleküle werden immer stärker gestört. Der größte Teil, ungefähr zwei Drittel, strahlt in das Magma hinab, in den Erdkern, so daß dieser immer kräftiger zu vibrieren beginnt. Das treibt die Radioaktivität durch die Erdkruste nach oben. Dadurch wird wiederum das Klima und unser Leben selbst gestört. Wenn man Kristallwasser trinkt, kontert man diese Radioaktivität, indem man sie bewußt abkühlt. Es ist allgemein bekannt, daß die meisten Krebserkrankungen mit großer Hitze im betroffenen

Organ einhergehen und die Schwingung dieses Organs abgekühlt werden muß. Wenn wir genügend Wasser trinken, neutralisieren wir damit siebzig bis achtzig Prozent der Radioaktivität. Ist ein Kristall im Wasser, gibt es keine Strahlung, und der Körper nimmt neue Energien auf.

LMG: Joska, Sie sind auch ein erfolgreicher Künstler.
JS: Ja, die Malerei ist eine Möglichkeit, um mit allen Bewußtseinsebenen in Verbindung zu bleiben. Durch diese lebe ich in einem inspirierten Zustand, der ein bißchen so wie das Verliebtsein ist; lieben was man tut. Das ist eine Wahrnehmung, eine echte Schöpfung, etwas, das vorher nie existiert hat. Kreative Menschen pulsieren vor Leben und Kraft, weil ihre gesamte Energie auf allen Ebenen hervortritt. Das Ziel der Kunst ist es, die Seele zu verwirklichen, diese erhabene Schwingung.

LMG: Können Sie Menschen, die mit Tönen arbeiten wollen, einen Rat geben?
JS: Lernen Sie das Lauschen. Lauschen Sie der Stille, der inneren Stille. Wenn Sie sitzen oder liegen, lassen Sie los, begeben Sie sich in jenen Zustand zwischen Wachen und Schlafen. Bleiben Sie bewußt, dösen Sie nicht weg. Lassen Sie los, bis Atmung und Herzschlag zur Ablenkung werden. Gestatten Sie diesen Tönen, in den Hintergrund zurückzuweichen, dann erreichen Sie eine Stille, eine Ruhe, eine Leere, wo die wahren Dinge zu geschehen beginnen. In dem Schweigen, der Leere, ist alles verlangsamt. Beachten Sie Töne, kleine, leise Töne. Und natürlich erweitern Sie auch Ihr Bewußtsein.

11

ERDE, FEUER, WIND UND WASSER

Die Elemente

Jedes der uns bekannten Elemente besitzt einen charakteristischen Ton. Dieser Ton übermittelt alles Wissen, das im jeweiligen Element enthalten ist. Alles Wissen ist uns zugänglich, wenn wir bereit sind, uns die Zeit dafür zu nehmen, es zu erfahren. Darüber zu lesen, kann niemals die Tiefe des Wissens vermitteln, die wir erfahren, wenn wir es für uns selbst wiederentdeckt haben. Dieses Kapitel beschäftigt sich mit der unmittelbaren Erfahrung, damit also, wie man lernt, die Elemente zu beherrschen. Sie finden hier viele Methoden, um die Töne von Erde, Feuer, Wind und Wasser zu hören, nicht nur die Oberflächentöne, die zu ignorieren wir neigen, sondern auch die darunterliegenden. Enthüllen Sie den verborgenen Ton in einem Element, so enthüllen Sie damit zugleich die Möglichkeit, es zu beherrschen. Das geschieht freilich nicht automatisch, indem wir hin und wieder eine einzige Meditation durchführen oder es ohne Hingabe tun; es verlangt vielmehr nach wiederholten Anstrengungen. Es ist der ernsthaft Suchende, dem das Wissen zufällt, nicht der Neugierige. Die meisten Menschen brauchen mindestens dreieinhalb Jahre des hingebungsvollen Lernens, um die Suche nach einem Element abzuschließen.

Die Fähigkeit, die Elemente Luft, Feuer, Erde und Wasser zu beherrschen, ist eine alte Tradition im Schamanismus. Die meisten Schamanen konnten nur zwei oder drei Elemente beherrschen und galten dennoch als hochentwickelt. Die Beherrschung eines Elements verleiht uns die Fähigkeit, es vollständig zu kontrollieren, und zwar nicht nur in der Welt, sondern auch in unserem eigenen Leben. Die Kontrolle des Wasserelements führt zu emotionaler Kraft. Der Wind vermittelt uns Wissen über die Lebenskraft oder das *Prana*, verleiht ein Gefühl der Freiheit und ist der Schlüssel zu den Mysterien. Wenn Sie ihn verstehen, können Sie Gottes Reich erkennen und damit auch, wie das Universum funktioniert. Gehen wir bei der Erde in die Lehre, so harmonisiert dies unsere Lebensumstände und gewährt uns alles, was wir brauchen, um gut zu leben. Das Element Feuer führt nicht nur zu längerer Brenndauer bei weniger Brennstoff, es gewährt auch Information und problemloses Funktionieren; zudem vermittelt es klare Kommunikation und Macht über unser eigenes Denken. Die Elemente, die sich am leichtesten erlernen lassen, sind das Wasser und die Erde. Oft glaubt der Anfänger, daß man eigentlich zunächst damit anfangen müßte zu erfahren, wie das Universum funktioniert, doch dann wird er durch traurige Konsequenzen dazu gezwungen, einen Rückzieher zu machen und zunächst doch das Wasser und/oder die Erde zu meistern. Dies ist ein Hinweis, mit Elementen zu beginnen, denen wir unbeschadet begegnen können, und nicht zu versuchen, die Urquelle auszutricksen, bevor man reif dazu geworden ist. Wenn wir ein Element beherrschen lernen, erlangen wir auch Kontrolle über das Chakra, über das es herrscht. Die Element- und Chakrazuordnung sieht so aus: Erde/Wurzelchakra, Wasser/Sakralchakra, Feuer/Solarchakra, Wind/Herzchakra.

Jeder Himmelsrichtung ist ein Element zugeordnet. Im Süden ist die Erde, im Westen das Wasser, im Osten das Feuer und im Norden die Luft. Das gleiche gilt auch für die Jahreszeiten: Der Frühling ist die Jahreszeit des Feuers und der Luft. Im Tagesablauf entspricht dies der Stunde zwischen fünf und sechs Uhr morgens. Sommer ist die Wasserzeit; seine Stunde dauert von elf Uhr bis mittags. Der Herbst ist eine gemischte Jahreszeit aus Feuer, Erde und Luft. Die Tagesstunde, die während des ganzen Jahrs Herbstenergie enthält, dauert von siebzehn bis achtzehn Uhr. Der Winter beherrscht nur das Feuer. Seine Stunde dauert von dreiundzwanzig Uhr bis Mitternacht. Wenn Sie die in den folgenden Abschnitten beschriebenen Elementmeditationen durchführen wollen und die Jahreszeit dem nicht entspricht, können Sie also immer noch zur entsprechenden Tageszeit meditieren.

Erde

Es gibt viele wunderschöne Wege, um die intimsten Geheimnisse der Erde zu erfahren: der Jahreszeitenwechsel, Mineralien und Edelsteine, das Sitzen in einer Höhle, Gartenarbeit, Kräuterkunde, Pflanzenkenntnis und gezielte Meditationen mit dem Erdelement. Die Lehren der Erde sind sichtbar. Dieses Element gibt uns Erdung, es verleiht eine widerstandsfähige Mitte. Es erzeugt Überlebenskunst und beseitigt Lebens- und Besitzängste. Es hilft uns bei der Verteilung weltlicher Güter und unterstützt Freundschaften und andere Beziehungen. Das Studium der Erde bringt Fülle mit sich, Sicherheit, Zuversicht, Gleichgewicht und die Fähigkeit, die eigenen Träume und schöpferischen Ideen in die Praxis umzusetzen.

Im Kapitel 9 haben wir Methoden der Arbeit mit Kristallen zum Zwecke der Heilung und des Wissenserwerbs behandelt. Es gibt jedoch noch eine Vielzahl anderer Möglichkeiten, das Mineralienreich zu meistern. Oft vermitteln schlichte Steine, die kantig vom Berge heruntergefallen sind oder solche, die von Flüssen glattpoliert wurden, dem Suchenden wichtige Lehren. Wenn Sie beim Gehen einen Stein festhalten, kann Ihnen dies Ruhe und inneres Lernen vermitteln. Vielleicht hat der Stein nur eine kleine Botschaft für uns, doch das gesammelte Wissen vieler Steine und Kiesel lehrt uns sehr viel. Wenn Sie einen Stein finden, der Ihnen besonders gut gefällt, nehmen Sie ihn mit nach Hause und bewahren Sie ihn in Ihrer Nähe auf. Manche Menschen haben seit frühester Kindheit Kiesel und Steine aufbewahrt. Auch wenn Sie es vielleicht nicht bewußt wissen, lernen sie von diesen Steinen und übertragen unerwünschte psychische Zustände auf sie.

Als ich noch jung war, erzählte meine Tante Rose immer wieder eine Familiengeschichte, die mich damals sehr verwunderte. »Meine Mutter hat immer gesagt, man soll die eigenen Sorgen nicht anderen Leuten erzählen. Geh hinaus aufs Feld und erzähle deine Sorgen einem Stein.« Dreißig Jahre lang ignorierte ich diesen Rat. Mit zwei Töchtern im Schulalter auf einer Farm weitab von Nachbarn und Freunden zu leben, war eine schwere Prüfung. Schweren Herzens schritt ich eines Tages auf dem Heimweg über die Weide. Da erblickte ich zu meinen Füßen einen ziemlich großen Stein. Ich sah ihn an und hob ihn auf. Dann umschlang ich ihn mit beiden Händen und erzählte ihm meine ganze Geschichte. Als ich damit fertig war, fühlte ich mich erleichtert. »Soll ich ihn mit nach Hause nehmen?« überlegte ich. Nein, damit würde ich die Probleme auch wieder mit nach Hause bringen, also legte ich den Stein an die Stelle zurück, wo sich um ihn herum die Erde aufgehäuft hatte. Meine Sorgen verschwanden, von dem Stein und der Mutter Erde aufgenommen. Großmutter Laehs Weisheit, die zusammen mit ihrem Namen auf mich übergegangen ist, findet nun wann immer nötig, Anwendung.

Jahreszeitenwechsel

Der Jahreszeitenzyklus ist einer der Schlüssel zur Kenntnis der Welt. Augenfällig für diesen Zyklus ist die Veränderung der Stellung von Sonne, Mond und Sternen am Himmel, während die Erde die Sonne umkreist. Wenn wir uns der Lichtveränderungen bewußt werden, die mit den wechselnden Jahreszeiten einhergehen, erhalten wir ein tieferes Verständnis für den Sinn des Lebens. Diese Dinge müssen Sie selber über mehrere Jahre hinweg beobachten, um die ganze Bedeutung zu erfassen. Die Schwingung des Lichts, das während aller Jahreszeiten zur gleichen Stunde widergespiegelt wird, enthält Klang. Dieser Ton ist Ihr Schlüssel zum Wirken und zur Interaktion des Lebens auf der Erde. Zwar kann ein Weiser Ihnen erklären, wie dies funktioniert, doch solange Sie es nicht selbst wissen, werden seine Worte für Sie keine Bedeutung haben.

Das Sitzen in Höhlen ist etwas, das Sie nicht ohne Anleitung und gründliche Vorbereitung unternehmen sollten. Höhlen, die tief im Inneren der Erde liegen, sind etwas völlig anderes als die wenig tiefen Aushöhlungen der Felsen, die man beispielsweise an der amerikanischen Westküste findet. Leute gehen in Höhlen, um von Licht und Lärm abgeschlossen zu sein und wegen der Energieerneuerung, die sie ermöglichen. In einer Höhle kann man wahnsinnig werden oder sich verirren, denn wenn man erst einmal im Inneren ist, verliert man schnell den Orientierungssinn. Dann kann man manchmal oben und unten oder links und rechts nicht mehr unterscheiden. Daher ist es ratsam, in einer Höhle nicht zuviel umherzuwandern oder ohne Taschenlampe und einen kräftigen Strick hineinzugehen, den man in der Nähe des Höhleneingangs an einer sicheren Stelle befestigt. In Europa erzählt man sich Geschichten von Mönchen, deren Strick gerissen ist, die immer tiefer in die Höhle hineinschritten in dem Glauben, es sei der Weg nach draußen, und die auf diese Weise umkamen.

Es gibt besondere Höhlen, die für ihre magischen und heilenden Kräfte bekannt sind. Eine berühmte Heilungshöhle ist die Emma Kunz-Grotte in der Schweiz. Einer meiner engsten Freunde verbrachte zwei Stunden darin, was als äußerst strapaziös gilt. Er brachte Hände voll Erde mit gewaltiger Heilkraft aus dem Inneren der Höhle zurück. Diese gab er an befreundete Ärzte weiter, die sich mit Schwingungskrankheiten beschäftigen: Erkrankungen, die dadurch entstehen, daß der innere Ton nicht mit dem Farbstrahl oder dem natürlichen Ton eines Menschen harmoniert. Manchmal sind es die Mineralien einer Höhle, welche die Heilungseigenschaften aufweisen.

Für den Anfänger sind untiefe Höhlen mit einer Rückwand, die man erkennen und fühlen kann, am besten. Gehen Sie zuerst bei Tag mit einem Freund in die Höhle hinein. Schauen Sie sich um und stellen Sie fest, ob sie für Ihre Zwecke tief genug ist. Wer intelligent ist, bringt auch ein Seil mit, ein paar Pflöcke, einen langen Spazierstock und eine große Taschenlampe. Eine

Trillerpfeife, um den Hals gehängt und ein Kompaß sind ebenfalls unverzichtbare Notvorkehrungen. Verwenden Sie die Taschenlampe, um die Wände, den Boden und die Decke alle paar Schritte abzuleuchten. Treten Sie nicht einfach in irgendwelche Wasserpfützen hinein, stellen Sie zunächst mit Ihrem Wanderstock fest, wie tief sie sind, bevor Sie hineinwaten. Gehen Sie nur soweit hinein, bis Sie sich bei hellem Sonnenschein in völliger Finsternis befinden. Das Sichverlaufen ist nicht Teil dieser Übung, es wäre die reine Dummheit. Sie werden noch genügend Gelegenheit dazu haben, sich mit Ihren Ängsten auseinanderzusetzen, während Sie stundenlang an einer Stelle sitzen.

Nachdem Sie in nicht allzu großer Entfernung vom Höhleneingang eine sichere Stelle gefunden haben, lassen Sie Ihren Freund wieder hinausgehen und draußen in normaler Lautstärke etwas sagen. Wenn Sie ihn hören können, dann werden Sie auch höchstwahrscheinlich vorbeikommende Spaziergänger hören. Danach sollte sich Ihr Freund in den Höhleneingang stellen und auf Tiere und Vögel in der Nähe achten. Wenn diese singen oder Geräusche von sich geben, wird Ihr Freund sie hören. Sind sie für Sie jedoch nicht hörbar, dann ist Ihre Höhle gut isoliert. Die Höhle sollte sich in einem ruhigen Gebiet befinden, wo Sie keinen Straßenlärm hören. Meistens sind Höhlen feucht. Daher ist es gut, sich in eine aluminiumbeschichtete Rettungsfolie zu hüllen, damit die Feuchtigkeit Ihrem Körper nicht die Wärme entzieht.

Gehen Sie alle Möglichkeiten durch. Können Sie die Höhle mit dem Wagen erreichen und diesen in angenehmer Gehentfernung parken oder von der Höhle zu Fuß zurückkommen? Wollen Sie die Möglichkeit haben, die Höhle jederzeit wieder zu verlassen? Haben Sie einen vertrauenswürdigen Freund, der nach einer bestimmten, vorgegebenen Anzahl von Tagen zu Ihnen kommen wird? Sind Sie wirklich dazu in der Lage, solange dort zu bleiben, wie Ihr Ego es gerne hätte? Schließlich wollen Sie ja keinen Durchhalterekord aufstellen. Es handelt sich dabei um eine Lernerfahrung für jemanden, der sich mit der Materie vertraut machen will. Beginnen Sie also langsam. Vielleicht genügen zu Anfang ein Tag und eine Nacht. Vielleicht reichen auch nur zwölf Stunden. Hören Sie auf Ihr inneres Gefühl. Wenn Sie unsicher sind, dann erlauben Sie sich, in der Nähe der Höhle ein Lager aufzuschlagen für den Fall, daß Sie genug haben sollten. Dann wird Sie Ihr Freund dort aufsuchen. Sprechen Sie ein Signal mit ihm ab, damit er nicht unnötig in die Tiefe der Höhle hineinwandert, um Sie zu finden. Als zusätzliche Vorsichtsmaßnahme machen Sie eine Skizze des Höhleninneren und geben Sie sie an mehrere Menschen weiter, denen Sie vertrauen, damit Sie sicher sein können, wiedergefunden zu werden. Und was am wichtigsten ist: Nachdem Sie sich erst einmal eine Stelle ausgesucht haben, an der Sie Platz nehmen wollen, wechseln Sie diese nicht mehr und gehen Sie nicht tiefer in die Höhle hinein.

Erforderliche Ausrüstung: mehrere Liter Trinkwasser; hundert Meter Seil; fünfzig spitze Pflöcke; Taschenlampe; Rettungsfolie; Schlafsack; warme Kleidung einschließlich einer Wollmütze für den Kopf; Notfallausrüstung, die ständig am Leib getragen wird: Trillerpfeife, großer Plastikmüllsack, Einwegfeuerzeug, lange Kerze, Schokoriegel, der nur verzehrt werden sollte, wenn Sie sich wirklich verlaufen oder die Orientierung verloren haben.

Am vereinbarten Tag begeben Sie sich zur Höhle und befestigen am Eingang Ihr Seil an einem Pflock. Aus Sicherheitsgründen sollten Sie nur soweit hineingehen, wie Ihr Seil reicht. Begeben Sie sich mit ihrem Freund hinein und überprüfen Sie alle Markierungen auf der Skizze. Setzen Sie sich nieder und bereiten Sie alles vor, bevor Ihr Freund Sie verläßt. Schalten Sie die Taschenlampe aus. Endlich sind Sie nun allein und können eine intensive Höhlensitzung durchführen und damit beginnen, die inneren Töne der Erde zu erfahren. Lauschen Sie sorgfältig auf die Geräusche in der Höhle. Verhalten Sie sich still. Sie sollten weder singen noch pfeifen noch andere Geräusche von sich geben. Dies ist eine Übung in Empfänglichkeit. Wenn Sie tatsächlich in völliger Finsternis sind und ganz deutlich ein Tier erkennen können, dann handelt es sich wahrscheinlich um ein inneres Tier und nicht um ein wirkliches. Zwar strahlen manche Höhlentiere eigenes Licht aus, nicht aber Füchse, Hasen oder Bären. Die Licht- und Außenlärmisolierung führt zu einem Verlust des Zeitgefühls und beschert Ihnen große intuitive Informationen. Zunächst werden Sie sich wahrscheinlich mit Ihrer eigenen Persönlichkeit beschäftigen und mit Ihrer Furcht, mit Ihrem Zorn gegenüber anderen, mit Ihrem vorübergehenden Freiheitsverlust und anderen Ängsten. In seiner Weisheit wird das Universum Ihnen keine Lösungen für Ihre persönlichen Probleme eingeben, die anderen schaden oder gegen den höheren Moralkodex des Menschen verstoßen. Wenn Sie also einen agressiven Gedanken hegen oder Rache planen, so erkennen Sie diese als Ihre eigenen, und bitten Sie um Leitung und Hilfe, um zu einer friedvollen, angemessenen Lösung zu finden. Haben Sie sich erst einmal eine solche Lösung für Ihre gegenwärtige Lebenssituation vorgenommen, werden Sie zu den wichtigen Einsichten übergehen können, mit denen die Höhlensitzung den wahren Suchenden belohnt. Die Informationen und Einsichten, die Sie erhalten, sind wahrhaft individuell, und es wird eine Weile dauern, bis Sie sie in Ihr Leben integriert haben. Eine gute Sitzung kann Ihnen Jahre der Arbeit bescheren, bei der Sie sich von einer Stufe zur anderen weiterentwickeln.

Die Erdmeditation

Diese Meditation ist dazu gedacht, den Herzschlag der Erde zu vernehmen. Nachdem Sie ihn lange genug gehört haben, werden Sie ihn auch in allem wahrnehmen, was natürlich ist: auf Bergen und Hügeln, im Wald oder im eigenen Garten. Überall, wo es ruhig ist, wird sich die innere Stimme der Erde Ihnen mitteilen. Der Herzschlag vermittelt Informationen und lehrt durch Intuition.

Suchen Sie sich einen Ort, wo es nur wenige Menschen und wenig Ablenkung gibt. Je ruhiger es ist, desto besser für Ihre Konzentration. Benutzen Sie verschiedene Orte, während Sie die Erdmeditation im Laufe der Jahreszeiten praktizieren. Ein gebirgiges Gebiet, ein Seeufer, abgelegene Weiden, freie Ebenen: alles wird dem, was Sie bereits wissen, eine zusätzliche Dimension verleihen.

Legen Sie sich auf eine Decke aus Naturfasern oder direkt auf den Boden, mit dem Gesicht nach unten, ein Ohr auf den Boden gepreßt, Arme und Beine gespreizt. Auf diese Weise werden Sie am entspanntesten sein. Atmen Sie normal. Verweilen Sie ungefähr eine Dreiviertelstunde in dieser Stellung. Danach erheben Sie sich und setzen sich ruhig hin, wobei Sie still bleiben. Verbringen Sie mindestens fünfzehn Minuten mit Reflektion. Üben Sie die Meditation so häufig, wie das Wetter es zuläßt. Sie wird Ihnen dabei helfen, sich auf die innere Harmonie und das Leben des Planeten, auf dem wir wohnen, einzuschwingen.

Haben Sie diese Meditation gemeistert und können Sie den Herzschlag von Mutter Erde hören, dann werden Sie in der Lage sein, Erdbeben zu zähmen, sich selbst und andere vor herabstürzenden Felsen und vor Treibsand zu retten, Lawinen zu beherrschen, das Wachstum der Pflanzen zu lenken, mit Tieren zu kommunizieren und vorzeitige Warnungen über Erdverschiebungen und andere Phänomene zu erhalten. Dann können Sie auch unterirdische Höhlen aufspüren, Wasserläufe, Minerallagerstellen und vergrabene Gegenstände.

Samen und Pflanzen

Jede Pflanze hat ihren eigenen, charakteristischen Ton. Deshalb konserviert das Besingen einer Pflanze diese auch nach der Ernte. Sie können auch eine Pflanze besingen, die Sie kräftigen möchten. Wissenschaftliche Forschungen haben ergeben, daß Pflanzen auf unseren Gemütszustand und auf Musik reagieren. Sie erhalten auch einen Schock, wenn eine andere Pflanze vernichtet wird. Mit Pflanzen zu kommunizieren ist sehr einfach. Jeder kann eine Pflanze energetisieren, indem er ihr Liebe zusendet. Eine der einfachsten Methoden, um die Erdenergie zu meistern, besteht darin, sich einen Garten zu halten und durch die Pflanzen mit den Zyklen von Mutter Erde vertraut zu werden, mit ihren Wachstumsverläufen und ihrem Wissen. Dazu braucht man Zeit, Geduld und Hingabe. Die erste Belohnung sind die frischen, gesunden Nahrungsmittel und Blumen aus Ihrem eigenen Garten. Und wenn Sie Heilpflanzen anbauen, verstärkt dies auch ihre eigenen Heilkräfte.

Wenn Sie die Erde durch Ihren Garten wirklich kennenlernen wollen, sollten Sie ihn biologisch halten. Meiden Sie also Pestizide, Herbizide und chemischen Dünger. Stellen Sie fest, woher die Energie kommt und wie die Erde sie transformiert. Wenn Sie einen Obstbaum bemerken, der krank ist, vergraben Sie große Mengen Knoblauch unter seinen Wurzeln und bemerken Sie, wie er neue Lebenskraft erhält und Insekten abwehrt. Wenn Sie einen Baum organisch füttern, stärken Sie damit sein Immunsystem. Einen Komposthaufen anzulegen oder Essensreste an Hühner zu verfüttern und mit ihrem Kot den Garten zu düngen, ist bereits eine Lernerfahrung für sich. Es gibt zahlreiche ausgezeichnete Bücher über biologischen Gartenbau. Machen Sie daraus Ihre Winterlektüre, damit Sie den Zyklus der Erde schon früh zu studieren beginnen können.

Es kann einige Jahreszeiten dauern, um das Gärtnern zu beherrschen und von Samen und Pflanzen etwas über die Erde zu erfahren. Wenn Sie Ihre eigenen Samen für die Bepflanzung des nächsten Jahres sammeln und diese säen, werden Sie auch viel über Genetik lernen.

Erdheilungen

Es gibt uralte Techniken, die Erde selbst zu Heilungszwecken zu nutzen. Auf der Kashia Rancheria wurde meine achtjährige Tochter eines Morgens von einer Biene gestochen. Einige in der Nähe stehende Männer sagten, wir sollten Schlamm auf den Stich tun. Das taten wir, und es funktionierte auch. Jeder Insektenstich büßt sein Gift durch die Saugfähigkeit feuchter Erde ein.

Ton wird sehr viel dazu verwendet, um Eiter zu ziehen, sowie bei der Behandlung von Schwellungen und inneren wie äußeren Geschwüren. Ton enthält viele Mineralien und jedes hat eine bestimmte Heilwirkung. Die Farbe des Tons wird durch seine mineralische Zusammensetzung bestimmt. Roter Ton enthält Eisen. Örtlich angewandt, behebt er fette Haut und zieht tiefsitzende Giftstoffe aus dem Gewebe. Blauer Ton enthält natürliches Kalziumfluorid, das die Haut kräftigt und strafft. Im gelben Ton, der die Ausscheidung fördert, verbinden sich Eisen und Bentonit. Weißer Ton wird häufig anstelle von Talkumpuder verwendet. Grüner Ton wird bei allen Formen der Heilung bevorzugt und auch häufig eingenommen. Ton, den Sie selbst sammeln oder aus einer nichtmedizinischen Quelle beziehen, muß im Backofen erst auf 300 °C während einer Stunde erhitzt werden, bevor Sie ihn verwenden können. Das beseitigt Bakterien und andere unerwünschte Lebewesen. Michel Abehseras *The Healing Clay* (Swan House Publishing) ist ein außerordentlich gut geschriebener, umfassender und praktischer Führer für den Gebrauch von Ton zu Heilzwecken.

Wenn Sie einen Elektroschock erlitten haben, besteht das beste Heilmittel darin, die betroffenen Körperteile eine halbe Stunde lang in der Erde zu vergraben. Damit wird das unerwünschte elektromagnetische Feld herausgezogen, das der Stromstoß Ihrem Körper aufgezwungen hat. Der Strom aus der Steckdose ist ganz anders als jener, der uns durchfließt.

Sand ist das beliebteste Medium zur Heilung von Arthritis und Rheuma. Graben Sie sich mit Hilfe eines Freundes in sehr warmen Sand ein. Lassen Sie den Kopf dabei aber frei. Bedekken Sie alle von Arthritis oder anderen Gelenkschmerzen betroffenen Stellen. Verweilen Sie so drei Stunden oder länger, sofern das Wetter es zuläßt. Wenn der Sand an Ihrem Körper kalt und feucht wird, beenden Sie die Behandlung sofort. Vergessen Sie auch nicht, im eingegrabenen Zustand und danach Flüssigkeit zu sich zu nehmen. Denn der Sand kann Ihrem Körper Flüssigkeit entziehen, während er die Substanzen aufnimmt, welche Ihre Krankheit bewirken.

Wasser ist die wichtigste Substanz auf der ganzen Welt. Ohne Wasser könnten wir nicht leben. Anatomisch betrachtet bestehen wir zu 90% aus Flüssigkeit. Würde man uns diese nehmen, so würden wir verwelken. Der Mensch nimmt ständig Flüssigkeiten auf und scheidet sie wieder aus. Ständig wird Flüssigkeit in Form von Schweiß, Urin und Speichel abgegeben. Das Durstlöschen, das Atmen (20% der Wasseraufnahme des Körpers findet in den Lungen statt) und das Waschen führt unseren Organen und dem Gewebe täglich Wasser zu. Wasser spült auch Unreinheiten aus.

Gewitter verändern oft das Wetter und mildern Hitzewellen. Sie geben auch den Feldern Nahrung. Nebel schützt die Obstbäume in der Kälte und verhindert Frosteinbrüche in Gebieten, wo er sich als Decke über den Boden gelegt hat. Wasser ist ein sehr wechselhaftes Element. Es kann so still sein wie Schnee, so laut wie Hagelkörner, so vernichtend wie ein plötzlich angeschwollener reißender Fluß, der über seine Ufer tritt, so ruhig wie ein See ohne Wind. Es reicht von Brechern fernab der Küste bis zur Überflutung von Landzungen bei Meeresstürmen und kann mit stetem, beständigem Tropfen jede geologische Formation abnutzen.

Wenn Sie ein kräftiger Schwimmer sind, der sich lieber in Seen, Buchten und anderen natürlichen Gewässern aufhält als in einem Schwimmbecken voller Chlorwasser, dann kennen Sie die Frequenz dieses Elements sehr genau. Dann wäre die Meisterung des Wassers eine natürliche Erweiterung Ihres bisherigen Lebensstils. Sogar Wasserskiläufer haben eine Affinität zu diesem Element, doch ist es so gut wie unmöglich, einen Zugang zum Ton des Wassers zu finden, wenn vor einem ein Motorboot dröhnt. Surfer gelangen oft auf den spirituellen Weg, nachdem sie im Meer meditiert haben, während sie darauf warteten, daß es ihnen die vollkommene Woge bescheren möge.

Durch die Meditation des Wassers lernen wir, den Nebel, den Regen, Hagel, Schnee, Fluten, Wolken, Dürrezeiten und unsere eigenen Emotionen zu beherrschen.

Begeben Sie sich an einem trockenen, sonnigen oder bewölkten Tag an einen Bach oder Fluß, an dem nicht viele Spaziergänger vorbeikommen, abseits der Straßen und der Industriegebiete. Das ist die beste Stelle für eine Wassermeditation. Ein Ort, wo das Wasser sich erkennbar bewegt, wo es schnell strömt oder langsam über Steine perlt – eine Stromschnelle, ein Wasserfall, wie klein er auch immer sein mag, solange er nicht aus einem Abwasserrohr stammt –, alle diese sind gutgeeignete Orte, die einen Erfolg versprechen. Meiden Sie jedoch Stellen, wo man den freien Fluß beeinträchtigt hat, beispielsweise durch einen Damm oder ein Aquädukt, denn dort werden Sie nicht den charakteristischen Ton des Wassers vernehmen können.

Suchen Sie sich einen trockenen Platz, wo Sie bequem sitzen können, und zwar dicht am Rande des Wassers, denn Sie müssen ihm nicht nur lauschen, sondern es auch mit halbgeschlossenen Augen betrachten. Wählen Sie dabei eine sitzende Position, die Ihnen auch längere Zeit bequem ist. Ist die Stelle, an der sie sich befinden, etwas feucht, sollten Sie unter Ihre Decke etwas Wasserdichtes legen. Denn selbst im Sommer kann man sich leicht verkühlen, und danach ist es meist schwierig, sich wieder aufzuwärmen. Auf jeden Fall sollten Sie gut für Ihren physischen Körper sorgen, und die hier erwähnten Vorsichtsmaßnahmen beherzigen.

Warnung: Begeben Sie sich auf keinen Fall ins Wasser. Wenn Sie das tun, wird das die ganze Meditationssitzung zunichte machen, und gefährlich ist es obendrein. Das Wasser wird Sie rufen, und Sie müssen ihm widerstehen.

Haben Sie Ihre Stellung eingenommen, verharren Sie zwanzig Minuten in dieser, während Sie auf das Wasser starren und seinem eigenen Klang lauschen. Verschmelzen Sie mit diesem Ton. Nach zwanzig Minuten (machen Sie sich nicht die Mühe, eine Uhr mitzubringen, es geht hier um die innere Zeit, und eine Uhr würde Ihren Fortschritt ernsthaft behindern) bedecken Sie Gesicht und Kopf mit einem Schal oder einem Handtuch. Wenden Sie sich vom Wasser ab und ruhen Sie sich aus. Zehn

Minuten später entfernen Sie die Kopfbedeckung. Nehmen Sie wieder eine bequeme Sitzhaltung ein und wiederholen Sie die Übung, unentwegt auf das Wasser blickend und mit wachsamem Ohr das ihm zugrundeliegende Geräusch wahrnehmend. Verharren Sie so zwanzig Minuten lang, dann ruhen Sie sich zehn Minuten aus, wobei Sie sich wieder vom Wasser abwenden und den Kopf bedecken. Sie werden das Wasser auch in den Pausen hören, doch weniger intensiv. Dann betrachten Sie das Wasser zum dritten und letzten Mal zwanzig Minuten lang und werden eins mit seinem Ton. Danach verlassen Sie den Ort, an dem Sie gesessen haben. Begeben Sie sich an eine Stelle, wo Sie sich hinlegen und den Kopf bedecken können, um nicht von Außengeräuschen gestört zu werden. Verweilen Sie dort mindestens eine halbe Stunde lang. Auf diese Weise werden sich die Energie und der Ton des Wassers mit Ihnen vereinen. Wiederholen Sie diese Übung so oft Sie wollen, bis Sie die Grundprinzipien des Wassers verstanden und gemeistert haben.

Das Meeresritual

Dies ist eine Opferung an das Meer, damit Wünsche in Erfüllung gehen. Begeben Sie sich in der Abenddämmerung ans Meeresufer, wobei Sie eine Kerze, etwas Weihrauch, Tabak, Blumen und andere Opfergaben mitnehmen, von denen Sie glauben, daß das Meer sie schätzen wird. Wenn Sie Raucher sein sollten, üben Sie solange Abstinenz, bis Sie den Strand wieder verlassen haben. Vermeiden Sie Plastik und andere Stoffe, die sich biologisch nicht abbauen lassen. Wenn Sie wollen, daß die Natur Ihnen hilft, müssen Sie ihr Respekt bezeugen. Bitten um die Wiederherstellung der Gesundheit oder für das Ablegen schlechter Angewohnheiten, um das Beenden einer Dürreperiode oder exzessiven Regens, für den Weltfrieden und für andere, nicht-materielle Bedürfnisse, haben die besten Erfolgsaussichten.

Graben Sie möglichst nahe an der einströmenden Flut ein Loch in den trockenen Sand. Es sollte groß genug sein, um alle Opfergaben bequem aufzunehmen, aber nicht zu tief oder zu breit. Geben Sie die Opfergaben sorgfältig in das Loch. Zünden Sie die Kerze und den Weihrauch an. Sprechen Sie Ihre Bitte aus. Gebete sollten am besten aus dem Herzen kommen, auch wenn ihr Text sehr schlicht ist. Spontane, ernsthafte Gebete sind besser als blumige Formulierungen, die ein anderer Ihnen in den Mund gelegt hat. Haben Sie Ihre Gebete vorgebracht, verlassen Sie die Stelle und drehen sich nicht mehr um, um nachzusehen, ob das Meer Ihr Opfer angenommen hat. Wenn Sie sich umdrehen, wird alles vergebens sein.

Sollte eine große Welle herangespült werden und Ihre Opferstätte überfluten, während Sie gerade den Weihrauch anzünden oder Ihr Gebet aufsagen, so ist Ihre Bitte erfüllt worden. Ziehen Sie sich dann sofort mit abgewendeten Augen zurück und seien Sie dankbar dafür, daß Ihr Bitten so bereitwillig aufgenommen wurde.

Wasserkräfte nutzen

Wasser ist berühmt für seine Heil- und Transformationskräfte. Viele Menschen trinken Mineralwasser aus bestimmten Gebieten für ihrer Gesundheit. Andere bevorzugen Quellwasser, das auf Grund seines Energiepegels stillem Wasser vorzuziehen ist und zudem auch bekanntlich einen höheren Reinheitsgrad aufweist.

Fließendes Süßwasser und das Meer enthalten Frequenzen, die sich besonders gut für die Heilung und die Reinigung eignen. Der Salzgehalt des Meeres gleicht dem des Blutes, dem flüssigen Organ unseres Körpers. Das Meer ist wohlbekannt für seine heilsame Kraft. So ist es eine uralte Technik, einen verletzten oder infizierten Körperteil ins Meer zu legen. Wenn man in Meerwasser schwimmt, öffnet dies schnell Geschwüre und Infektionen, trocknet sie aus und heilt sie. Es hilft auch bei schweren Prellungen und Muskelzerrungen.

Vor vielen Jahren bat eine Freundin mich darum, ihr von der Küste einen Eimer Meerwasser für ihren hinkenden Hund mitzubringen. Ich wollte ohnehin ans Meer und brauchte also nur einen wasserdichten, verschließbaren Behälter mitzunehmen.

Ihr Liebling machte mit, indem er sein Bein in das Salzwasser steckte und eine halbe Stunde lang still stehen blieb. Schon nach wenigen Tagen hatte der Hund sich von seiner Verletzung erholt.

Meine Heilungsrituale finden oft an einer Quelle oder an einem ungehindert strömenden Bach statt. Sowohl das Wasser selbst als auch seine Schwingung spült die Krankheit fort. Bei diesen Heilungen wird dem Klienten selten mehr als der Kopf mit Wasser betupft, um krankmachende Denkmuster zu entfernen.

Die nächste hier angeführte Methode wurde jahrhundertelang von Indianern verwendet, bevor die Europäer nach Nordamerika kamen:

Lassen Sie das Wasser in Ihre zu einer Schale geformten Hände strömen, bis sie voll sind. Schütten Sie das Wasser dreimal über Stirn und Scheitel, wobei es den Rücken hinunterfließen darf. Wenn Sie gerade einen Streit oder einen anstrengenden Tag gehabt haben, ob er gut oder schlecht war, wenn Sie krank sind oder verletzt, wenn Sie unter Gefühlsstreß leiden, wird diese Technik Ihre Schwingung ändern und Körper, Geist und Seele wieder Ruhe und Ordnung bescheren.

Die Wasserkur für Asthmatiker ist ziemlich hart. Dazu muß der Fluß sehr kalt sein, wie an Stellen, wo Gebirgsbäche ihm Schmelzwasser zuführen. Zunächst wird der gesamte Körper des Patienten mit Fluß- oder Bachsand abgerieben. Dann springt er ins eisige Wasser und bleibt ungefähr acht bis zehn Sekunden unter der Oberfläche. Danach hebt er den Kopf über das Wasser und bleibt noch ein paar Minuten drin. Zum Schluß wird die gesamte Haut mit einem rauhen Handtuch trockengerieben. Wenn man dies regelmäßig tut, wird das Asthma nie in Form von Anfällen auftreten. Einmal im Monat durchgeführt, erhöht dies die Resistenz des Immunsystems. Kaltes Meerwasser hat die gleiche Wirkung.

Ob Sie sich am Meer oder an einem Fluß befinden, vergewissern Sie sich, daß die Stelle nicht trügerisch ist. Der Fluß braucht nicht schnell zu strömen, er muß auch nicht mehr als knietief sein, wenn man hineingeht. Das Meer sollte frei von Unterströmungen und Springwellen sein. Lernen Sie die Küste erst gründlich kennen, bevor Sie sich selbst oder andere einer Gefahr aussetzen.

Wenn Sie an Bächen singen, wird dies Ihre Botschaft den Bach hinunter in die Welt hinaustragen. Ist eine Person krank oder gefühlsmäßig durcheinander, und Sie singen für diese an einem fließenden Wasser, verstärkt dies die heilende Kraft des Liedes. Der Ton des Wassers selbst wirkt bereits heilend.

Sogar schwache Menschen können Kraft auftanken, wenn sie sich neben einen Fluß oder Bach setzen. Die Dauer einer solchen Sitzung hängt vom Wetter und dem allgemeinen Gesundheitszustand ab. Bis der Betreffende kräftiger geworden ist, sollten fünfzehn oder zwanzig Minuten nicht überschritten werden. Mit zunehmender Gewöhnung an das Wasser kann diese Zeitspanne auch ausgedehnt werden. Je schneller das Wasser strömt, um so größer ist die Energie, die es abgibt. Dort, wo Wasser langsam strömt, kann ein Kranker auch länger verweilen. Wenn er sprechen kann, sollten Sie sich seine Wünsche anhören. Kann er es nicht, so beobachten Sie ihn sorgfältig und achten auf Anzeichen der Überreizung, die einem Erschöpfungszustand gleicht.

Die Nähe zum Wasser verstärkt Ihre Gedanken und Gebete. Neben Bächen und Flüssen zu chanten oder zu singen, kann Sie in einen tiefen Trancezustand bringen, in dem Ihre Klarheit und Wahrnehmung geschärft werden. Damit erhöhen Sie Ihre telepathischen Fähigkeiten nicht nur in diesem Augenblick, sondern auch für die Zeit unmittelbar danach. Wenn Sie Schweigen über Ihre neuentdeckte Fähigkeit bewahren, wird diese zwischen den einzelnen Wassersitzungen höchstwahrscheinlich länger anhalten. Bevor Sie jedoch nach dem handeln, was Sie hellseherisch empfangen, sollten Sie es in der realen Welt erst überprüfen. Wie jeder vernünftige Mensch es mit einer neuen Fertigkeit täte, sollten Sie mit Vorsicht vorgehen. Schicken Sie, wenn Sie neben dem fließenden Wasser sitzen, telepathische Botschaften aus und stellen Sie fest, ob sie am Ziel ankommen.

Dem Ozean lauschen

Am Ozean erfahren wir eine Kombination aus Wind und Meeresrauschen. An windigen Tagen ist die See sehr viel wilder als an ruhigen. Um das Geräusch des Meeres wirklich kennenzulernen, gehen Sie an klaren und an regnerischen Tagen hin, ebenso zu heftig stürmenden Zeiten, und Sie sollten ihm auch lauschen, wenn nur eine sanfte, milde Brise weht. Will man die Kraft, die die Ozeane antreibt, wirklich verstehen, muß man viele verschiedene Erfahrungen machen. Im Geräusch des Meeres liegt eines der Mysterien verborgen, das Sie enthüllen können, indem Sie sich selbst dazu herausfordern, am Ufer zu bleiben, während Sie die Wellen vernehmen, ob diese nun tosen oder sanft den Strand umschmeicheln. Erkunden Sie verschiedene Küstenformationen, Klippen über der Gischt, Meereshöhlen, Dünen, offene Wellenbrecherstrände und verborgene Buchten. Die See wird ganz verschieden klingen, je nach Charakter des nahegelegenen Landes. Beachten Sie die Gezeiten, damit Sie nicht plötzlich vom nahenden Wasser überrascht und von ihrem Fluchtweg abgeschnitten werden. Wann immer Sie Expeditionen durchführen, um die Elemente zu erkunden, sollten Sie dabei Umsicht walten lassen.

Hören Sie dem Meer zu jeder Jahreszeit zu. Im Winter, wenn es in nördlichen Breiten friert, können Sie eine ungewöhnliche Erscheinung beobachten. Auf Grund seines Salzgehalts bekommt das Meer, anders als andere offene Gewässer, keine Eisschicht. Es kocht vielmehr, und dieses Kochen hat einen Klang, der keinem anderen gleicht.

Feuer

Feuer ist ein verwandelndes Element. Feuer kann Nahrung kochen, ihre Farbe, Konsistenz, ihren Geschmack und ihr Aroma verändern, und alles, was in einen Topf gegeben wird, miteinander verschmelzen. Es befreit und versklavt uns, was ein Paradox ist. Seit der Industrialisierung ist Feuer sehr leicht zugänglich geworden; so leicht wie ein Streichholz anzuzünden. In früheren Jahrhunderten wurde das Feuer sorgfältig bewacht und genährt, wenn es erst einmal entzündet worden war. Die Feuerwächter pflegten die Kohlen sorgfältig mit Asche zu bedecken, damit die Glut bis zum Morgen brannte, um sie dann mit frischem Brennmaterial zu einem lodernden Brand zu entfachen. Ging das Feuer aus, bedeutete dies eine halbe Stunde Arbeit oder noch mehr, um es mit Feuerstein und Reisig erneut zu entzünden.

Weil wir leichten Zugang zu äußeren Heizmethoden haben, verstehen wir auch nichts mehr von der Kunst des inneren Feuers, *tumo* genannt. Wenn wir an eisigen Tagen im Freien sind, wissen wir nicht, wie wir uns aufwärmen können, ohne dazu in Hauseingänge zu huschen oder ein paar Kleidungsschichten mehr überzuziehen. Wenn wir mit dem Wagen im Schnee stecken bleiben oder zu Hause auf eine überfällige Heizöllieferung warten, frieren wir einfach nur. Die Menschen der früheren Zivilisationen Nordeuropas trugen nur rudimentäre Bekleidung, sogar im Winter. Die Indianer Amerikas besaßen keine umfangreiche Garderobe. Häufig trugen sie nur eine warme Decke oder einen Schal, um die Körperwärme zu bewahren. Tibetanische Mönche führten Einzuweihende an frierende Gewässer und legten nasse Tücher auf ihren nackten Leib, damit sie sie am Körper trockneten. Dies wurde wiederholt durchgeführt, und je schneller ein Proband die Tücher zu trocknen verstand, um so besser beherrschte er *tumo*. Oft stellen Teenager diese Fähigkeit unter Beweis, zum Entsetzen ihrer Eltern, die meinen, daß sie sich mit so dünner Kleidung erkälten müßten. Und doch ist ihr inneres Feuer recht heiß, und wenn man sie sich selbst überließe, könnten sie die Fähigkeit entwickeln, sogar noch bei einem Wetter warmzubleiben, das ihre Eltern zum Pelzhändler jagen würde.

Die Sprache ist ein Bestandteil des Feuers. Vielleicht ist Ihnen schon einmal aufgefallen, daß während einer längeren Unterhaltung Ihre Körpertemperatur ansteigt. Gelegentlich fühlen Sie sich nach intensivem oder ausgedehntem Reden möglicherweise sogar leicht krank. Das Sprechen läßt sehr schnell Flüssigkeit verdunsten. Das ist auch einer der Gründe, weshalb längere

Unterhaltungen bei Kaffee oder Tee so beliebt und sehr gebräuchlich sind. Das Feuer zu beherrschen, bedeutet auch, Beherrschung der eigenen Worte zu erlangen. Dann wird Ihre Kommunikation maßvoll, und jeder Satz bedeutungsvoll. Die Meisterung des Feuers verleiht Immunität gegenüber Geschwätzigkeit.

Das Feuer ist ein wesentlicher Bestandteil der Anbetungspraktiken aller Kulturen. In Kirchen und Synagogen ist die Überlieferung vom ewigen Licht, das ständig am Brennen gehalten wird, noch immer lebendig, ebenso der Brauch, zur Erinnerung an einen lieben Verstorbenen Gedächtniskerzen anzuzünden. Während der Gottesdienste brennen meistens Kerzen auf dem Altar.

Bevor das Christentum die alte spirituelle Ordnung umstürzte, gab es in ganz Europa an folgenden Tagen immer ein Feuer im Freien: am 1. August, am 31. Oktober, am 1. Februar, am 1. Mai, zur Sommersonnenwende, zur Frühlings- und zur Herbst-Tagundnachtgleiche. Die einzige Ausnahme war der Yulscheit, der zwischen der Wintersonnenwende und Neujahr zehn aufeinanderfolgende Tage lang im Kamin brannte. Die meisten dieser Tage sind noch heute wichtig für uns, aber die Feuer sind nicht mehr so weit verbreitet. In der Schweiz wird einmal im Jahr in allen Dörfern und Städten ein Festfeuer abgehalten, um den Unabhängigkeitstag zu feiern, der – interessanter Zufall – der 1. August ist. In Amerika ist das Halloweenfest eine Nacht der Ausgelassenheit und der Feste, obwohl die Feuer meistens in ausgehöhlte Kürbissmasken verbannt werden.

Die ganznächtliche Feuerbeobachtung

Offene Feuer, die die ganze Nacht brennen, haben die Fähigkeit, unseren Widerstand gegen Veränderungen zu brechen. Sie dienen als Mittel der Reinigung und erlauben so neuen Gedanken und frischen Ideen in unserem überfüllten Geist zu zirkulieren. Wir alle haben viel zu viel nutzlose Informationen in unseren Köpfen gespeichert, wodurch die intuitiven und inspirativen Kräfte blockiert werden. Ein Feuer zu beobachten und ihm stumm zu lauschen, ist ein schmerzloser Weg, sich höheren Gedanken zu öffnen.

Wenn die Nacht kalt oder regnerisch ist, sollte man das Feuer zu Hause im Kamin entzünden. Wenn Sie ein Tipi haben, können Sie es auch darin abhalten. Auf keinen Fall jedoch sollten Sie irgend etwas Unsicheres tun, schon gar nicht aber eine vorübergehende Unterkunft von unbewiesener Feuerbeständigkeit bauen, die sich in eine tödliche Falle verwandeln könnte. Wenn Sie weder Feuerstelle noch Tipi haben, warten Sie, bis das Wetter sich gebessert hat, dann können Sie Ihr Feuer auch an einem öffentlichen Grillplatz oder an einer Lagerstelle veranstalten.

Man beginnt mit dem Feuer so kurz nach Nachteinbruch wie möglich, das bedeutet, daß man im Januar ein länger dauerndes Feuer haben wird als im März. Sorgen Sie für genügend Brennstoff, entweder Holz oder Kohle, der bis zum Tagesanbruch reicht. Es können viele Menschen um dasselbe Feuer sitzen und es beobachten, sofern sie dabei völlige Stille bewahren und jeder ungehindert das Feuer sehen kann. Das ist eine sehr gute Gruppenaktivität. Nur ein einziges Mitglied der Gruppe kümmert sich die ganze Nacht um das Feuer. Die anderen dürfen das Feuer unter keinen Umständen berühren. Es ist äußerst wichtig, daß der Feuerwächter die ganze Zeit wach und aufmerksam bleibt. Wenn seine Energie nachläßt, wird das Feuer dies widerspiegeln. Bei einem Ritualfeuer gibt es keine Abschirmung, die vor Funken und einstürzenden Scheiten schützt. Daher sollten Sie etwaige Teppiche und anderes brennbares Material aus der unmittelbaren Umgebung der Feuerstelle entfernen. Der Feuerwächter sitzt dicht am Feuer und unterhält es, damit es die ganze Nacht hell flackert. Diesen Platz darf er nur verlassen, um weiteren Brennstoff zu holen. Der Feuerwächter einer Gruppe kann zugleich auch dafür sorgen, daß die anderen wach bleiben, man kann diese Aufgabe aber auch einem anderen Mitglied übertragen. Es ist eine große Ehre, Feuerwächter zu sein. Wählen Sie daher jemanden, der dieses Amt mit Begeisterung angeht und voller Hingabe die Ziele des Feuersitzens verfolgt.

Der Holzstoß für das Feuer sollte stets mit Respekt aufgebaut werden. Je weniger dabei gesprochen wird, um so besser. Beginnen Sie mit einem Karree aus einander überlappenden langen Holzstücken. Das Reisig und das Papier, mit dem das Feuer entfacht werden soll, wird unten an den Bodenstreben dieses Holzgerüsts angebracht. Sie können die indianische Methode anwenden, um das Feuer in Gang zu halten. Ist das Karree bis auf Kniehöhe niedergebrannt, legen Sie oben auf das brennende Holz lange Scheite und glühende Kohlen. Angebrannte Teile werden nach und nach immer tiefer ins Feuer hineingeschoben. Geben Sie bei Bedarf weiteres Holz nach.

Ob das Feuer in einem Gebäude oder im Freien entzündet wird, in jedem Fall sollten Sie sich in völligem Schweigen davorsetzen und es so aufmerksam wie möglich beobachten. Lauschen Sie dem Feuer, wie es sich von wildflackernden Flammen zur Glut entwickelt, um dann wieder aufzulodern, wenn frisches Brennmaterial nachgelegt wird. Dies ist eine spezielle Meditation, die Ihnen Einsicht sowie emotionale und geistige Klarheit verschaffen und Ihr spirituelles Leben erneuern wird.

Zu verschiedenen Zeiten werden Sie das Spektrum Ihrer Gefühle aufsteigen sehen, von der Trauer über die Furcht bis zum Zorn und zum Schock, zur Fröhlichkeit und zur ruhigen Hinnahme. Lassen Sie diesen Gefühlen freien Lauf. Es kann sein, daß Sie einen Teil der Nacht unaufhörlich denken; dies wird dann plötzlich aufhören. Ab diesem Punkt beginnt die Intuition zu funktionieren. Achten Sie darauf, was Ihr höheres Selbst Ihnen mitteilt. Das Knistern, das Knacken und die allgemeinen Geräusche des brennenden Feuers dienen als Signale Ihres Unbewußten an Ihr Bewußtsein, sie spiegeln Ihr inneres Seelenleben wider. Wenn Ihre seelische Ebene zu Ihnen spricht, wird Sie Ihnen vielleicht auftragen, eine Beziehung abzubrechen, doch niemals, jemandem Schaden zuzufügen. Alles, was Sie beim Feuersitzen erfahren, muß danach noch einmal wohl abgewogen und überprüft werden. Etwas Grundlegendes, das Sie über die Arbeit mit Visionen wissen müssen, ist daß es bis zu zehn Jahre dauern kann, bis sich das, was Sie empfangen haben, tatsächlich verwirklicht. Doch es wird mit Rücksicht auf alle Beteiligten geschehen.

Ich kenne einen Therapeuten, der seine Klienten an eine waldige Stelle begleitet und sie dort Brennholz sammeln läßt. Danach bauen sie ohne Anleitung ihr eigenes Feuer. Er betrachtet das Feuer und erkennt an seiner Intensität, seiner Glut, an der Färbung der Flammen, der Art der Funken und an dem Geräusch, das es beim Brennen hervorbringt, wie es um das innere Feuer des Klienten steht und wie therapeutisch zu verfahren ist.

Einige Gebote der Vernunft:
Tragen Sie warme Kleidung. In der Nacht sinkt Ihre Körpertemperatur, und ohne zusätzliche Kleidung könnten Sie sich trotz der Feuerhitze erkälten. Halten Sie eine Decke griffbereit.

Wenn das Feuer im Freien stattfindet, bedecken Sie den Boden mit etwas Wasserdichtem, um Ihren Körper vor Feuchtigkeit zu schützen.

Trinken Sie die ganze Nacht über schwarzen Tee. Feuer trocknet Ihren Körper aus. Zudem wird der Tee Sie wachhalten.

Setzen Sie sich auf bequeme Weise hin, damit Sie längere Zeit in derselben Haltung verweilen können. Es ist am besten, bei der Feuermeditation wie auch bei jeder anderen spirituellen Suche, sich nicht zu oft zu bewegen oder herumzuzappeln.

Warnung: Bleiben Sie wach, sonst könnten Sie in einem der niederen Gefühlszustände stecken bleiben, die das Feuer auslöst. Vereinzelte Phasen des Dösens sind relativ häufig. Diese sind Teil der Visionssuche, doch wenn Sie über längere Zeit hinweg einschlafen sollten, beendet dies Ihre spirituelle Reise, und Sie werden sich wochenlang mit vielen nicht gelösten emotionalen Aspekten Ihrer Seele im Wachzustand befassen müssen.

Die Feuermeditation

Diese Meditation verleiht Kraft. Sind Sie erst einmal mit dem Feuer etwas vertraut, so können Sie darin Botschaften und Bilder erkennen, die Lieder hören, die es singt, und seine Lebenskraft berühren, wenn es atmet. Meditation über das Feuer lehrt uns Klarheit der Sprache. Ihr Wort ist Ihr Feuer. Die Feuermeditation dient dazu, das Feuer und das eigene Denken zu beherrschen. Wenn wir das Feuer erst einmal beherrschen, wählen wir unsere Worte auch sehr genau aus, und die Kommunikation wird leicht. In allen spirituellen oder religiösen Praktiken kennt man das Feuer als Vertreter Gottes.

Die Jahreszeiten für diese Aktivitäten sind der Winter, der Herbst und der frühe Frühling. Die Tageszeiten, an denen man damit beginnt, sind fünf bis sechs Uhr morgens, elf Uhr bis mittags oder dreiundzwanzig Uhr bis Mitternacht. Die ganze Übung dauert ungefähr eineinhalb Stunden. Die besten Zeiten sind früh am Morgen oder spät in der Nacht, wenn Sie wahrscheinlich am wenigsten gestört werden. Während das Feuer brennt, sollten Sie weder ans Telefon gehen noch die Türklingel beachten. Eltern sollten dafür sorgen, daß sie diese Meditation zu einer Zeit durchführen, wenn ihre Kinder nicht ihrer Hilfe bedürfen.

Bauen Sie ein großes, aber ungefährliches Feuer. Speisen Sie es danach nur noch einmal mit frischem Brennstoff. Es darf kein Feuerschutz verwendet werden, denn Sie müssen in alle Richtungen ungehinderte Sicht haben. Sogar Glastüren werden die Meditation stören, es sei denn, es handelt sich dabei um eine einzelne Scheibe ohne Griff.

Setzen Sie sich so hin, daß das Feuer auf Augenhöhe ist, damit Sie es ganz sehen können. Setzen Sie sich dazu entweder in den Schneidersitz oder knien Sie sich auf ein Kissen, die Ellenbogen auf den Boden gestemmt und das Gesicht in die Hände gelegt. Wenn Ihr körperlicher Zustand das Sitzen auf dem Boden ausschließt, können Sie auch einen niedrigen Stuhl mit gerader Rückenlehne verwenden. Auf diese Weise werden Sie ständigen Augenkontakt mit dem Feuer halten können.

Starren Sie das Feuer fünfzehn bis zwanzig Minuten an, ohne sich dabei zu bewegen. Dann wenden Sie sich ab und blicken ungefähr zehn Minuten in eine andere Richtung. Speisen Sie das Feuer aufs neue und wiederholen Sie den Vorgang: Schauen Sie fünfzehn bis zwanzig Minuten regungslos ins Feuer. Wieder wenden Sie sich ab und ruhen sich etwa zehn Minuten lang aus. Zum dritten und letzten Mal schauen Sie wieder fünfzehn bis zwanzig Minuten lang in das Feuer. Nach dieser letzten Runde verhalten Sie sich fünfzehn Minuten lang ruhig, wobei Sie über alles nachdenken, was die Meditation in Ihnen wachgerufen hat. Wenn Sie die Feuermeditation spät in der Nacht durchgeführt haben, können Sie sofort ins Bett gehen, nachdem Sie das Feuer gelöscht und den Feuerschirm wieder aufgestellt haben.

Wenn Sie diese Meditation drei Monate lang täglich machen, werden Sie Ihre eigene Sprache meistern und auch in der Lage sein, die Hand in ein Feuer zu halten, ohne sich zu verbrennen. Zudem werden Sie eine merkliche Steigerung Ihrer geistigen und körperlichen Energie beobachten.

Wind

Der Wind ist das einzige planetare Element, das keine Grenzen kennt. Jede Nation spürt denselben Wind. Es dauert ungefähr zwei Wochen, bis die Luft vom Wendekreis des Krebses bis zum Wendekreis des Steinbocks zirkuliert ist. Wie die Katastrophe von Tschernobyl hinreichend gezeigt hat, leben wir tatsächlich alle in ein und derselben Welt, und was immer in die Luft entlassen wird, bewegt sich überall hin. Was ist es dann also, das uns erlaubt, die Luft zu vernichten, die wir atmen? Wir können ohne Schaden längere Zeit fasten und, wenn es auf vernünftige Weise geschieht, dabei sogar gesünder werden. Bei normalem Klima können wir nur acht Tage ohne Wasser auskommen. In der Wüste würde schon eine kürzere Zeit den menschlichen Körper völlig austrocknen und vernichten. Die Luft aber, auf deren Einatmen nur die allerberühmtesten Mystiker vorübergehend verzichten können, ist absolut lebensnotwendig. Ohne Luft würden wir nicht länger als acht Minuten überleben. Sauerstoffentzug führt häufig zu einer Beeinträchtigung der Gehirnfunktionen und der Sensomotorik.

Die Berichte über die tödlichen Auswirkungen des sauren Regens auf das Leben der Pflanzen, über die Luftverschmutzung, die der Straßenverkehr in unseren übervölkerten Städten erzeugt, oder über die immer raffgierigeren Firmen, die unsere gemeinsamen, uns allen gehörenden Rohstoffe als Müllkippe mißbrauchen, haben nur wenig zur Durchsetzung einer konsequenten Umweltpolitik beigetragen. Bevor Öl, Gas und Elektrizität das Petroleum und die Kohle ersetzten, war die häufigste Krankheit Tuberkulose. Es ist nicht die moderne Medizin gewesen, die sie geheilt hat. Vielmehr endete die Herrschaft der Tuberkulose nur durch die Beseitigung der chemischen Reizstoffe, die das Immunsystem schwächerer Menschen unterminierten. Dieses Kapitel behandelt die Beherrschung der Elemente; beobachten Sie auch den Wind und die Qualität Ihrer kostbaren Atemluft und ergreifen Sie Schritte, die sicherstellen, daß das Leben auf der Erde weitergehen kann. Unsere Umwelt zu beherrschen, bedeutet, Aufsehen zu erregen und unsere Mitmenschen davon zu überzeugen, daß sie über ihre unmittelbare Lustbefriedigung und über den Augenblick hinaus weiterdenken müssen.

Jeder Wind ist einer Jahreszeit zugeordnet: Ostwind/Frühling, Südwind/Sommer, Westwind/Herbst, Nordwind/Winter.

Es ist nicht ratsam, das Element Wind zu bearbeiten, bevor Sie nicht Erde oder Wasser gemeistert haben, es sei denn, daß Sie viel Erfahrung beim Segeln mit windgetriebenen Fahrzeugen oder als Bergsteiger haben. Bevor Sie sich daranmachen, den Wind zu beherrschen, sollten Sie auf jeden Fall einen Geistführer haben, der Sie dabei begleitet. Mein Buch *Geisthelfer* enthält alle erforderlichen Informationen und Anleitungen, um Ihre eigenen geistigen Verbündeten ausfindig zu machen. Wenn Sie Ihren Geistführer erst einmal kennengelernt haben und ihm vertrauen, können Sie sich daran machen, den Wind aus mystischer Sicht zu erforschen.

Machen Sie einen Ort ausfindig, wo es nur wenige Bäume gibt, von denen keiner in ihrer unmittelbaren Nähe stehen sollte. Hoch oben auf einem Berg mit unversperrtem Blick, auf einer flachen Ebene, an einem großen See mit natürlicher Umgebung (keine Häuser oder vielbewanderte Parks) werden Sie allein und hoffentlich auch ungestört sein. Jedenfalls müssen Sie einen ungehinderten Blick auf den Himmel haben, denn den werden Sie während der Meditation anstarren. Natürlich werden Sie dabei nicht direkt in die Sonne blicken, weil dies Sie auf Dauer blind machen würde.

Ein warmes Klima ist Voraussetzung für diese Meditation. Bereiten Sie sich darauf vor, indem Sie zwei Tage vor Ihrer Reise mit dem Wind fasten. Diese Übung ist nicht für den jungen Frühling oder den Spätherbst gedacht, wenn das Wetter zu unberechenbar ist und sich schnell wieder abkühlen kann. Beim Fasten dürfen Sie Kräutertees oder ungesalzene Gemüsebrühe trinken. Feste Nahrung jedoch sollte dabei nicht aufgenommen werden.

An einem Tag, der relativ warm ist, verlassen Sie früh das Haus und begeben sich an den gewählten Ort. Nehmen Sie eine Decke mit, auf der Sie sitzen oder liegen können, eine Kopfbedeckung und eine Thermosflasche mit Tee oder heißem Wasser. Außerdem sollten Sie die schon weiter oben erwähnte Notfallausrüstung mitnehmen. Windige Tage sind vorzuziehen, je wilder der Wind, um so besser können Sie seinen Ton vernehmen. Sie können sich bequem hinsetzen oder -legen. Sollte es kalt werden, setzen Sie sich auf und ziehen die Knie an den Brustkasten. Diese Stellung erhält die Körperwärme. Nachdem Sie sich bequem niedergelassen haben, lauschen Sie aufmerksam der Stimme des Windes und blicken zum Himmel empor. Lassen Sie sich von dem Ton umhüllen. Während der Windmeditation können einige Erscheinungen auftreten: Vielleicht erscheinen Ihnen Lichtwesen, unvertraute geometrische Muster, Muster des Windes beim Kommen und beim Gehen, plötzliche Eingebungen, Besuche der Wesen die dieses Element beherrschen. All dies beobachten und hören Sie; vor allem aber konzentrieren Sie sich auf den grundlegenden Ton des Windes. Im Laufe des Tages sollten Sie ab und zu den Kopf bedecken, sich völlig entspannen und den direkten Kontakt mit dem Wind abbrechen. Bleiben Sie an diesem Ort bis zur Dämmerung. Dann kehren Sie nach Hause zurück oder in ein ruhiges, zuvor gemietetes Zimmer und bleiben allein bei sich. Sie sollten weder lesen noch schreiben noch Radio oder Fernsehen einschalten. Bleiben Sie vielmehr im Ton des Windes, damit Sie seine Kraft in vollem Umfang aufnehmen können.

Sternenschau

Die Sternenschau ist eine uralte Methode der Weissagung. Lange bevor wir eine geschriebene Geschichte hatten, sollen Hirten schon im Freien wach auf ihrem nächtlichen Lager geruht haben, wobei sie die Sterne betrachteten und von ihnen prophetische Visionen empfingen.

Die Mayas, Ägypter, Babylonier, Chaldäer, Hindus und Chinesen praktizierten alle verschiedene Formen der Astrologie, die sich aus der Sternenschau entwickelt hatten. Als die Ureinwohner Amerikas von den Siedlern erobert und unterdrückt wurden, lehrten die Navajos ihre Kinder noch immer, die Zukunft in den Sternen zu lesen.

Eine Nacht unter freiem Sternenhimmel zu verbringen, ist ein Durchhaltetest. Sie können jede beliebige sternenklare Nacht dazu nutzen. Ob Winter oder Sommer, Frühling oder Herbst, Sie brechen die Sitzung erst ab, wenn es stark regnet oder Wolken die ganze Sicht versperren. Was immer das Wetter auch sein mag, ziehen Sie sich entsprechend an und tragen Sie mehr warme Kleidung, als Sie vielleicht für nötig halten. Dann begeben Sie sich auf eine offene Weide, wo es keine elektrischen Lichter gibt und nur die Himmelskörper leuchten, um sich dort hinzusetzen oder hinzulegen und zum Himmel emporzuschauen. Der Vollmond überstrahlt zwar sehr viele ansonsten sichtbare Sterne, doch auch er kann die Zukunft vorhersagen.

Bleiben Sie an diesem Ort, ohne sich zu bewegen, und beobachten Sie die himmlische Prozession über sich.

Wie bei jeder Übung werden Sie auch hier um so bessere Ergebnisse erzielen, je entschiedener Sie sie angehen. Die Entwicklung prophetischer Fähigkeiten wird durch Wiederholung und sorgfältige Abwägung der gesammelten Daten gefördert.

Windgesänge

Sie können bei Tag oder Nacht in schwach besiedelten Gebieten ins Freie gehen, um dort in aller Stille zu lauschen und – beispielsweise in Amerika – die alten Stimmen auf Indianerland und früherem Indianerland im Wind singen zu hören. Es sind Lieder von der Art, wie wir sie in Kapitel 4 beschrieben haben. Ihre Sprache liegt jenseits aller aufgezeichneten Zeit. Diese Lieder wurden von lange verschwundenen Völkern in den Wind gesungen, und noch heute hallen ihre Gebete durch die Jahrhunderte. Wenn der Wind sehr wütend ist, brüllt er die Lieder schneller heraus. Ein ruhiger Wind singt die Lieder langsamer. Jedes Gebiet scheint seine eigene Kadenz, seine eigenen Vokabel und seine eigene Musik zu haben. Die Lieder sind ewig. Sie werden solange gehört werden, wie der Wind weht.

Chant For the Elements

The earth the fire the water the air
returns, returns, returns, returns
The earth the fire the water the air
returns, returns, returns, returns
The earth the fire the water the air
returns, returns, returns, returns
Hay ya ya ya ya ya
Hay ya ya ya ya yo
The earth the fire the water the air
returns, returns, returns, returns
The earth the fire the water the air
returns, returns, returns, returns

The earth the fire the water the air
returns, returns, returns, returns
Hay ya ya ya ya ya
Hay ya ya ya ya yo

Übersetzung: Gesang für die Elemente

Die Erde das Feuer das Wasser die Luft / kehren zurück, kehren zurück, kehren zurück, kehren zurück / Die Erde das Feuer das Wasser die Luft / kehren zurück, kehren zurück, kehren zurück, kehren zurück / Die Erde das Feuer das Wasser die Luft / kehren zurück, kehren zurück, kehren zurück, kehren zurück / Hay ya ya ya ya ya / Hay ya ya ya ya yo / Die Erde das Feuer das Wasser die Luft / kehren zurück, kehren zurück, kehren zurück, kehren zurück / Die Erde das Feuer das Wasser die Luft / kehren zurück, kehren zurück, kehren zurück, kehren zurück / Die Erde das Feuer das Wasser die Luft / kehren zurück, kehren zurück, kehren zurück, kehren zurück / Hay ya ya ya ya ya / Hay ya ya ya ya yo /

12

HEILENDES SCHWEIGEN

Stille

Es gibt eine natürliche Stille, die so tief ist, daß Menschen sich davor fürchten. Man kennt sie vor allem im Winter in den nördlichen Breiten. Nach dem Schneefall ist die Luft selbst lebendige Stille. Bis die Straßen geräumt sind und Motorfahrzeuge wieder fahren können, schweigt sogar die Stadt. Der Schnee läßt Vögel und andere Tiere verstummen. Beeindruckt von der intensiven Stille, verhalten sich Tiere still, um ihre Gegenwart nicht preiszugeben. Der Friede, den der Schnee beschert, ist ein einzigartiges Geschenk.

Die absolute Ruhe vor einem Sturm ist eine andere Form des Schweigens, eines, das von der Erwartung kommender Ereignisse geprägt ist. Ob es ein Gewitter ist oder ein bloßer Regenguß, immer reinigt der Regen die Atmosphäre und läßt eine erfrischte Welt zurück. Heftigere Stürme lösen ebenfalls ein tiefes Schweigen aus, doch oft überwiegt der Schaden, den sie angerichtet haben, das Schweigen, so daß es nicht so geschätzt wird.

Die Stille zugefrorener Flüsse jenseits der Stadtgrenzen ist eine weitere Erscheinung des Winters, die man genießen kann. Beim Gehen hört man nur das Knirschen der eigenen Stiefel. Wenn man stehenbleibt, ist alles still.

Wenn Sie sich im Sommer früh am Morgen an einem ruhigen See aufhalten, werden Sie die gleiche einzigartige Qualität der Stille dort finden, sofern andere Camper noch schlafen oder ebensolche naturbegeisterte Menschen sind wie Sie. Beim Sonnenuntergang, kurz vor Einbruch der Dunkelheit und dem

Herauskommen der Tiere, können Sie eine Stille genießen, die nur von einem gelegentlich springenden Fisch oder einem schwimmenden Otter unterbrochen wird.

Sonntag morgens sind die Bankviertel der Großstädte meistens nichts als stumme Schluchten. Vor zehn Uhr morgens ist man dort so allein, daß man das Gefühl haben könnte, der letzte lebende Erdbewohner zu sein. Ein später Nachtspaziergang durch das Geschäftsviertel nach Büroschluß erzeugt die gleiche Stille, die nur von den eigenen Schritten durchbrochen wird, wie sie durch die verlassenen Straßen hallen.

Die Stille, jene allzu seltene Qualität des modernen Lebens, ist unverzichtbar für unser emotionales, mentales, physisches und spirituelles Wachstum. Ohne Ruhe leben wir in einem riesigen Spinnwebennetz von Mitverschwörern, die eher Energie absaugen als der Inspiration und der Erneuerung eine Chance zu geben. Um uns in die Universale Lebenskraft einzustimmen, brauchen wir Menschen Ruhe und Ungestörtheit und das Verlangen, jener leisen Stimme in unserem Inneren zu lauschen. In der Natur können wir, die wir so weit von unseren irdischen Wurzeln in allzu ordentlichen Vororten oder verstopften Städten aufgewachsen sind und an unserer Arbeit und dem allgegenwärtigen Fernseher kleben, geheilt werden und bedingungslose Liebe erfahren.

Die Furcht vor der Stille, vor jenen toten Punkten in einem Gespräch, die uns dabei helfen könnten, unser Denken neu zu ordnen, erzwingt Gerede ohne Tiefe. Die Angst zu hören, was die innere Stimme möglicherweise zu sagen hat, hält die Menschen davon ab, die Stille zu genießen, die erleuchtend sein kann. Die Stille in den frühen Morgenstunden, bevor die Stadt aufwacht oder die Sonne ihre Farben über den Himmel schießen läßt, bevor die Sterne schlafen gehen, ist die beste Zeit um zu meditieren. Dann herrscht das tiefste Schweigen, das wir auf der Erde erleben können. Es lohnt sich, früh aufzustehen, um in dieser Stille die Stimme des Schöpfers zu vernehmen.

Anfang der siebziger Jahre lebte meine Freundin Mitzi Linn in einer abgelegenen Hütte in den Wäldern des südlichen Oregon. In der Stille, die ihr Lebensstil mit sich brachte, traten ihre Stimme und ihre Musik medial aus ihr hervor. Wenn man an der Straße unterhalb ihres Hauses parkte, konnte man sie oft laut singen hören. In dieser Zeit komponierte sie eine Menge sehr schöner Musik. Sie glaubte fest daran, daß die Musik ein Werkzeug der Heilung und der Erfahrung persönlichen Wachstums sein sollte. Es war ihre Meditation. Inzwischen lebt sie in der Stadt, beruflich ist sie als Beraterin, Heilerin und Lehrerin tätig. Sie singt noch immer sehr kräftig, aber nicht mehr so viele Stunden am Tag, und sie hat gelernt, mit Hilfe ihrer Stimme andere Menschen zu heilen. Abwechselnd singt sie ihren Klienten ihre persönlichen Heilungslieder vor, chantet oder gibt Klänge mit Obertönen von sich wie sibirische Schamanen; tatsächlich verwendet sie alles, was intuitiv in der jeweiligen Situation angebracht scheint. Ihre Workshops über Frauenspiritualität und die alten Göttinnen zeigen diese Techniken ebenso auf wie ihren eigenen Gesang.

Über den Wert der Stille, um die eigene innere Musik emporsteigen zu lassen, meint Mitzi Linn: »Alles entspringt der Stille. Wenn man still genug wird und tief genug in sich hineingeht, wird die Stimme schon den perfekten Ton oder die uns entsprechende Tonhöhe finden, jene nämlich, die die eigene, einzigartige Schwingung ausdrückt. Man wird sich immer wieder zu einer bestimmten Tonart hingezogen fühlen. Im Laufe meiner eigenen Entwicklung fühlte ich mich am meisten zu der Tonart D auf der westlichen Skala hingezogen. Sie entwickelte sich zur Grundtonart, um die herum ich in den frühen Jahren des vergangenen Jahrzehnts viele Lieder komponierte.«

Professor Will Johnson, Anthropologe und mystischer Sucher, berichtet von einer ähnlichen Erfahrung:

»Ich war auf offenem Land in den Sierras, wanderte ungefähr zehn Tage lang allein umher und bemerkte, daß meine Stimme hervortrat (so etwas geschah normalerweise nicht), und da sang ich alle möglichen Dinge. Mir fiel auf, daß ich sofort wieder aufhörte zu singen, als ich nach Hause kam. Es war ziemlich bestürzend.« Inzwischen hat er seine Singfähigkeit wiedererlangt.

Die Erhabenheit, die sich in der Stille offenbart, erlaubt musikalischen Ausdruck.

Meditation

Über Meditation sind schon zahllose Bücher geschrieben worden. Die meisten Menschen sind verwirrt von dem vielen Gerede, das damit einhergeht. Und doch brauchen Sie dafür nur eines: Sie müssen sich selbst erlauben zu meditieren. Alle sind wir von Natur aus begabte Meditierer. Das Problem ist nur, daß die zahllosen Methoden, über die geredet und gesprochen wird, den inneren Strom in uns zu behindern drohen. Wenn wir uns erst einmal die Zeit nehmen, uns still hinzusetzen, entdecken wir die innere Welt und unsere Verbindung zum Göttlichen. Mit diesen einfachen Techniken habe ich bei Meditationsneulingen ebenso wie bei seit langem frustrierten Fortgeschrittenen entscheidende Durchbrüche erzielt.

Es gibt ein Stadium, in dem im Kopf endloses Geplapper vor sich geht. Lassen Sie dieses vorüberziehen, ohne den Gedanken irgendwohin zu folgen. Diese werden sich irgendwann totlaufen, und dann kommt das Wunder der wahren Stille.

Es gibt Zeiten, da die Meditation erfüllt ist von Visionen und Einsichten, und andere, da sie nur wunderbare Stille ist. In dieser Stille können Sie mit zahllosen Wesen kommunizieren, deren physische Bewußtseinsebene vorübergehend aufgehoben ist, um sich mit Ihrer zu vereinen. Das können Leute sein, die Sie kennen, dann handelt es sich um eine telepathische Erfahrung; es können aber auch andere Seelen sein, die Sie im vergangenen Leben kannten und die kurz eine Verbindung herstellen, um zu sagen, ich erinnere mich und ich liebe dich. Sie können sich mit Schutzengeln vereinen, mit Ihren eigenen Geisthelfern, mit Ihrem höheren Selbst, Ihrer Überseele oder der

Urquelle. In all diesen Fällen ist es die Stille, die die Batterie für bedingungslose Liebe wieder auflädt.

Befinden Sie sich erst einmal in einem meditativen Zustand, werden Sie Verkehrslärm, Telefon und andere Geräusche gar nicht mehr wahrnehmen. Dann ruft die Stille der Urquelle Sie unabhängig von äußerem Durcheinander zu sich. Während Sie die innere Stille genießen, können Sie auf ein herannahendes menschliches Wesen reagieren, weil sein Schwingungsfeld schon vor der Kontaktaufnahme Warnsignale aussendet. Eine chinesische buddhistische Lehrerin erzählte mir einmal, daß »das meditieren der Mütter« das umfassendste ist, denn während die Mutter der Stille in ihrem Inneren lauscht, bleibt sie auf der physischen Ebene dennoch wachsam für den Fall, daß eines ihrer Kinder sie brauchen könnte.

Möglicherweise meditieren Sie so tief, daß Sie erst reagieren, wenn man Sie berührt, und dann kehren Sie abrupt zurück, Stufe um Stufe. Eine Schülerin beschrieb in einem Workshop einmal elf Ebenen des Bewußtseins, durch die sie zurückstürzte, als sich ihr jemand unvermittelt näherte, während sie gerade zwischen den einzelnen Abschnitten der Wassermeditation ruhte. Diese Frau war mit veränderten Bewußtseinszuständen nicht vertraut. Hätte der Mann sie nicht angesprochen, so hätte sie gar nicht erkannt, wie vollständig und intensiv ihre Meditation gewesen war.

Für Menschen, die sich um sechzehn Uhr von einer Welle der Müdigkeit überwältigt fühlen, ist dies die beste natürliche Stunde für die Meditation. Andere wie ich selbst sind Frühaufsteher, die die stille Zeit, bevor die Sonne die Menschen weckt, für die Meditation am geeignetsten empfinden. Viele Menschen berichten von ausgezeichneten Erfolgen um Mittag und um Mitternacht. Da die Körperuhr und die körpereigenen Rhythmen hochindividuell sind, sollten Sie Ihr eigenes Muster erkennen und es respektieren, indem Sie zu jener Stunde meditieren, die Ihr emotionales/körperliches Selbst auswählt. Mit Ihrem Tiefpunkt erinnert Sie die Psyche daran, daß Sie sich etwas Zeit nehmen sollten, um den spirituellen/emotionalen Körper zu revitalisieren.

Bewußtempfundenes Atmen ist der Hauptzugang zum meditativen Zustand. Ist die Atmung zu schnell, hindert sie den Geist daran, in veränderte Bewußtseinszustände zu gelangen. Für Menschen, deren Gedankentätigkeit nicht aufhören will, stellen die hier beschriebenen Übungen erprobte und wahrhaft wirksame Methoden dar, Widerstände gegen die Meditation zu überwinden.

Jede Atemübung reinigt den Körper/Geist von verschiedenen Zuständen, welche die Meditation verhindern. Machen Sie jene Übungen, von denen Sie das Gefühl haben, daß Sie sie brauchen, auch wenn Sie am Anfang ein wenig schwierig sein mögen.

- Setzen Sie sich auf die Gesäßbacken, die Beine vorne verschränkt, wobei die rechte Fußsohle am Körper und die linke am rechten Unterschenkel anliegt. Sie können die Beine auch unter dem Körper anwinkeln, dabei drücken dann die Fußsohlen gegen die Gesäßbacken. Wenn Ihre Gelenkigkeit das zuläßt, können Sie auch den klassischen Lotossitz des Yoga einnehmen.
- Atmen Sie gründlich aus, dann ziehen Sie den Unterleib viele Male zusammen. Das Einatmen erfolgt automatisch. Wiederholen Sie diesen Prozeß fünfmal. Diese Übung regt die Darmtätigkeit an. Sie unterstützt den Verdauungsvorgang und klärt den Geist.
- Schnelles, kurzes Ausatmen durch die Nase bis zu zwei Minuten ohne Unterbrechung reinigt den Organismus von Schleim. Atmen Sie tief ein, um dann mit kurzen, abgehackten Schnieflauten auszuatmen, als hätten Sie Schwierigkeiten, sich die Nase zu putzen. Diese Übung macht sehr viel Lärm. Im Yoga nennt man sie den Feueratem, weil sie Körper und Psyche mit Energie auflädt. Ist Ihr Energiepegel zu niedrig, behindert dies die Meditation.
- Schließen Sie mit dem rechten Daumen das rechte Nasenloch. Atmen Sie durch das linke Nasenloch ein und halten Sie

die Luft einen Augenblick an. Nun schließen Sie das linke Nasenloch mit dem Ring- und dem kleinen Finger und atmen durch das rechte Nasenloch aus. Jetzt beginnen Sie von vorn, indem Sie durch die linke Nasenöffnung einatmen. Diese Form des Atmens verstärkt intuitive Geisteszustände. Wenn Sie fünf Minuten langsam und sorgfältig ein- und ausatmen, beruhigt das das normale Denken und öffnet den Zugang zum höheren Bewußtsein.

– Die folgende Atemübung ist gut gegen Verspannung, Besorgnis und Schlafstörungen. Legen Sie sich flach auf den Rükken; die Handflächen zeigen nach oben, um die Schultern zu entspannen. Die Arme sind ungefähr dreißig Zentimeter vom Körper abgespreizt. Die Beine werden etwas über die Breite der Hüften hinaus gespreizt. Atmen Sie langsam ein, und füllen Sie mit der Luft zuerst den Unterleib. Dann führen Sie die Luft des Einatmens hoch zum Brustkorb, der sich dadurch dehnt. Lassen Sie die Luft in Brust, Schultern und Hals emporströmen. Beim Ausatmen beginnen Sie mit dem Unterleib und enden mit Schultern und Hals. Wiederholen Sie dies fünf Minuten lang. Diese Atmung ist so entspannend, daß Sie dabei vielleicht einschlafen. Haben Sie sich erst einmal daran gewöhnt, Streß auf diese Weise abzubauen, so können Sie auch in tiefe meditative Zustände kommen.

Der Heilkreis der Quäker

In der Stille, die nur von den Namen der Personen durchbrochen wird die Gegenstand der Heilung sind, lassen sich Heilungen von sehr hoher Qualität erzielen. Die Quäker kennen eine sehr wirkungsvolle Form des Heilkreises, den sie bei religiösen Treffen sowie zu anderer Zeit für Verletzte oder kranke Personen durchführen, die einer schweigenden Behandlung bedürfen.

Das Heiltreffen findet meistens um sechs Uhr morgens vor dem Frühstück statt. Zuvor werden die Stühle bereits im Kreis aufgestellt. Schweigend nehmen die Teilnehmer darauf Platz. Meditierend sitzen sie da, alle Gedankentätigkeit ist aufgehoben. Von Zeit zu Zeit werden zwar Gedanken durch die Köpfe der Anwesenden ziehen, doch soll man sich nicht mit ihnen aufhalten. Man bemerkt sie und läßt sie fahren, auch wenn sie sich auf die Heilung beziehen mögen oder auf jemanden, dessen Name genannt wurde.

Mindestens fünfzehn Minuten lang herrscht absolutes Schweigen, bevor damit begonnen wird, jene Menschen beim Namen zu nennen, die der Heilung bedürfen. Der Name wird einmal ausgesprochen, dann setzt wieder Stille ein. Es folgen weitere Namen, nach jedem wird wieder eine Schweigepause eingelegt. Dieser Teil der Sitzung dauert zwischen zwanzig und dreißig Minuten bei größeren Gruppen und entsprechend kürzer bei kleineren. Zum Schluß wird wieder fünfzehn Minuten geschwiegen. Man braucht nur den Vornamen der zu heilenden Person auszusprechen. Gott weiß, wer gemeint ist, denn jeder Name trägt die Schwingung des betreffenden Menschen mit sich, auch wenn er sehr häufig vorkommen sollte.

Bei den Krankenbetttreffen nehmen die Teilnehmer um den Betroffenen herum schweigend Platz, und wenn jemand die Eingebung hat, etwas zu sagen, so tut er dies kurz. Meistens jedoch herrscht die gesamte Sitzung über Schweigen. Die Menschen sprechen nur, wenn der Geist sie dazu bewegt. Es lassen sich auch Heiltreffen durchführen, ohne daß der Kranke anwesend ist. In diesem Fall versammelt sich die Gruppe entweder im Gemeindehaus oder bei irgend jemandem zu Hause. Die Prozedur bleibt die gleiche. Die Gegenwart Gottes oder des Heiligen Geistes wird in immer höherem Maße wahrgenommen, und zwar in gleichem Verhältnis wie die Tiefe der Stille im Raum und die Vereinigung individuellen Bewußtseins zu einem einzigen zunimmt.

Die Stille: Eine ganz besondere Form der Andacht

Eine westliche Form der Meditation, die wohlabgewogenes Sprechen während eines Schweigegottesdienstes zuläßt, wird von der Gesellschaft der Freunde (Quäker) praktiziert. Die Versammlung findet schweigend statt, und die Stille wird nur von einer derart tiefen Inspiration unterbrochen, daß man von der Kraft erbebt, was ein Anzeichen dafür ist, daß der Heilige Geist oder das Licht sich der Sprechwerkzeuge bemächtigt hat. Haben sich die Teilnehmer eines solchen Treffens wahrhaft gesammelt, ist die Stille sehr bewegend. Gedanken, die durch einen Anwesenden durchkommen, fallen mit denen anderer im Raum zusammen. Diejenigen, die sich erheben und das Schweigen unterbrechen, um der Versammlung eine Nachricht zu übermitteln, sprechen den Zustand der anderen Anwesenden an. Die Rede ist kurz, pointiert, kommt aus dem Herzen und ist nicht vorher überlegt. Danach setzt wieder Schweigen ein. Fühlt sich eine andere Person zum Reden bewegt, erhebt sie sich und wendet sich an die Versammlung. Nach ihrer Botschaft wird das Schweigen fortgesetzt. Dieses Schweigen verbindet alle Anwesenden mit einem Band der Einigkeit und der Gnade.

Sie können auf die hier beschriebene Weise eine Andacht durchführen, ob Sie gleichen Glaubens sind wie die Freunde oder nicht. Diese Methode spendet Kraft und Wohlbefinden. Nehmen Sie jede beliebige bequeme Haltung ein. Zusammen mit Ihren Freunden können Sie entweder vorher einen Zeitpunkt bestimmen, wann die Versammlung enden soll, oder Sie hören auf, wenn alle sich dazu bewegt fühlen. Der Raum sollte nicht überdekoriert sein und freundlich aussehen. Wenn Sie sich im Freien treffen sollten, so achten Sie darauf, daß das Wetter keinen Störfaktor darstellt, wie beispielsweise im Falle von Nebel, übermäßigem Wind, Hitze oder Kälte. Folgen Sie dem oben beschriebenen Schema, bewahren Sie Achtung voreinander und laden Sie mit Ihrem Schweigen die Anwesenheit des Schöpfers ein.

Innere Stille

Die innere Stille kann viele Geheimnisse offenbaren. Um zu erkennen, was Sie sind, müssen Sie sich die Mühe machen, den ruhigen Raum zu erkunden, der im innersten Kern Ihres Wesens die Stille bewahrt. Haben Sie die innere Ruhe erst einmal kennengelernt, so werden Sie sie immer und immer wieder aufsuchen, denn hier liegt der tiefste Brunnen der Erneuerung und der Versöhnung verborgen, den Wesen finden können. An diesem Ort in unserem Inneren erkennen wir Gott. Dort sind wir Eins.

Gebet

Die Indianer glauben, daß man ein Gebet laut aussprechen muß, weil Stimme und Atem die Lebenskraft in Bewegung setzen müssen, damit etwas geschehen kann. Ihre Stimme enthält Schwingungen, die nur Ihnen allein eigen sind. Die Energie, die der Klang Ihrer Stimme freisetzt, läßt Moleküle erbeben und sich aufs neue anordnen. Das verleiht dem Gebet zusätzliche Kraft.

Wenn Sie sich in einer Situation befinden, in der Sie nicht laut beten können – in einem Krankenhauszimmer, einer Kapelle, in der andere Menschen sich aufhalten, am Arbeitsplatz –, so beten Sie stumm. Die Urquelle kennt jeden Gedanken, kennt jeden Impuls. Ihr ernsthaftes Gebet wird erhört werden, auch wenn Sie stumm beten. Es sind dazu keine großartigen Worte erforderlich. Alles, was benötigt wird, ist Ihre eigene Hingabe, Ihre eigene Inbrunst.

Nach dem Gebet denken Sie nicht mehr an die Angelegenheit. Wenn es um Leben und Tod geht oder um schwere Seelenqualen, so ist es immer hilfreich, einmal in der Stunde für das jeweilige Problem zu beten, doch in der Zwischenzeit sollten Sie Ihren Geist damit nicht belasten. Die übertriebene Konzentration auf jemanden oder etwas kann den mentalen, spirituellen und emotionalen Energiekreis überlasten. Nachdem Sie eine Situation erst einmal dem Schöpfer überantwortet haben, vertrauen Sie darauf, daß Gott sich ihrer annimmt. Nie bleibt ein Gebet unbeantwortet, doch oft erhalten wir die Antwort nicht unbedingt auf jene Weise, um die wir gebeten haben. Das Universum zeigt uns stets den Weg, der zu unserem höchsten

Besten führt. Wir haben die Wahl, entweder anzunehmen, was wir erhalten haben, und es dankbar zu tun, oder uns abgelehnt und zornig zu fühlen, weil es nicht genau unseren Vorstellungen entspricht.

In ihrem Buch *Facing Death* (Quaker Home Service, 1979) schreibt Diana Lampen: »Vielleicht bekommen wir eben nicht das, was wir eine Antwort nennen; doch können wir die Sache auch so betrachten wie das kleine Mädchen, das für seine Geburtstagsfeier im Freien um gutes Wetter betete. Als es dann regnete, sagte jemand: ›Gott hat dein Gebet nicht erhört.‹ Das Mädchen antwortete aber: ›Oh doch, das hat er getan. Er hat nein gesagt.‹«

Einige der besten Heiler der Welt können allein durch das Gebet heilen. Ihr Vertrauen in den Schöpfer ist so groß, daß sie eine direkte Linie zum Ohr des Schöpfers haben. Wenn Ihr Gebet genauso beantwortet wurde, wie Sie es wollten, so vergessen Sie nicht das Dankgebet. Kommt alles anders, so beten Sie noch intensiver und danken Sie für die Lektion, die Sie bekommen haben.

Friede

Der Schlüssel zur Herstellung des Weltfriedens liegt in uns selbst. Der Atem, der uns das Leben schenkt, ist der Zugang zum Frieden. Wenn wir besorgt oder erregt sind, können uns einige wenige, tiefe Atemzüge beruhigen; beim Singen müssen wir tief einatmen, damit wir den Ton halten können. Ein Lied ist ein vertontes Gebet. Indem wir die Macht unseres Herzenswunsches in Lieder umsetzen, erschaffen wir die Wirklichkeit, die wir haben wollen. Die militaristischen Elemente unserer Gesellschaft singen schon seit Jahrhunderten in Gruppen, feiern frühere Siege und die Herrlichkeit des Krieges. Diese Technik hat ausgezeichnet funktioniert, um die Welt in Aufruhr zu halten. Wenn wir Frieden haben wollen, müssen wir damit aufhören, der Kriege und Schlachten zu gedenken und sie zu feiern.

Die Farmer, Fischer und Lehrer von Surray, Maine (USA), reisten im Jahre 1986 als Surray Opera Company nach Rußland.

Sie taten dies auf eigene Kosten, um die Bürger Rußlands durch den Klang zu erreichen. Mühsam hatten sie »Boris Godunow« von Mussorgski auf Russisch einstudiert. In einer russischen Stadt waren die Einwohner davon so beeindruckt, daß sie die Amerikaner singend durch die Straßen in ihr Hotel zurückbegleiteten. Ein amerikanischer Opernsänger sagte: »Wenn man einen Ton singt, der das Herz eines anderen berührt, ist das Magie. Worte sind nur eine Form der Kommunikation.« Die Sänger, einfache Bürger wie du und ich, taten dies, um die Bevölkerung Rußlands zu erreichen. »Wenn die Völker (der Welt) sich zusammentun, können sie die Tyrannei der Regierungen überwinden«, erklärte ein anderer.

Das Keening, das die Frauen von Greenham Common durchführten, hat nichts an der Situation geändert, weil die Töne nur eine Methode der Freisetzung waren. Zwar sind sie wertvoll, um verstockte Gefühle und unerträglichen Schmerz aufzulösen, doch wird der Schöpfer beim Klagen nicht ausdrücklich um eine bestimmte Einflußnahme gebeten. Die amerikanische Bürgerrechtsbewegung hat jedoch mit ihrer Gebetshymne *We Shall Overcome* Erfolg gehabt:

We shall overcome,
We shall overcome,
We shall overcome someday,
Deep in my heart,
I do believe we shall overcome someday.

Übersetzung: *Wir werden siegen, Wir werden siegen, Wir werden siegen eines Tages, Tief im Inneren meines Herzens, Glaube ich, daß wir eines Tages siegen werden.*

Lieder, die vom Frieden und vom gegenseitigen Verständnis handeln, die allein oder zusammen mit anderen gesungen werden, sind schlichte, gewaltfreie Opfergaben. Singen wir von anderen Lebensweisen, und machen wir einen neuen Anfang. Voller Begeisterung auf unseren Instrumenten spielend, um uns selbst zu begleiten, können wir laut und kräftig im Gesang die freudige Harmonie zwischen den Frauen, Kindern und Männern verkünden, die gemeinsam die Weltfamilie bilden. Alle Menschen miteinschließende Lieder vom Teilen, von der Liebe und vom gegenseitigen Aufeinander-Angewiesensein können die separatistischen, nationalistischen, religiös-chauvinistischen Melodien ersetzen, die normalerweise ihre Botschaft ins Universum hinaussenden. Wenn wir tatsächlich entschlossen sind, aus dem jetzigen Chaos den universalen Frieden zu schmieden, so können wir dies nur auf friedvolle Weise tun. Wer sollten denn sonst die Friedenschaffer sein? Jeder von uns. Denn wir werden im wahrsten Sinne des Wortes um unser Leben singen.

We are a gentle, angry people, And we are singing, singing for our lives.
We are a gentle, angry people, And we are singing, singing for our lives.

We are a justice seeking people, And we are singing, singing for our lives.
We are a justice seeking people, And we are singing, singing for our lives.

We are a land of many colors, And we are singing, singing for our lives.
We are a land of many colors, And we are singing, singing for our lives.

We are a gay and lesbian people, And we are singing, singing for our lives.
We are a gay and lesbian people, And we are singing, singing for our lives.

Übersetzung:

Wir sind ein sanftes, zorniges Volk, und wir singen, singen um unser Leben. / Wir sind ein sanftes, zorniges Volk, und wir singen, singen um unser Leben.
Wir sind ein Volk, das nach Gerechtigkeit sucht, und wir singen, singen um unser Leben. / Wir sind ein Volk, das nach Gerechtigkeit sucht, und wir singen, singen um unser Leben.
Wir sind ein Land von vielen Farben, und wir singen, singen um unser Leben. / Wir sind ein Land von vielen Farben, und wir singen, singen um unser Leben.
Wir sind ein schwules und lesbisches Volk, und wir singen, singen um unser Leben. / Wir sind ein schwules und lesbisches Volk, und wir singen, singen um unser Leben.

Im Mai 1982 erwachte die Friedensbewegung wieder zum Leben. In allen Städten Amerikas marschierten die Menschen einmal mehr in den Straßen, davon singend und in Sprechchören kündend, daß die Welt eins sein würde. Das Gebiet von Oregon, wo ich lebte, hat ein gewaltiges Feingespür für soziale Gerechtigkeit und menschliche Gleichheit. Aus weitverstreuten Dörfern, Landgemeinden und aus allen nahegelegenen Städten kamen die Menschen. Meine Tochter marschierte mit einer Delegation ihrer High School mit. Ich selbst schloß mich Freunden aus den nicht eingemeindeten Teilen von Lane County an, und gemeinsam fuhren wir auf unseren Fahrrädern durch die Straßen, lachend und fröhlich mit der Menge singend. Als wir in den gewaltigen Park kamen, der am Willamette River liegt, begegneten wir den Marschierern aus Springfield und bejubelten sie, und gemeinsam stießen wir ein mächtiges Gebrüll aus, als die Gruppe aus South Eugene eintraf. Die Aufregung und der

Jubel waren ansteckend. Eine Band spielte Musik, die von unserem gemeinsamen Verlangen kündete, noch in diesem Leben endlich eine friedliche Welt kennenzulernen.

Entzückt begrüßten wir alte Freunde und Bekannte, mit denen wir in der Vergangenheit schon Friedenswachen und -aktionen durchgeführt hatten. Doch schon bald begannen die Reden, und das friedliche Singen heftigen Verbalattacken zu weichen. Ich machte kehrt und floh vor der verbalen Gewalt in die Ruhe am Fluß. Dort saß ich fernab von den Politikern und erklärte meinen Freunden, daß es einen anderen Weg geben müsse. »Wir können die Gegner nicht mit Gewalt übertrumpfen, und auch nicht mit Rhetorik. Was dort auf der Rednertribüne stattfindet, entspringt vollständig der Ebene der Macht und dem Reich des dritten Chakras. Wenn wir wirklich eine neue Weltordnung schaffen wollen, müssen wir uns auf die Ebene des Herzens begeben.« Meine Freunde baten mich zurückzukommen und mir einen neugewählten Friedenspolitiker anzuhören, der nun aus Washington kam. Sie versicherten mir, daß er anders sein würde. Tatsächlich war er aber noch gehässiger und zorniger als die örtlichen Organisatoren und Anführer der Friedensgruppen, vor denen ich so schnell davongelaufen war.

Einmal mehr begab ich mich zum Fluß, um zu meditieren und für eine Antwort zu beten. Wie könnten wir eine neue Bewegung ohne jede Gewalt erschaffen? Egal welcher Nationalität sie angehörten, die Inhaber der Macht waren bereits alle verrückt; wir mußten eine andere Energie benutzen, um ihrer Plutomanie und ihrem Hunger nach Weltherrschaft entgegenzuwirken. Das Herz war mir schwer, und ich verließ den Park und ließ den schönen Tag hinter mir, um allein zu meinen inneren Quellen zu pilgern.

Am Ende der Woche kam eine Freundin aus Portland, die einen Buchladen besitzt, mit einem Buch bei mir vorbei, das ich mir von ihr hatte bestellen lassen, um darin esoterische Yoga-Atemmethoden nachzuschlagen. Wir sprachen bis zwei Uhr morgens miteinander, danach zog ich mich mit dem Buch in mein Zimmer zurück. Als erstes schlug ich das Material nach, auf das ich gewartet hatte. Und dann blätterte ich, einer Laune folgend, einfach eine Seite um, um zu sehen, was diese mir zu sagen hatte.

»Baba, wie können wir den Frieden erschaffen?« fragte der hingebungsvolle Schüler. »Um Frieden zu erschaffen, singt und chantet für Gott.« (Baba Hari Dass, *Silence Speaks: From the Chalkboard of Baba Hari Dass*, SRI Rama, 1977).

Während ich das vorliegende Buch in der Schweiz, in Holland und in England schrieb, wurde mir deutlich, daß das Versprechen, das ich mir selbst und dem Universum einmal gegeben hatte, als meine Kinder noch jung waren, erfüllt werden mußte. Ich würde alle erforderlichen Risiken eingehen und jeden persönlichen Preis zahlen. Ich schrieb an meine Freunde:

»Dies ist nicht die Welt, wie ich sie meinen Kindern und euren übergeben wollte. Jetzt weiß ich, daß der vierte Teil meiner Lebensvision (1972) nicht ignoriert werden darf. Wir brauchen die Besinnlichkeit, um zu einer wahrhaft evolutionären Methode der weltweiten Verbreitung von Frieden und Liebe zu gelangen. Wir können den Hunger ausmerzen, einen der drei Hauptmängel der materiellen Ebene. Damit wird sehr viel Leid abgeschafft. Es bleiben Krieg und Krankheit; nur ein radikaler Denkwandel kann tatsächlich zu bleibender Gesundheit und zum Frieden führen.

Jetzt, da ich keine Kinder mehr großziehen muß, kann ich die entsprechenden Risiken eingehen. Nun steht nur noch mein eigenes Leben auf dem Spiel. Die Sache muß mit größter Sorgfalt angegangen werden. Es gibt einen Plan, am 31. Dezember 1986 um 13.00 Uhr Greenwich Zeit eine weltweite Meditation durchzuführen. In der alternativen Heilergemeinschaft Europas wird sie sehr stark propagiert. Und doch bin ich davon überzeugt, daß sporadische Ansätze dieser Art nicht genügen, um die Kriegsmaschinerie abzubauen.«

Ich kam nach Nordkalifornien zurück, um zu schreiben, zu meditieren, zu fasten und zu beten. In den letzten Tagen des Jahres, auf geheiligter Pomo-Erde, wurden die Gebete erfüllt.

Die Geisthelfer offenbarten den Laut für den Weltfrieden. Zwölfmal weich gesungen, wird er Sie an den Ort bringen, wo der Frieden zu finden ist. *Ahhhhh*

Singen Sie ihn. Er ist reine Klangmedizin.

»stöhnend«

Glissando : glatt : freier Rhythmus

Eine Cassette mit den Liedern und anderem Material zum heilenden Klang ist für US-$ 12,– (incl. Porto) erhältlich bei: Inward Journeys, P. O. Box 891, Occidental, CA 95465. Der der Bestellung beizulegende Scheck muß ausgestellt sein auf: Inward Journeys.

GLOSSAR

Aphonie Stimmverlust

Asana Körperstellung, Pose

Glossolalie Das Reden in Zungen; der in Trance Befindliche soll mit Geistern kommunizieren

Göttliche Proportionen PHI-Ratio von 1 : 1,618. Wenn Sie ein Fenster oder einen Raum in diesen Proportionen haben, wirkt dies für das Auge angenehmer als die meisten Konstruktionen. Die Maßeinheit »Fuß« ist eine heilige Zahl, die in Verbindung mit Erdumfang steht. Schneidet man die Pyramiden vertikal durch, so wird an der Grundlinie die Hypotenuse des Dreiecks 1,618 betragen

Heilgesang Ein Gesang, der nur Ihnen allein gehört und der zur Heilung Ihrer selbst und anderer dient

Karma Absicht; auch: vorbestimmte Lebenssituation. Es gibt zwei Typen: das Schicksal und den Ausgleich für unser gegenwärtiges und vergangenes Verhalten bzw. unsere Absichten

Klangwelle Ton und Licht sind unterschiedliche Emanationen von Frequenzen. Lichtwellen bewegen sich mit einer Konstante von 300,000 Kilometer pro Sekunde. Die Geschwindigkeit von Klangwellen unterscheidet sich je nach Substanz (z. B. Wasser, Ziegelsteine), durch die sie dringen. Beides sind die gleichen Energieformen, doch nehmen wir sie durch Augen oder Ohren unterschiedlich wahr. Andere Teile des Körpers spüren den Ton als Schwingung und das Licht als Farbe oder Wärme

Kundalini die im Körper kreisende Energiespirale. Wenn sie zum ersten Mal geweckt wird, empfindet man sie wie einen Stromschlag oder eine starke Hitzewelle

Lebenslied Das Lied, das der Schöpfer Ihnen vor Ihrer Geburt gab: Das ist Ihr Kraftlied

Mantra Das Aussprechen heiliger Töne

Nada Innere Töne

Ohrensausen (Med.: Tinnitus) Geräusch/Ton aus dem Ohr. Wird als Krankheit diagnostiziert, ist aber tatsächlich das Nada, wie es von jemandem ohne spirituelle Ausbildung vernommen wird

Obertöne Eine Methode der Heilung mit Tonschwingungen

Physische Ebene Unsere irdische Existenzebene

Plutomanie Materialistische Habgier, Sucht nach Reichtum

Prana Lebenskraft, Atem

Signallied Ein komponiertes Musikstück, das Veränderungen oder Ereignisse im Leben eines Individuums oder einer Gruppe ankündigt

Saugheilung Eine Heilmethode, bei der der Heiler das Gift oder die negative Kraft aus einer Person saugt, wobei sein Mund den Patienten während der Heilung berühren kann oder auch nicht. Das Gift wird stets ausgespien

Schöpfungsebene Wo die Menschen sich aufhalten, wenn sie nicht inkarniert sind. Im Traum und in der Trance gehen wir zu diesem nichtphysischen Ort. Dort halten sich auch Engel auf

Svaha Sanskrit-Wort für Toning

Synästhesie Die Verschmelzung von zwei oder mehr Sinnen: Sehen/Hören/Schmecken/Tasten/Riechen

Tinnitus Ein Klang, der im Ohr entsteht. Oft als Krankheit diagnostiziert, handelt es sich dabei aber tatsächlich um das Nada, wie es von jemandem ohne spirituelle Ausbildung gehört wird

Toning Eine Methode der Heilung mit Tonschwingungen

Trancereisen Trancezustand, in dem man andere Existenzebenen bereist und von der Urquelle Wissen empfängt

Tumo Die Kunst, den Körper mit innerem Feuer zu heilen

Universum Alles, was Ist. Die Gotteskraft. Kollektives Bewußtes

zDzogChen Die Grundlehre der tibetischen Mystik

DANKSAGUNGEN

Ich möchte meinen Eltern Lawrence und Doris Garfield für ihre unschätzbare Hilfe beim Korrekturlesen danken. Dank schulde ich auch Lianne Wolf dafür, daß sie die Rolle der Archivarin übernahm. Nancy Schluntz, meine vertrauensvolle Herausgeberin, die die Feinabstimmung des Manuskripts übernahm, hat ebenfalls viel Dank verdient. André Christiaan Cuppen, ich danke Dir für Deine Übersetzungen aus dem Holländischen und Deutschen und dafür, daß Du mit mir durch Europa gezogen bist, während ich forschte und schrieb. Herzlichen Dank auch an Bob Wachtel, der mir die Computerzauberei beibrachte, so daß aus einem ehemaligen Computerangsthasen eine zufriedene Anwenderin wurde. Anerkennung gebührt auch Samuel Spitzberg und Rabbi Hanan Sills, die mir stundenlang im Bereich der Judaistik beistanden. Ohne Iris Ostling und Sandra Pastorius, die mein Projekt unterstützten, wäre dieses Buch ärmer gewesen. Lob gebührt auch Anna Kealoha für die Notenschrift, Gabrielle Gern für die Strichzeichnungen, Trixie Robinson für ihre Leichtigkeit und Mary Ann Anderson für Satz und Layout und all die winzigen Einzelheiten, die aus einem Manuskript ein Buch werden lassen. Dank schulde ich auch Jack Grant, der mir weise Ratschläge und Ermutigung spendete, wie es nur ein professioneller Schriftsteller tun kann. Applaus auch für Kari Clark für die außergewöhnliche Geduld, mich zwei vollendete Bücher hindurch wie auch durch eine Reihe weiterer, die noch in der Planung sind, zu ertragen.

Besonders viel Dank gilt auch David Hinds, der meine Anstrengungen nährte und förderte, als Schriftstellerin flügge zu werden.

REGISTER